权威·前沿·原创

皮书系列为
"十二五""十三五""十四五"国家重点图书出版规划项目

BLUE BOOK

智库成果出版与传播平台

广州蓝皮书
BLUE BOOK OF GUANGZHOU

广州市社会科学院
广州市商务局 / 研创

广州国际商贸中心发展报告（2022）

ANNUAL REPORT ON INTERNATIONAL COMMERCE AND TRADE CENTER
DEVELOPMENT OF GUANGZHOU (2022)

主　　编／张跃国　洪　谦
副 主 编／杨再高　林国强
执行主编／何　江　魏　颖

社会科学文献出版社
SOCIAL SCIENCES ACADEMIC PRESS (CHINA)

图书在版编目(CIP)数据

广州国际商贸中心发展报告.2022/张跃国,洪谦主编.--北京:社会科学文献出版社,2022.6
(广州蓝皮书)
ISBN 978-7-5228-0230-5

Ⅰ.①广… Ⅱ.①张… ②洪… Ⅲ.①国际贸易中心-发展-研究报告-广州-2022 Ⅳ.①F752.865.1

中国版本图书馆CIP数据核字(2022)第099243号

广州蓝皮书
广州国际商贸中心发展报告（2022）

主　　编 / 张跃国　洪　谦
副 主 编 / 杨再高　林国强
执行主编 / 何　江　魏　颖

出 版 人 / 王利民
组稿编辑 / 丁　凡
责任编辑 / 高振华
责任印制 / 王京美

出　　版 / 社会科学文献出版社·城市和绿色发展分社（010）59367143
　　　　　地址:北京市北三环中路甲29号院华龙大厦　邮编:100029
　　　　　网址:www.ssap.com.cn
发　　行 / 社会科学文献出版社（010）59367028
印　　装 / 天津千鹤文化传播有限公司

规　　格 / 开本:787mm×1092mm　1/16
　　　　　印张:21.25　字数:317千字
版　　次 / 2022年6月第1版　2022年6月第1次印刷
书　　号 / ISBN 978-7-5228-0230-5
定　　价 / 128.00元

读者服务电话:4008918866

▲ 版权所有 翻印必究

《广州国际商贸中心发展报告（2022）》编辑委员会

研创单位　广州市社会科学院
　　　　　广州市商务局

主　　编　张跃国　洪　谦

副 主 编　杨再高　林国强

执行主编　何　江　魏　颖

编　　委　欧开培　贺永明　罗谷松　邢娅飞　董小麟
　　　　　王先庆　荀振英　陈　和　白国强　肖　怡
　　　　　陈万灵　欧江波　徐印州　王华俊

编　　辑　张小英　赖长强　揭　昊　刘帷韬　刘　松
　　　　　王　炬

主要编撰者简介

张跃国 广州市社会科学院党组书记、院长,法律硕士,广州大学客座教授,主要研究方向为城市发展战略、创新发展、传统文化。主持或参与中共广州市委九届四次会议以来历届全会和党代会报告起草,广州市"十三五"规划研究编制,广州经济形势分析与预测研究,广州城市发展战略研究,广州南沙新区发展战略研究和规划编制以及市委、市政府多项重大政策文件制定起草。

洪 谦 广州市商务局党组书记、局长。历任广州开发区、萝岗区投资促进中心副主任,广州开发区经济发展局副局长,广州开发区、萝岗区经济发展局副局长,广州开发区企业建设局(广州开发区招商引资局、萝岗区企业建设局)副局长,广州开发区投资促进局党组书记、局长(主任),广州市黄埔区副区长,广州开发区党工委委员、管委会秘书长,广州市委办公厅副主任。

杨再高 广州市社会科学院副院长,博士,研究员。广东省政府决策咨询顾问委员会专家委员,广州市政府决策咨询专家,广州市优秀中青年社会科学工作者。主要从事区域经济学、区域与城市发展战略规划、开发区发展与规划、产业发展规划研究、项目投资可行性研究。合作出版著作8部,在《经济地理》《南方经济》《农业经济问题》等刊物上发表论文100多篇,主持和参与完成课题100多项。先后获国家发改委和广州市优秀成果奖等奖项8项。

林国强　广州市商务局党组成员、副局长，长期在商贸流通领域一线工作，先后在广州市经贸委、市商务委员会担任领导职务，有深厚的理论功底和丰富的经济管理工作经验，主要研究方向为商贸服务业发展、市场规划与建设等领域。指导多项重大商贸政策文件的起草制定，筹划组织国际消费中心城市培育建设等多项商贸活动。

何　江　广州市社会科学院国际商贸研究所所长，副研究员。主要从事应用经济学研究，研究领域包括产业经济学、数量经济学、流通经济学等。从事经济学研究工作以来，主持和参与省、市各类课题数十项，公开发表论文20余篇，研究成果曾获广东省哲学社会科学二等奖和广州市哲学社会科学二等奖。

魏　颖　广州市社会科学院国际商贸研究所副研究员，兼任广州市公共绩效管理研究会常务理事，为第四届广州市宣传文化思想优秀人才第二层次培养对象，主要研究方向为城市经济、现代服务业和商贸流通业等相关领域。出版专著2部，参与编撰书籍4部，在国内核心期刊公开发表论文20多篇。近三年主持省、市级社科规划委托课题6项，承担和参与各级政府委托的应用决策研究课题60多项，10余项决策咨询课题获得市委市政府领导肯定性批示。

摘 要

2021年,广州坚持统筹疫情防控和商贸高质量发展,实现"十四五"良好开局。疫情防控和商贸发展成效持续显现,疫情对商贸业的影响不断减弱,商贸业各领域发展呈现出不少亮点。社会消费品零售总额首次突破万亿元,全年实现社会消费品零售总额10122.56亿元,较上年增长9.8%。消费市场实现恢复性增长,消费升级类商品零售额保持较快增长。商贸业创新发展步伐加快,网络购物占社会消费品零售总额比重创下新高,直播电商领跑全国。国际会展之都建设取得新进展,全年办展场次和面积稳居全国第二,展览新落户数量创新高。货物贸易进出口总值破万亿元,跨境电商、市场采购等贸易新业态发展态势良好,市场采购出口规模继续保持全国第二,跨境电商进口额连续8年第一。餐饮品牌加快数字化升级,餐饮数字化程度不断提升。专业批发市场实现平稳发展,转型疏解成效显著。机场旅客吞吐量居国内首位,多个物流指标继续实现顺势增长。商贸领域改革创新实现新突破,商贸流通体系优化升级。展望2022年,疫情防控形势依然严峻,广州商贸业面临的复杂性、不稳定性、不确定性加剧,预计2022年广州社会消费品零售总额、外贸进出口总额增长承压,增速有所放缓。

《广州国际商贸中心发展报告》作为"广州蓝皮书"系列之一,是由广州市社会科学院和广州市商务局联合组织编撰,由社会科学文献出版社出版,列入"皮书系列"并在全国公开发行,每年编辑出版一本。本书是政府工作人员、广大科研工作者以及社会公众了解广州国际商贸中心建设和发展基本情况、特点和趋势的重要参考读物,也是专家学者、业界行家探讨广

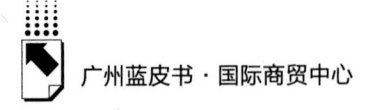

州国际商贸中心发展、总结经验、相互交流的重要平台。

全书由7部分组成，分别为总报告、国际消费中心篇、经济与贸易篇、新业态新模式篇、升级改造篇、市场运行篇、附录，共收录了广州地区和国内外有关科研机构、高等院校、政府及业界专家学者相关研究报告或论文20篇。本书从多个视角探讨了广州建设国际商贸中心的发展战略，多角度展现了2021年广州国际商贸中心发展的基本情况、特点、亮点，并在多维度分析影响因素的基础上展望了2022年广州国际商贸中心的发展趋势。

关键词： 国际商贸中心　全球商贸资源配置中心　国际大都市　广州

Abstract

In 2021, Guangzhou saw a good start of the 14th Five-Year Plan by coordinating the fight against COVID – 19 pandemic and the high-quality development of trade and commerce, both of which witnessed sustained improvements. The impact of the pandemic on the trade and commerce industry gradually weakened, and many brilliant achievements were made in various areas of the trade and commerce industry. For the first time, total retail sales of public consumer goods exceeded one trillion yuan, reaching 1012.256 billion yuan for the year, an increase of 9.8% over year on year. The consumer market showed recovery and growth, and retail sales of upgraded consumer goods continued their rapid growth. The innovation and development of the trade and commerce industry were accelerated, and the share of online shopping in the total retail sales of consumer goods reached a new high, with live-streaming e-commerce taking the lead across the country. New advances had been made in the construction of the international and convention capital. In terms of the number and area of exhibitions held throughout the year, Guangzhou ranked second in China, and the number of new participating exhibitors set a new record. The total imports and exports of goods exceeded one trillion yuan. New business formats, such as cross-border e-commerce and market procurement, are in good shape, and the city continued to maintain the second place in the country in market procurement and export volume, and ranked first in cross-border e-commerce import volume for eight consecutive years. Catering brands experienced accelerated digital upgrades, and the level of digitization in the industry gradually improved. The professional wholesale market developed steadily, and made remarkable achievements in transformation and dispersal. In terms of the passenger throughput of the airport, the city ranked first in China, and many logistics indicators continued to grow in line with the trend. The reformation and innovation of trade and commerce achieved breakthroughs, and the trade and commerce circulation system was improved. Looking forward to 2022, Guangzhou will continue to face severe pandemic prevention and control situation, and increasingly complex, unstable, and uncertain development of the trade and commerce industry. It is estimated that in 2022, total retail sales of public consumer goods and total foreign trade in Guangzhou will be under pressure, and the growth rate will slow down.

As one of Guangzhou Blue Book series, Guangzhou Commerce and Industry Report into Guangzhou International Business Center Development Report is compiled under the joint organization of Guangzhou Academy of Social Sciences and Guangzhou Bureau of Commerce, published by Social Sciences Academic Press, listed in "China Red Data Book" series and published in public throughout China. One volume is edited and published every year. This book is an important reference reading book for government staffs, vast science researchers and social public to comprehend the construction and development conditions, characteristics and trends of Guangzhou International Business Center, and one important platform for specialists and scholars, experts of the industry to discuss the development of Guangzhou International Business Center, summarize experience and have mutual communication.

The *Report on the Development of Guangzhou International Business Center (2022)* consists of seven sections, which are the executive summary, international consumption center, economy and trade, new business formats and models, upgrade and reformation, environment, marketing operations, and indicators of trade and commerce industry in previous years. The book contains 20 research reports or papers of experts and scholars from scientific research institutions, colleges and universities and government and industry in Guangzhou and around the world, having a total of about 250000 words. This book explores the development strategy of Guangzhou International Business Center from multiple perspectives, shows the basic situation, characteristics and highlights of the development of Guangzhou International Business Center in 2021, expects the development trend of Guangzhou International Business Center in 2022 on the basis of analyzing the influential factors from multiple dimensions.

Keywords: International Trade Center; Global Trade Resource Allocation Center; International Metropolis; Guangzhou

目 录

Ⅰ 总报告

B.1 2021年广州国际商贸中心发展形势分析与2022年展望
　　…………………………………… 广州市社会科学院课题组 / 001

Ⅱ 国际消费中心篇

B.2 国际消费中心城市的综合比较与广州建设路径………… 张小英 / 047

B.3 需求侧管理、消费力提升与广州国际消费中心城市建设
　　……………………………………………………… 董小麟 / 067

B.4 承接RCEP高质量建设广州国际消费中心城市
　　………………………………… 林梨奎　徐印州　罗　聪 / 088

B.5 供给侧与需求侧协同视角下广州建设国际消费中心
　　城市的思考…………………………………………… 林柳琳 / 103

B.6 广州培育建设国际消费中心城市的趋势判断及策略思考
　　………………………………………………………… 陈旭佳 / 118

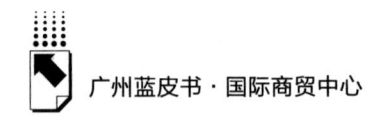

Ⅲ 经济与贸易篇

B.7 国际海运市场波动对广州出口行业发展的影响
.... 张　昱　眭文娟 / 130

B.8 广州内外贸高质量发展现状及对策研究……… 朱丽丽　陈　和 / 147

B.9 把握RCEP机遇实现广州经济高质量发展研究 ……… 朱科冲 / 164

B.10 新发展格局下推进广州供应链体系建设全面上
水平的对策建议 ………… 肖　翀　李箭飞　李恩泉　张晓霞 / 176

Ⅳ 新业态新模式篇

B.11 广州直播电商业态发展与对策建议
.... 陈彦博　许　峰　肖思吟 / 187

B.12 广州服务消费发展现状与对策建议
.... 钟晓君　潘　芮　刘帷韬 / 198

B.13 广州外贸新业态高质量发展对策分析
.... 梁志锐　宁　霞　揭　昊 / 211

B.14 外贸新形势下广州二手车出口贸易现状及提升对策
.... 杨　勇　张　彦　高晓东　熊双玲　刘帷韬 / 219

Ⅴ 升级改造篇

B.15 功能疏解背景下特大城市专业市场的绩效评估与转型升级
——以广州为例 ……………………… 赖长强　肖　昱 / 232

B.16 广州北京路改造升级推动千年城脉焕发新活力研究
.... 李延忠　马利霞　张　婧　王云璇 / 247

Ⅵ 市场运行篇

B.17 2021年广州外贸发展特点及2022年展望
 ······················· 陈万灵　吴梓敏　杨　芷 / 258
B.18 2021年广州消费需求特点及2022年展望 ······ 广州市统计局 / 276
B.19 2021年广州会展业发展特点及2022年展望 ············ 李建党 / 293
B.20 2021年广州餐饮业发展特点及2022年展望
 ······················· 李国文　陈广嘉 / 304

Ⅶ 附　录

B.21 2012~2021年广州商贸业发展指标 ································ / 311

皮书数据库阅读 **使用指南**

CONTENTS

Ⅰ General Report

B.1 Analysis of the development of Guangzhou International Business Center in 2021 and its prospect in 2022
Research Group of Guangzhou Academy of Social Sciences / 001

Ⅱ International Consumption Center

B.2 A comprehensive comparison of international consumption center cities and the construction path for Guangzhou *Zhang Xiaoying* / 047

B.3 Demand-side management, consumption power improvement, and the establishment of Guangzhou as an international consumption center city *Dong Xiaolin* / 067

B.4 High quality establishment of Guangzhou as an international consumption center city under RCEP
Lin Likui, Xu Yinzhou and Luo Cong / 088

CONTENTS

B.5 Reflections on the establishment of Guangzhou as an international consumption center city with synergy between supply-side and demand-side *Lin Liulin* / 103

B.6 Trend assesment and strategy planning on developing and building Guangzhou into an international consumption center city *Chen Xujia* / 118

Ⅲ Economy and Trade

B.7 The impact of fluctuations in the international shipping market on the development of Guangzhou's export industry
Zhang Yu, Sui Wenjuan / 130

B.8 Research on the current situation and countermeasures of high-quality development of domestic and foreign trade in Guangzhou
Zhu Lili, Chen He / 147

B.9 A study on pursuing the high-quality development of Guangzhou under RCEP *Zhu Kechong* / 164

B.10 Suggested measures for advancing the building of Guangzhou's supply chain system to a comprehensive level under the new development pattern *Xiao Yi, Li Jianfei, Li Enquan and Zhang Xiaoxia* / 176

Ⅳ New Business Formats and Models

B.11 The development and suggested measures of live e-commerce in Guangzhou *Chen Yanbo, Xu Feng and Xiao Siyin* / 187

B.12 The current condition and suggested measures of service consumption in Guangzhou *Zhong Xiaojun, Pan Rui and Liu Weitao* / 198

B.13 Analysis of high-quality development strategies for new business formats of foreign trade in Guangzhou
Liang Zhirui, Ning Xia and Jie Hao / 211

B.14　Current condition and measures for improvement of second-hand car export trade in Guangzhou under the new foreign trade situation
　　　　　　　　Yang Yong, Zhang Yan, Gao Xiaodong, Xiong Shuangling and Liu Weitao / 219

V　Upgrade and Reformation

B.15　Performance evaluation, transformation, and upgrading of specialized market in megacities under the background of function dispersal: A case study on Guangzhou　　　　　　*Lai Changqiang, Xiao Yu* / 232

B.16　A study on the reformation and upgrading of Beijing Road in Guangzhou to revitalise the millennia-old city
　　　　　　　　Li Yanzhong, Ma Lixia, Zhang Jing and Wang Yunxuan / 247

VI　Marketing Operations

B.17　Characteristics of Guangzhou's foreign trade development in 2021 and its prospect for 2022　　*Chen Wanling, Wu Zimin and Yang Zhi* / 258

B.18　Characteristics of Guangzhou's consumer demand in 2021 and its outlook for 2022　　　*Guangzhou Municipal Bureau of Statistics* / 276

B.19　Characteristics of Guangzhou's MICE industry in 2021 and its outlook for 2022　　　　　　　　　　　　　*Li Jiandang* / 293

B.20　Development characteristics of Guangzhou's catering industry in 2021 and its prospect for 2022　　　*Li Guowen, Chen Guangjia* / 304

VII　Addendum

B.21　Indicators of the development of Guangzhou's trade and commerce industry 2012-2021　　　　　　　　　　　　　　　/ 311

总报告

General Report

B.1
2021年广州国际商贸中心发展形势分析与2022年展望

广州市社会科学院课题组*

摘　要： 2021年，广州坚持统筹疫情防控和商贸高质量发展，实现"十四五"良好开局。疫情防控和商贸发展成效持续显现，疫情对商贸业的影响不断减弱，商贸业各领域发展呈现出不少亮点。社会消费品零售总额首次突破万亿元，全年实现社会消费品零售总额10122.56亿元，较上年增长9.8%。消费市场实现恢复性增长，消费升级类商品零售额保持较快增长。商贸业创新发展步伐加快，网络购物占社会消费品零售总额比重创下新高，直播电商领跑全国。国际会展之都建设取得新进展，全年办展场次和面积稳居全国第二，展览新落户数量创新高。货物贸易进出口总值破

---

* 课题组组长：何江，广州市社会科学院国际商贸研究所所长。课题组成员：魏颖，广州市社会科学院国际商贸研究所副研究员；张小英，广州市社会科学院国际商贸研究所副研究员；赖长强，广州市社会科学院国际商贸研究所副研究员；揭昊，广州市社会科学院国际商贸研究所副研究员；刘松，广州市社会科学院国际商贸研究所博士后。

万亿元，跨境电商、市场采购等贸易新业态发展态势良好，市场采购出口规模继续保持全国第二，跨境电商进口额连续8年第一。餐饮品牌加快数字化升级，餐饮数字化程度不断提升。专业批发市场实现平稳发展，转型疏解成效显著。机场旅客吞吐量居国内首位，多个物流指标继续实现顺势增长。商贸领域改革创新实现新突破，商贸流通体系优化升级。展望2022年，疫情防控形势依然严峻，广州商贸业面临的复杂性、不稳定性、不确定性加剧，预计2022年广州社会消费品零售总额、外贸进出口总额增长承压，增速有所放缓。

关键词： 国际商贸中心　国际消费中心　商贸业　消费升级

一 2021年广州国际商贸中心发展情况分析

2021年是"十四五"规划开局之年。面对复杂的国内外形势，广州在以习近平同志为核心的党中央坚强领导下，继续有力推进"六稳""六保"工作，统筹疫情防控和商贸业高质量发展，实现"十四五"良好开局。疫情防控和商贸业发展成效持续显现，社会消费品零售总额、商品进出口总额双双破万亿元，商贸业各领域发展呈现出不少亮点，入选全国首批国际消费中心城市培育建设试点，成为第一批全国供应链创新与应用示范城市，国际商贸中心功能持续增强。

（一）商贸业核心指标实现历史性突破，国际商贸中心发展继续位居全国前列

1. 社会消费品零售总额、商品进出口总额均突破万亿元

2021年，广州统筹推进疫情防控和商贸业发展，持续出台一系列促商贸政策，疫情对商贸业的影响逐步减弱，社会消费品零售总额和商品进出口

总额均突破万亿元。如图1所示，2021年广州全年实现社会消费品零售总额10122.56亿元，同比增长9.8%，增速比全国（12.5%）、全省（9.9%）分别低2.7个和0.1个百分点；社会消费品零售总额两年平均增长2.9%，平均增速比全国（3.9%）低1.0个百分点，比全省（1.4%）高1.5个百分点。在京津沪渝穗深苏杭八大城市中，增速高于北京（8.4%）、深圳（9.6%）和天津（5.2%），但不及杭州（11.4%）、上海（13.5%）、苏州（17.3%）和重庆（18.5%）（见图2）。广州社会消费品零售总额继续位居广东省第一，占全省比重达22.9%。全年实现商品进出口总额10825.88亿元，首次突破万亿元，同比增长13.5%，其中商品出口总额6312.17亿元，同比增长16.4%；商品进口总额4513.71亿元，同比增长9.6%，进出口差额（出口减进口）1798.46亿元，比上年增加473.18亿元。

图1 2011~2021年广州社会消费品零售总额及增速

资料来源：根据《广州统计年鉴》（2012~2021年）、《广州2021年国民经济和社会发展统计公报》整理。

2. 主要商贸指标继续位居国内前列

2021年，广州国际商贸中心功能进一步优化提升，获批率先建设国际消费中心城市。广州商贸业总体规模继续位居国内城市前列。社会消费品零售总额首次突破万亿元，在国内城市中排名第4，总体规模分别比上海、北京、重庆少7956.69亿元、4745.18亿元和3845.11亿元，比深圳、苏州分别多624.44亿元和1091.26亿元，比杭州、天津分别多3378.56亿元和6352.56亿元（见图2）。广州全市重点场馆举办展览388场次，展览面积683.81万平方米，场次和面积均居全国第2位。白云国际机场旅客吞吐量4025.70万人次，同比下降8.0%，机场货邮行吞吐量224.14万吨，同比增长12.0%，分别居全国第1、第2位。广州港口货物吞吐量65130.39万吨，同比增长2.3%，集装箱吞吐量2446.65万标箱，同比增长4.1%，分别居全球第4、第5位。

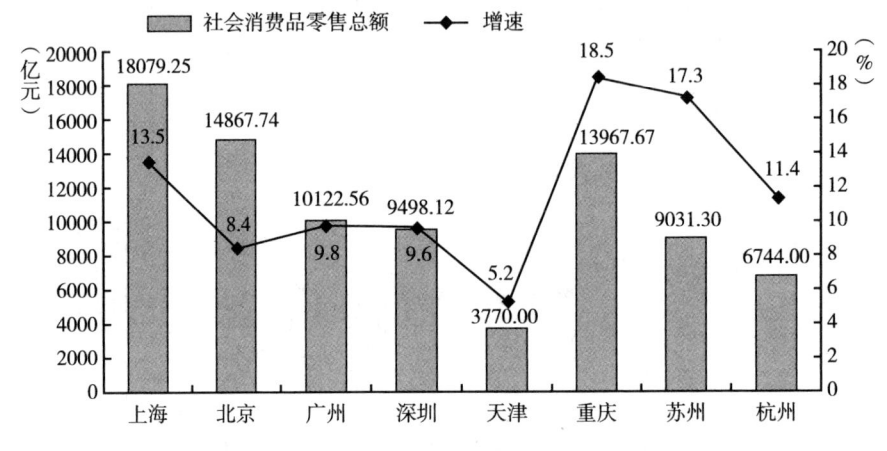

图2 2021年国内部分城市社会消费品零售总额及增速

资料来源：北京、上海、广州、重庆、杭州、天津数据来源于各市2021年国民经济和社会发展统计公报，深圳数据来源于统计快报（2021年12月），苏州数据来源于统计月报（2021年12月）。

（二）消费市场实现恢复性增长，消费升级特征明显

1. 消费市场呈现"先快后稳"运行态势

2021年，在局部区域疫情发生及2020年同期基数逐渐提高等因素影响下，全市社会消费品零售总额各月累计增速呈现"先快后稳"的运行态势，走势与全国及广东省基本一致，与2020年广州呈现的"前低后高"运行态势有所不同。广州市社会消费品零售总额累计增速在1~2月为全年最高，

呈现总体趋势保持恢复但增速放缓的特征，前 11 个月各月累计增速均保持两位数以上，年末 12 月累计增速接近两位数。1~2 月增速为全年的峰值（33.8%），随后以月均放缓 2.4 个百分点左右的增速保持增长，1~12 月社会消费品零售总额同比增长 9.8%，比 2019 年增长 6.0%，两年平均增长 2.9%（见图 3）。

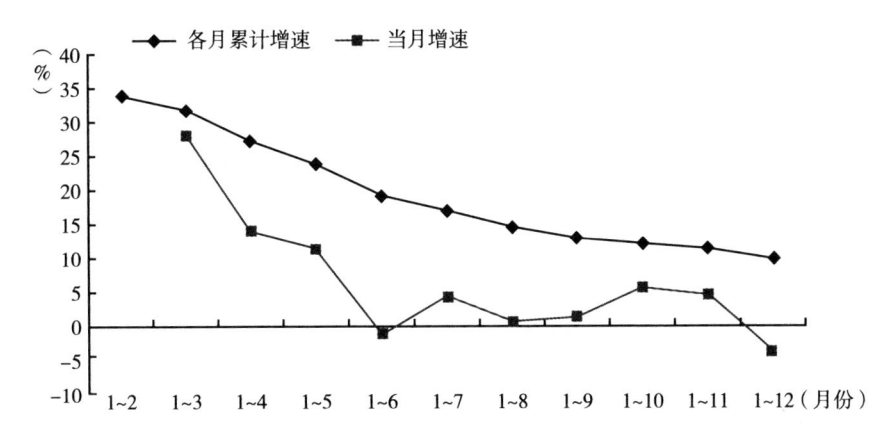

图 3　2021 年 1~12 月广州社会消费品零售总额各月累计增速及当月增速

资料来源：广州统计信息网。

2. 消费市场结构持续调整优化

2021 年，疫情防控常态化进一步影响着广州消费市场走向，消费市场结构不断调整优化。一是批发和零售业复苏更为强劲，住宿和餐饮业尚未恢复到疫情前水平。2021 年广州批发和零售业实现零售额 9324.52 亿元，占社会消费品零售总额的 92.1%，同比增长 9.1%，两年同期平均增长 3.6%。住宿和餐饮业实现零售额 798.04 亿元，占社会消费品零售总额的 7.9%；同比增长 18.5%，两年同期平均下降 3.6%。二是随着疫情防控常态化，网络消费规模持续扩大。2021 年全市限额以上批发和零售业通过互联网实现商品零售额 2209.07 亿元，占全市社会消费品零售总额的 21.8%；同比增长 12.6%，比 2019 年同期增长 49.2%，两年同期平均增长 22.1%。三是基本生活类商品消费增幅存在差异，消费升级类商品增势良好，中西药品类商品持续快速增长。在基本生活类商品消费需求中,"穿类"商品时尚消费热度高,2021年全市限额以上批发和零售业服装、鞋帽、针纺织品类商品零售额同比增长5.1%;"吃类"商品贴合市场消费需求,粮油食品类商品零售额同比下降9.9%,饮料类商品实现零售额同比增长40.9%,烟酒类商品实现零售额同比增长3.1%;"用类"商品消费减缓,2021年日用品类商品实现零售额299.56亿元,同比下降5.6%。消费升级类商品增势良好,限额以上批发和零售业金银珠宝类、文化办公用品类、体育娱乐用品类商品零售额增速保持20%以上,分别同比增长24.9%、27.8%和54.9%;化妆品类、通信器材类商品零售额同比分别增长4.8%和5.1%。随着疫情防控常态化,健康消费理念深入人心,人们在健康医药方面支出持续增长,中西药品类商品零售额持续快速增长,在2020年高速增长40.1%后,2021年仍保持20%以上增速,达23.9%。汽车等出行类商品对社会消费品市场的支撑作用较明显,汽车类、石油及制品类商品同比分别增长11.8%和30.5%,合计占全市社会消费品零售总额的15.7%。

(三)电子商务发展跃上新台阶,直播电商发展领跑全国

1. 网络购物等新型消费动能持续释放

随着疫情防控常态化,网络消费群体不断扩大,线上消费活跃度较高,新型消费蓬勃发展。2021年广州市限额以上批发和零售业实物商品网上零售额达2209.07亿元,同比增长12.6%,增速比全国实物商品网上零售额平均水平高0.6个百分点,比2019年同期增长49.2%,两年同期平均增长22.1%;占社会消费品零售总额比重从2019年的13.9%上升到2021年的21.8%,拉动社会消费品零售总额增长2.7%。广州电子商务带动快递业持续快速发展,2021年广州快递业务量累计突破100亿件,成为第二个年快递业务量突破百亿件的城市。近年来,广州电子商务产业聚集效应明显,2021年琶洲人工智能和数字经济示范区获批国家电子商务示范基地。截至2021年底,广州已有3个国家电子商务示范基地、12个省级电子商务示范基地、10家国家电子商务示范企业、1家国家线

上线下融合发展数字商务企业、28家省级电子商务示范企业、2家国家数字商务企业。

2. 直播电商发展走在全国前列

2020年提出"打造直播电商之都"以来，广州出台了全国首个直播电商发展三年行动方案——《广州市直播电商发展行动方案（2020～2022年）》，印发实施直播电商十一条措施操作指引，发布全国首个RCEP电商配套措施，成立全国首个直播电商智库，举办全国首个以城市为平台的"广货带天下，广带天下货"直播节（中国·广州），成立全国首家直播电商研究院和首个直播电商人才培养基地，发布首部全国性的直播电商标准——《视频直播购物运营和服务基本规范》，在直播电商的行业标准制定、人才培育培训等多个方面走在全国前列。2021年，广州市制定发布《网络电商直播常见法律纠纷处理指引》，填补了国内直播电商领域法律纠纷处理指引的空白。为积极响应商务部"双品网购节""消费促进月""老字号嘉年华"等活动号召，广州成功举办了2021广州网上年货节，全市超过40.5万家企业参与，成交额突破475亿元。9月，广州又成功举办了第二届直播电商节（中国·广州），微信视频号、淘宝直播、抖音、快手、洋葱等15个电商平台、30余万个广货品牌参与了直播电商节。[①] 在政府的支持和引导下，广州直播电商行业蓬勃发展。广州专业市场商会与淘宝直播签署协议，共同打造直播共创空间，实现全市专业市场直播全覆盖。全市65个商业综合体与微信开展深度合作，通过小程序商城、视频号、企业微信等工具，持续优化智慧商圈运营；结合北京路步行街改造提升，创新开发面向游客和商户的智慧服务小程序和步行街诚信系统，实现3个月客流量同比增长59.6%，营业额同比增长23.7%。数据显示，广州在淘宝天猫直播平台的主播人数（达2万余名）、直播场次（超140万场）、直播商品数（逾600万件）均居全国首位[②]。由中国

---

① 数据来源：《第二届直播电商节（中国·广州）圆满闭幕》，http：//sw.gz.gov.cn/swzx/gnmy/content/post_ 7818205.html。
② 数据来源：《第二届直播电商节（中国·广州）新闻发布会（2021年总第59场）》，http：//www.gznews.gov.cn/164830.shtml。

市场学会、阿里研究院联合淘宝直播 ON MAP 共同发布的《直播电商区域发展指数研究报告（2021）》显示，广州白云区、天河区入围直播百强地区 10 强，广州 11 个区有 9 个区入围直播百强地区，数量居全国主要城市首位[①]。

3. 跨境电商进口额8年蝉联第一

近年来，广州先后出台了《关于推动电子商务跨越式发展的若干措施》《加快广州跨境电子商务发展若干措施》《广州市推动跨境电子商务高质量发展若干措施》等政策文件，2021 年广州出台《广州市把握 RCEP 机遇促进跨境电子商务创新发展的若干措施》，是全国首个跨境电商 RCEP 专项政策，持续提升跨境电商便利化水平，推动跨境电商高质量发展。近年来，广州市跨境电商规模优势持续领跑全国。广州自 2014 年开展跨境电商零售进口业务以来，跨境电商零售进口规模 8 年蝉联全国第一。商务部"2021 年跨境电子商务综合试验区评估"结果显示，在全国前 5 批 105 个跨境电商综试区中，中国（广州）跨境电子商务综合试验区位列第 1 档，成为全国 10 家入选跨境电商综试区之一。广州跨境电商地方公共服务平台业务总量最大、服务面最广、商品品类最齐全。目前，平台备案企业超 3000 家，进出口量日均 100 多万单，为全市所有口岸及周边地区 44 个口岸提供跨境电商通关便利化服务，进口商品基本覆盖所有省市，出口货物覆盖 208 个国家和地区。2021 年新增跨境电商企业 132 家，跨境电商企业累计 19.3 万家；全市企业建设各类海外仓 38 个，分布于美国、欧洲、日本、韩国、澳大利亚、中东等国家和地区，投资规模超 2 亿元；现有跨境电商产业园区 24 个，被国家、省级有关部门认定或授牌的跨境电商产业园区达 11 个。

（四）展览向规模化、专业化提升，会议朝高端化、品牌化迈进

1. 办展规模稳居全国第二

2021 年，广州全市重点场馆举办展览 388 场次，同比下降 29.7%，

[①] 数据来源：《直播电商区域发展指数研究报告（2021）》，https://www.sohu.com/a/454961597_407401。

展览面积683.81万平方米，同比增长57.2%，场次和面积均居全国第2位（上海同期542场次、面积1086.02万平方米；深圳同期105场次、面积513万平方米）。其中，各专业展馆举办的经贸类展览209场次，同比增长43.2%，展览面积666.92万平方米，同比增长60.3%。全市接待参展观展人数648.43万人次，同比增长32.9%。广交会展馆单馆办展规模（面积）居全球首位，全年办展面积合计462万平方米（同比增长50%），略高于上海国家会展中心（459万平方米），比上海新国际博览中心（392万平方米）、深圳国际会展中心（301万平方米）分别多70万平方米、161万平方米。大型展会规模全球领先，面积10万平方米以上展览达13场，比上年增长62.5%，家博会（52.6万平方米）、建博会（40.3万平方米）、第130届广交会（40万平方米）成为全球最大规模展会，春秋两届美博会、照明展、灯光音响展、酒店用品展、茶博会规模居全球同行业展会首位，广州国际设计周规模连续两年逆势增长20%，从7万平方米扩大至13万平方米。

2. 展览新落户数量创新高

2021年广州通过精准防疫，全力为企业创造稳定、可预期的办展环境，赢得业界一致好评，吸引了来自北京、上海、福建、湖北、江苏等地的35家外地企业到广州办展，全年新办展达33场，比上年增加83%，创近年新高。中国会展经济研究会发布的《2021年中国城市会展业竞争力指数报告》，评定广州在中国城市（副省级）的会展业竞争力排名第一。展览题材结构逐步优化，装备展、技术展、工业设备展等各种工业题材展21场，占比10%；新一代信息技术、人工智能、生物医药、新能源、新材料等战略性新兴产业题材展26场，占比12.5%；动漫展、设计周、城市公共艺术展等文化创意类展会发展迅速，合计24场，占比11.5%；聚焦汽车消费、文化创意、动漫游戏、未来生活方式、国货潮、健康医疗、养老服务等新消费产品的消费品类展会106场，占比50.7%；其他类型展会合计32场，占比15.3%。

3. 会议业呈高端化发展趋势

近年来，广州市会议业呈高端化发展趋势，2021年全市重点场馆接待会议合计6492场，同比增长7.0%。全年举办多场层次高、影响力大的会议，习近平总书记于2021年12月接连给"读懂中国"国际会议（广州）、2021从都国际论坛、大湾区科学论坛3个国际会议发表视频致辞、贺信。第130届广交会首次成功举办国家级会议珠江国际贸易论坛，习近平总书记致贺信，李克强总理出席开幕式并发表演讲。2021年先后举办粤港澳生物医药和生物医学工程产业大会、2021CNBC全球科技大会、世界经济论坛中国未来汽车与交通出行大会等专业会议，助力生物医药、科技创新、未来出行等前沿产业打造发展高地。

（五）货物贸易进出口总额破万亿元，开启高质量发展新征程

1. 外贸进出口总额突破万亿元

2021年，广州积极应对国际海运价格高企、大宗商品价格上涨、人民币汇率上升等突出问题，全力稳住外贸基本盘。2021年，全市外贸进出口总额10825.9亿元，同比增长13.5%（全国21.4%、广东省16.7%），比2019年同期增长8.3%，两年平均增长4.0%（全国11.2%、广东省7.5%）。其中，出口6312.2亿元，同比增长16.4%（全国21.2%、广东省16.2%）；进口4513.7亿元，同比增长9.6%（全国21.5%、广东省17.4%）（见表1）。民营企业成为拉动广州进出口增长的主要力量，2021年实现进出口5717.4亿元，增长17.4%，占同期广州市外贸进出口总额的52.8%，较2020年提升1.4个百分点。从区域结构看，黄埔区进出口额首次突破3000亿元，南沙区超2000亿元，番禺区超1000亿元，为全市进出口总额突破万亿元做出重要贡献。广州前五大贸易伙伴依次为东盟、欧盟、美国、日本和非洲，占比分别是16.3%、15.6%、10.9%、8.8%和7.8%。在2021年全国进出口贸易额10强城市中，广州继续排在第7位，但无论出口、进口还是进出口，同比增速都不算高，有待培育外贸新增长点。

表1　2021年国内主要城市货物贸易进出口额及增速

单位：亿元，%

城市	进出口 金额	进出口 增速	出口 金额	出口 增速	进口 金额	进口 增速
上海	40610.4	16.5	15718.7	14.6	24891.7	17.7
深圳	35435.6	16.2	19263.4	13.5	16172.2	19.5
北京	30438.4	30.6	6118.5	31.2	24319.9	30.4
苏州	25332.0	13.5	14875.8	15.0	10456.2	11.5
东莞	15247.0	14.6	9559.8	15.4	5687.2	13.2
宁波	11926.1	21.6	7624.3	19.0	4301.8	26.3
广州	10825.9	13.5	6312.2	16.4	4513.7	9.6
厦门	8876.5	27.7	4307.3	20.6	7633.1	35.7
天津	8567.4	16.3	3875.6	26.1	4691.8	9.3
青岛	8498.4	32.4	4921.3	27.0	3577.1	40.7

资料来源：各城市2021年国民经济和社会发展统计公报。

2. 外贸新业态实现快速发展

广州出台关于推进贸易高质量发展的实施方案，立足全面增强国际商贸中心功能，加快培育贸易竞争新优势。抓好市场采购贸易试点拓区扩品类，新认定广州流花服装批发市场为第三批市场采购贸易方式集聚区拓展试点市场，累计认定5家拓展试点市场，超700家商户在采购平台上线备案，为场内实体商户提供合规的贸易渠道，2021年市场采购出口1403亿元，规模继续保持全国第2位。获批赋予国际航行船舶保税加油许可权，广州市保税油供应企业可在广东省范围内开展保税油直供业务。出台全国首个RCEP跨境电商专项政策，跨境电商进口连续8年第1，广州白云机场口岸成为全国首个跨境电商业务过千亿元的空港口岸。外贸新业态占进出口总额的比重近30%，高于全国、全省平均水平。一般贸易进出口5969.7亿元，同比增长22.1%，占全市比重达55.1%，比上年提高3.7个百分点。加工贸易进出口2280.4亿元，同比增长17.6%，重点推进珠宝首饰进出口，出台全国首个钻石产业促进政策，番禺区举办首届中国珠宝首饰流行趋势发布会、广州珠宝钻石国际年会。保税物流进出口939.9亿元，同比增长8.9%（见表2）。

表2 2021年广州进出口贸易方式情况

单位：亿元，%

贸易方式	本年累计			同比		
	出口	进口	进出口	出口	进口	进出口
一般贸易	3159.7	2810.0	5969.7	34.4	10.7	22.1
加工贸易	1337.4	942.9	2280.4	15.6	20.6	17.6
来料加工装配贸易	337.2	303.7	641.0	41.5	55.7	47.9
进料加工贸易	1000.2	639.2	1639.4	8.9	8.9	8.9
保税物流	279.3	660.7	939.9	28.4	2.3	8.9
保税监管场所进出境	132.8	240.7	373.4	14.3	-14.4	-6.0
海关特殊监管区域物流	146.5	420.0	566.5	44.6	15.3	21.7
其他贸易	1526.2	78.0	1604.2	-9.7	-2.1	-9.3
合计	6312.2	4513.7	10825.9	16.4	9.6	13.5

资料来源：广州海关。

3. 对外开放平台作用日益凸显

三大国家级经开区（广州经济技术开发区、广州南沙经济技术开发区和增城经济技术开发区）地区生产总值约占全市1/5，进出口总额和规模以上工业总产值占全市50%以上。花都、番禺2个经开区入选全省省级经开区高质量发展先进经开区十大示范典型。截至2021年底，南沙自贸片区累计形成762项制度创新成果，并在国家和省、市分别复制推广，实施"湾区一港通"模式，正式开通南沙港铁路。2021年，南沙区实现进出口总额2600.3亿元人民币，同比增长14.7%。其中，南沙全年汽车口岸出口量达到2.5万辆，为2020年出口量的12倍，创历年新高。2021年新增1个国家级外贸转型升级基地（花都声频电子），共拥有8个国家级和1个省级基地，数量排全国第5、全省第1。

（六）餐饮消费市场持续恢复，呈规模化、数字化、融合化趋势

1. 餐饮向规模化、资本化发展

2021年，广州餐饮消费市场持续恢复，2021年住宿和餐饮业零售额为798亿元，同比增长18.5%，占全省住宿和餐饮业零售额超1/6；住宿和餐饮业市场主体创历史新高，2021年全市实有住宿和餐饮业市场主体21.8万户，同比增长8.23%，其中新登记3.82万户。从全年来看，一季度，随着疫情防控形势不断好转，居民消费需求稳步释放，广州市住宿和餐饮业零售额同比增长78.8%，增速居一线城市第1；5月发生新一轮本土疫情后，堂食受到限制，广州市及时出台为企业纾困减负若干措施，从金融支持、减税降费、减轻租金、灵活用工、包容监管等方面发力，为疫情后发展注入"强心剂"；四季度住宿和餐饮业保持复苏态势，环比三季度增长9.5%。全市范围内形成27个餐饮集聚区、90个商业综合体美食广场。作为米其林指南进入中国大陆的第二座城市，目前广州拥有17家米其林星级餐厅，黑珍珠钻级餐厅16家，仅次于北京、上海和成都，排名全国第4。餐饮资本化加速，2021年广州市餐饮业投融资事件数为8件，较2020年增加5件，其中，快餐5件、茶饮2件，达到亿元级投融资规模的5件，较2020年增加4件，千万元级投融资规模的3件。餐饮品牌跨界合作成为新尝试，陶陶居、广州酒家、点都德等一批广州传统粤菜品牌餐饮走出广州开设门店。胡润研究院在广州举办首届中国餐饮连锁投资价值峰会，首次发布餐饮连锁行业榜单，广州餐饮品牌（遇见小面、茶里、大师兄等）积极通过资本化运作模式，加快企业发展步伐。

2. 餐饮数字化程度不断提升

疫情加速餐饮企业建设线上外卖渠道，以广东餐饮协会为依托，联合美团等各大外卖平台、多家外卖城配服务商和私域外卖、新零售软件服务商成立的"外卖赋能工作专委会"，调动各界资源为餐饮企业提供优惠扶持方案和技术支持，助力餐饮企业拓展线上经营，共同构建"全域外卖生态"，助力餐饮企业用好公域流量，拓展线上经营。抖音、美团、阿里本地生活等平台企业，持续打造天德广场、琶醍等餐饮网红打卡点，培育街区、企业私域流量经济，推动公私域联动，增强餐饮的社交属性，不断积聚行业人气。2021年，全市外卖门店、品类、订单数均显著增加，限上住宿餐饮企业通过公共网络实现的餐费收入同比增长32.8%，两年平均增长31.2%，有效帮助餐饮企业线上转型发展。同时，融合促销活动成效明显，支付平台、金融机构、综合商业体、餐饮行业联动开展行业促销成为新模式。7~8月，广州市商务局牵头组织"赏味盛夏 食惠广州"活动,发动银联和银行联合参与,开展"金融+平台+餐饮"融合促消费活动,共有10家商业银行、近1万家餐饮门店线上线下参与,带动全市餐饮消费超10亿元。以"Young城Yeah市"为主题,举办最美傍晚市集、"咖势"精品咖啡文化艺术节、金秋消费促进月、夜间消费节等系列活动,点燃夜间消费市场。

(七)专业批发市场保持平稳发展,转型升级取得显著成效

1. 专业批发市场保持平稳发展

广州拥有全国数量最多、规模最大、品类最全的专业批发市场集群。截至2021年,广州共有专业批发市场596家、市场商户超17万家,在纺织服装、皮具皮革、鞋业鞋材、海味干果、珠宝首饰等领域形成了具有全国知名度的市场集群。突如其来的新冠肺炎疫情给广州专业批发市场带来了较大的冲击,2020年商户销售额较上年普遍出现了较大幅度下降。例如,服装专业批发市场商户问卷调查数据显示,销售额下降幅度超过20%的商户比例达68.3%,商户销售额平均下降幅度达48.7%。专业批发市场管理方的问卷调查数据显示,销售额下降幅度超过20%的市场比例达67.9%,市场销售额平均下降幅度达42.3%。面对新冠肺炎疫情带来的挑战,2021年广州市委、市政府通过举办专业市场融资对接会,启动广州专业市场行业金融支持行动,成立专业市场行业数字化创新联盟,推动专业市场数字化转型等一系列有力措施,激发市场主体活力,促进专业批发市场平稳发展。

2. 专业批发市场转型疏解取得显著成效

近年来,广州加快推动专业批发市场转型疏解,三年来累计完成322家市场转型。现有专业批发市场加快向品牌化、数字化、展贸化等经营模式转变,转型升级取得显著成效。专业批发市场管理方问卷调查数据显示,专业批发市场多采取提升市场展贸化水平,提高市场专业化、组织化水平,推动批发市场向研发、设计、展贸、外贸等产业链高端延伸,鼓励商户品牌化经营,鼓励商户发展电子商务等新型销售渠道,引导商户开展跨境电商、市场采购等贸易新模式等举措推动转型升级(见图4)。服装批发商户问卷调查

数据显示，近年来，批发商户多选择采取"提高产品质量""主动拓展线上销售渠道""兼营批发和零售业务""发展自主品牌"等举措，促进批发业务发展（见图5）；商户比较认同专业批发市场，未来发展将呈现经营品类多样化（46.7%）、品牌化（40.2%）、服务综合化（38.0%）、展贸化（32.6%）、标准化（32.1%）、数字化（30.4%）新趋势。

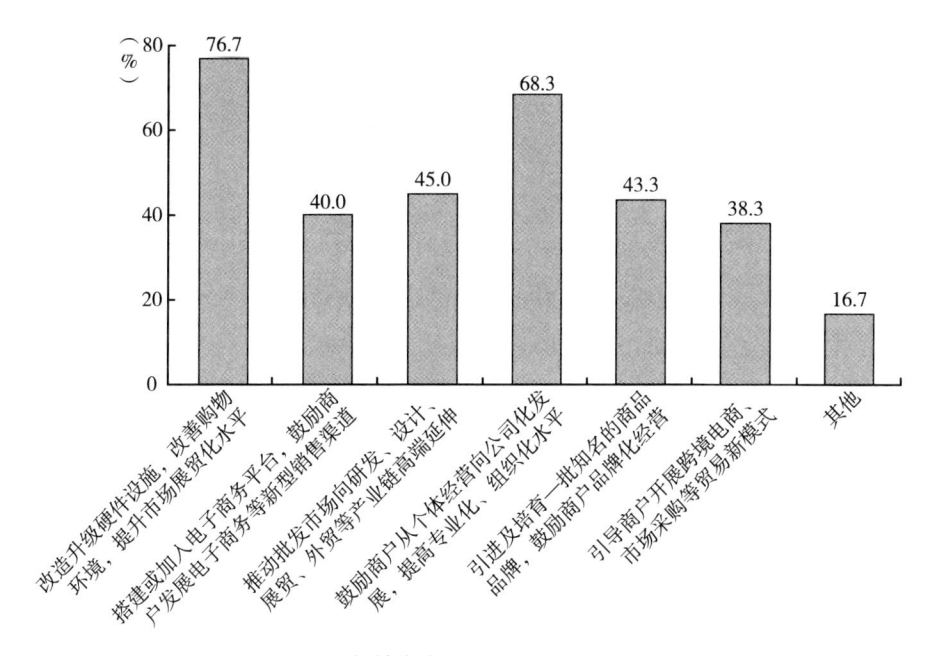

图4 近三年批发市场采取哪些转型升级举措

资料来源：广州专业批发市场管理方问卷调查统计结果，有效问卷60份。

（八）国际航空枢纽地位凸显，物流业显示较强韧性

1.国际航空枢纽地位持续提升

近年来，广州白云国际机场旅客吞吐量、出港航班量等指标保持全球领先水平，广州国际航空枢纽地位得到持续提升。2018年，白云国际机场旅客吞吐量达6974.3万人次，在全球机场中排第13位；2019年，白云国际机场旅客吞吐量达7338.6万人次，排名上升至第8。2020年，在极其特殊

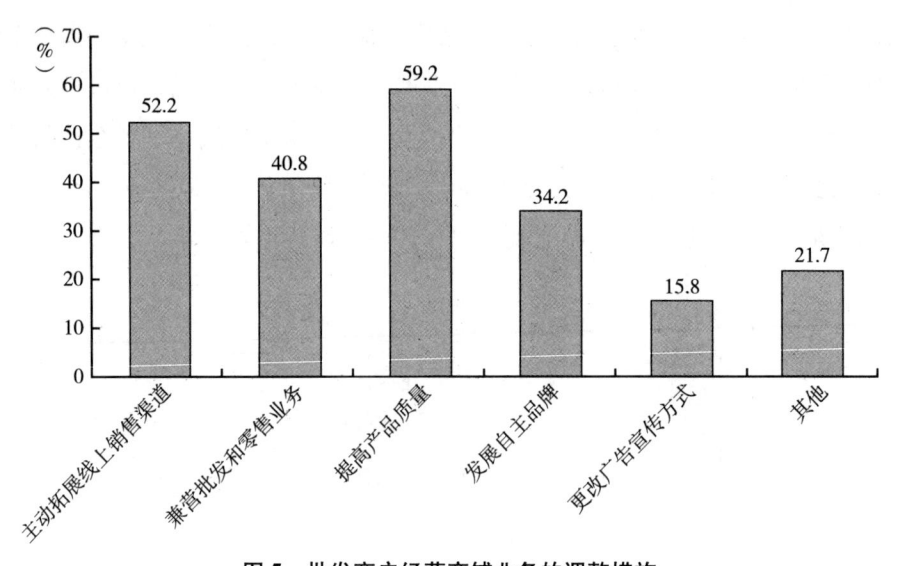

[图表：批发商户经营商铺业务的调整措施，各项百分比为：主动拓展线上销售渠道 52.2%，兼营批发和零售业务 40.8%，提高产品质量 59.2%，发展自主品牌 34.2%，更改广告宣传方式 15.8%，其他 21.7%]

图 5　批发商户经营商铺业务的调整措施

资料来源：广州服装批发商户问卷调查统计结果，有效问卷184份。

的情况下，白云国际机场旅客吞吐量跃居全球第一。2021年，受国内新冠肺炎疫情冲击，白云国际机场旅客吞吐量达到4024.97万人次，比上年下降8.0%，但仍然继续稳居国内首位、全球第11位。2021年上半年，白云国际机场出港航班量在全球民航复苏的背景下排名居中国第1、世界第9，出港航班量继续保持全球领先。这也从侧面反映出，国家和广东省、广州市推进常态化疫情防控和经济社会发展"双统筹"成效显著，促进了民航旅客运输快速恢复。

2. 多个物流指标实现逆势增长

2021年，广州物流业继续表现出较强的韧性和抗冲击能力。与上年相比，货物运输量和白云国际机场货邮行吞吐量都逆势实现了正增长。其中，货物运输量较上年增长了6.0%，白云国际机场货邮吞吐量较上年增长了12.0%。货运周转量、港口货物吞吐量和港口集装箱吞吐量也继续保持正增长。其中，货运周转量21881.47亿吨公里，同比增长1.2%；港口货物吞吐量65130.39万吨，同比增长2.3%；港口集装箱吞吐量2446.65万标箱，同比增长4.1%（见图6、

2021年广州国际商贸中心发展形势分析与2022年展望

图6　2011~2021年广州货运量及增速

资料来源：《广州统计年鉴》（2012~2021年）、《广州2021年国民经济和社会发展统计公报》。

图7、表3）。港口集装箱吞吐量继续稳居全国第4、全球第5位，白云机场货邮吞吐量继续稳居全国第2位，为稳定国内和全球供应链做出了广州的贡献。

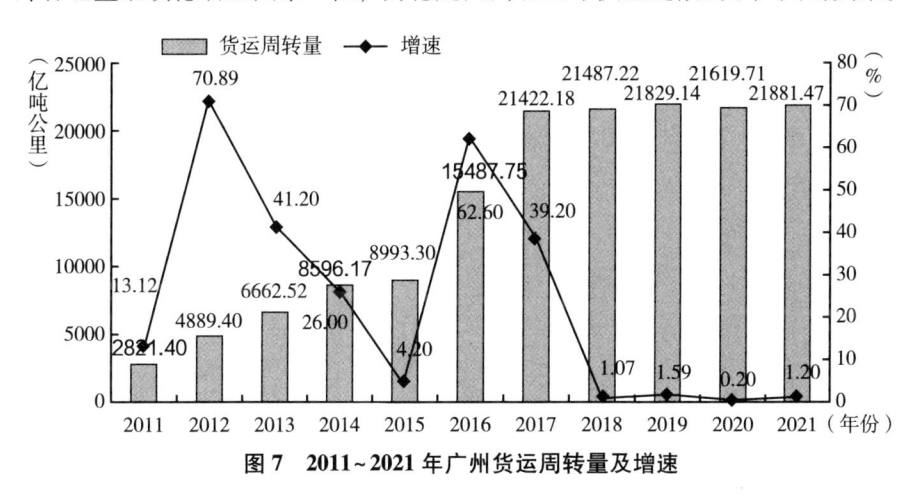

图7　2011~2021年广州货运周转量及增速

资料来源：《广州统计年鉴》（2012~2021年）、《广州2021年国民经济和社会发展统计公报》。

表3　广州2021年主要物流指标对比

指标	绝对值	比上年增长(%)
货物运输量（万吨）	98175.32	6.0
货运周转量（亿吨公里）	21881.47	1.2

续表

指　标	绝对值	比上年增长(%)
港口货物吞吐量(万吨)	65130.39	2.3
港口集装箱吞吐量(万标箱)	2446.65	4.1
机场货邮吞吐量(万吨)	224.14	12.0

资料来源：《广州2021年国民经济和社会发展统计公报》。

（九）商贸领域改革创新实现新突破，商贸流通体系优化升级

1. 国际消费中心城市建设提速

2021年7月19日，经国务院批准，广州获批率先培育建设国际消费中心城市。10月，广州举办培育建设国际消费中心城市大会，全面部署广州培育建设国际消费中心城市工作，锚定"国际"重要方向、"消费"核心功能、"中心"关键定位；参加商务部专题新闻发布会，推介广州培育建设国际消费中心城市情况，播放广州城市宣传片。11月，印发《广州市加快培育建设国际消费中心城市实施方案》，实施"尚品""提质""强能""通达""美誉"五大工程，构建共建共享体系，完善政策制度体系，密集推出10多项配套政策，高位推动培育建设工作。

2. 现代商贸流通体系加快构建

2021年7月，广州获批成为首批10个全国供应链创新与应用示范城市之一。10月，率先编制印发全国首个大型城市供应链"十四五"规划——《广州市"十四五"供应链体系建设规划》。全市各区按"一场一策"推动专业批发市场转型疏解，三年以来累计完成322家专业批发市场转型。北京路以全国第1名的成绩获评国家级文化产业示范园区，成功创建粤港澳大湾区首个全国示范步行街，"四个结合"改造经验做法获得国务院第七次大督查通报表扬。琶洲人工智能和数字经济示范区获批国家电子商务示范基地，成为广东省2021年唯一入选单位。北京路、正佳广场入选第一批国家级夜间文化和旅游消费集聚区名单，天河路商圈、永庆坊、上下九步行街获评省级示范特色步行街（商圈）。

3.跨境贸易营商环境持续优化

广州持续推进口岸营商环境改革创新，出台一系列政策措施加快提升流通效率和跨境贸易便利化水平，入选《中国营商环境2021》跨境贸易指标表现优异城市。2021年11月，广州被国务院确定为首批6个营商环境创新试点城市之一，要求持续提升跨境贸易便利化水平，高标准建设国际贸易"单一窗口"，推进区域通关便利化协作。广州市出台《2021年广州市促进跨境贸易便利化工作方案》，从进一步精简单证、提升通关时效和规范口岸合规成本三方面提出29条措施。广州海关制定实施2021年促进跨境贸易便利化专项行动，重点在提效率、减单证、优流程、降成本、智慧监管、提高企业获得感等领域实施27条措施。

二 2022年广州国际商贸中心发展环境分析

（一）全球环境分析

1.全球经济增速显著放缓

在全球通胀高企、金融环境可能收紧以及俄乌冲突背景下，2022年世界经济增速显著放缓。其中，俄乌冲突加剧了近年来影响全球经济的一系列供给冲击，引发的石油、天然气等能源供应短缺及通胀，严重拖累世界经济复苏进程。近期，各大机构纷纷下调2022年全球经济增长预期。其中，联合国贸发会议2022年3月24日发布的贸易和发展报告显示，受俄乌冲突及各国近几个月的宏观经济政策变化影响，联合国贸发会议将2022年全球经济增长预测从3.6%下调至2.6%。经济合作与发展组织（OECD）发布的一项最新评估，预计全球经济增长将下降1.08%。2022年4月，世界银行将2022年全球经济增长预估从2022年1月时的4.1%下调至3.2%，原因是调降了对欧洲和中亚的经济预测，其中包括俄罗斯和乌克兰。国际货币基金组织（IMF）2022年4月19日发布《世界经济展望》，将2022年和2023年全球经济增长预期下调至3.6%，原因包括俄乌冲突扰乱全球商业活动、推高油价、威胁食品供应，增加了全球经济面临的不确定性（见表4）。总体来看，2022年全球经济增速显著放缓，俄乌冲突增加了全球经济面临的不确定性。

表4 部分国际机构对当前世界经济走势的预测

单位：%

机构\年份	2018	2019	2020	2021*	2022*
联合国	3.1	2.5	-3.6	5.4	2.6
世界银行	3.2	2.5	-3.5	5.6	3.2
OECD	3.5	2.7	-3.4	5.7	3.42
IMF	3.6	2.8	-3.1	5.9	3.6

注：加*表示预测值，发布时间依次为2022年3月、4月、3月和4月；其他为实际值。
资料来源：根据公开资料整理而得。

2. 国际贸易大幅减速

世界贸易组织（WTO）2022年4月12日发布预测称，受乌克兰局势影响，全球经济前景黯淡，2022年全球商品贸易量将仅比2021年增长3.0%。低于上次在2021年10月预测的4.7%，而且与2021年的实际数据（增长9.8%）相比，也出现大幅减速。受俄乌冲突后经济制裁等影响，物流速度缓慢。多数地区的同比贸易增长率都会放缓。出口增长率方面，北美将由2021年的6.3%降至3.4%，欧洲将由2021年的7.9%降至2.9%，亚洲将由2021年的13.8%降至2.0%。进口方面，受打击最大的是以俄罗斯为中心的独联体（CIS），将大幅减少12%。欧美对俄罗斯加强了贸易限制，企业纷纷停止或缩小在俄业务。尽管俄罗斯和乌克兰在世界贸易和产出中的份额很小，但俄乌是食品、能源和化肥等基本商品的主要供应国，这些商品的全球供应将受到威胁。同时，俄乌冲突并不是目前影响世界贸易的唯一因素。WTO提出，海运贸易方面现在也面临干扰，这可能导致制造业再次面临供应短缺和通胀上升的情况。总体来看，在全球基本供应面临巨大通胀压力和供应链压力越来越大的情况下，2022年国际贸易也充满了巨大的不确定性。

3. 全球产业链供应链重塑加快

受国际格局剧变、俄乌冲突、新冠肺炎疫情冲击、气候政治发力多因素叠加影响，全球产业链发生大重组，大国及跨国巨头更多注重产业安全，更多考虑效率和安全的平衡。未来全球供应链的分布，将由此前追求"利润和效率"，转变为追求"利润与安全、效率与韧性、本地化与全球化"的多目标平衡。在成本效率和稳定性的权衡之下，未来全球供应链或呈现多中心化的格局，供应链网络围绕主要终端市场进行布局。从中长期来看，全球供应链分散化必将对我国产业产生一定的影响：在供应链分散化格局下，处在供应链中段的制造企业需要逐步布局海外市场以满足多元化的供应链需求。中国企业"走出去"步伐加快，特别是制造业企业成为跨国工厂；供应链依赖海外市场的本土产业，特别是高端科技行业，从供应链稳定性和安全性角度来看，国产替代是必由之路。在全球产业链供应链重塑加快的背景下，中国需要不断提升产业链的附加值，从制造大国向制造强国转型，在自动化生产等高端制造领域重新建立新的比较优势。

（二）国内环境分析

1. RCEP协议正式签订生效

2022年1月1日《区域全面经济伙伴关系协定》（RCEP）正式生效。RCEP经济体已占全球经济份额的30%，覆盖全球人口的30%，超越北美经济体、欧盟成为全球最大经济体，RCEP让中国与东盟关系更紧密。RCEP的签署，将为促进地区的发展繁荣增添新的动能。RCEP整合并拓展了15国间多个自由贸易协定，削减了关税和非关税壁垒，统一了区域内规则，推动了亚太一体化发展。RCEP共有20个章节，涵盖货物贸易、服务贸易、投资和自然人临时移动4个方面的市场开放，纳入知识产权、电子商务、竞争等现代化议题。RCEP核心在于增强货物贸易、服务贸易、投资以及人员流动方面的市场开放，尤其在关税上取得重大突破，给予"渐进式"零关税政策。RCEP的签署和顺利实施，是我国自由贸易区战略的阶段性重大胜利，也是我国加速融入世界经济、突破以美国为首的西方国家经济霸权的关键一招。RCEP对中国的重大利好，广州享有天然的优势。RCEP成员国如日本、韩国等，均是广州传统的重要经贸伙伴，经贸往来密切，合作基础良好。乘RCEP实施生效的东风，加大开放力度，加快融入全球经济产业链和供应链，是广州实现高质量发展、构建新发展格局的关键一步。

2."一带一路"建设逆势前行

疫情下，"一带一路"国际合作没有按下"暂停键"，反而逆势前行。截至2021年底，中国已同147个国家和32个国际组织签署200多份共建"一带一路"合作文件。中国海关总署数据显示，2021年中国对"一带一路"共建国家货物贸易总额为11.6万亿元，较2020年增长23.6%，比同期中国外贸整体增速高2.2个百分点。商务部数据显示，2021年上半年，中国企业在"一带一路"沿线对55个国家的非金融类直接投资额为95.8亿美元，同比增长18%。同期，中欧班列开行7377列，发送货物70.7万标箱，分别增长43%和52%；中欧班列累计开行超过4.1万列，通达欧洲23个国家的168个城市。另外，2022年中国将担任金砖主席国，主办金砖国家领导人会晤，强化与新兴大国的战略协作。广州作为我国重要的中心城市、"一带一路"倡议枢纽城市，推进"一带一路"的高质量发展，有利于广州深入融入全球经济体系，进一步对外开放，加快技术、资本和人力等方面的国际交流与合作，全面提高开放型经济发展水平。

3.我国加快国际消费中心城市建设

2021年7月，国务院批准上海市、北京市、广州市、天津市、重庆市率先开展国际消费中心城市培育建设。这是我国进入新发展阶段，为加快培育完善内需体系、全面促进消费、推动形成国内国际双循环新发展格局的重大战略安排。同时，培育建设国际消费中心城市已列入《中华人民共和国国民经济和社会发展第十四个五年规划和2035年远景目标纲要》的规划部署。广州作为国内首批建设国际消费中心城市中的唯一非直辖市城市、唯一华南城市，不仅意味着在消费层级、消费品质、聚集全球消费资源、引领国际消费新潮流以及构建新型消费体系等方面得到了国家的充分肯定，而且对深化供给侧结构性改革、强化竞争优势、牵动多维度能级提升、全面增强国际商贸中心功能提供重要支撑。

4. 后疫情时代我国消费升级态势明显

后疫情时代，我国消费模式至少存在支付方式、交换方式、权属方式、目的观念和行为方式五大转型。消费模式的转型助推了消费升级，各种消费新趋势、新亮点、新业态、新形式应运而生。新发展阶段消费转型升级体现在数字消费、时尚消费、智能消费、共享消费、育儿和颜值消费、康养消费、文化消费、绿色生态安全消费、定制化消费等方面。新消费不再局限于购买行为，而是兼具社交、互动、休闲等附加功能。实体消费不断向线上消费"迁移"，在线教育、在线医疗、网络购物、无接触配送、直播带货、短视频、网络游戏、知识付费、远程办公等获得新发展机遇，成为消费增长的新亮点、新热点。文娱消费向网上"迁移"明显，娱乐 App 下载量、在线市场、社交网络指数等指标持续上升。消费的供需对接产生了更多的融合消费场景，其中在线医疗、线上教育、视频会议是三种使用频率最高的新型信息消费场景。社区消费日益兴起，贴近社区、通风良好、接触人少、生活日用品齐全的社区便利店成了居民购物的首选，对大型商超的替代效应明显，并可能形成社区消费新趋势。同时，体验消费升级，5G 信息技术和基础设施、人工智能 AI 技术、VR/AR 技术为个性化、体验式"新零售"提供支持，未来实体消费的比较优势将更多转向智能化、体验式的场景互动，不断涌现的"吃货"助农、云运动、就业共享、云旅游、云 K 歌、直播卖车等，给人们增添了诸多便利和丰富体验。广州是直播电商、时尚定制等新型消费业态的发源地之一，拥有丰富的基础科研、技术创新资源以及高层次人才资源。后疫情时代，新消费、新产品、新业态和新模式将加快发展，为消费复苏提供新支撑，也为广州加快国际消费中心城市建设创造有利条件。

（三）区域环境分析

1. 粤港澳大湾区国际消费枢纽建设

2021 年 5 月 8 日，广东省委书记李希在广东省贸易高质量发展大会上指出，要牢牢把握扩大内需战略基点，强化中国国内市场布局，优化国际市场布局，打造粤港澳大湾区国际消费枢纽。此外，广东省政府办公厅印发了

《关于促进城市消费的若干政策措施》，明确提出9个方面共26条具体措施，旨在推进粤港澳大湾区国际消费枢纽建设。打造粤港澳大湾区国际消费枢纽，是实现粤港澳大湾区经济高质量发展的重要抓手，是粤港澳大湾区区域发展的核心引擎和有效载体。打造粤港澳大湾区国际消费枢纽，有利于放大粤港澳大湾区消费品制造业发达、产业链条完整和配套能力强的优势，以消费升级引领产业升级，培育和壮大独具特色、具有国际影响力的中国品牌，形成需求升级与供给升级协调共进的高效循环，为加快产业转型升级和经济提质增效提供新动力，形成粤港澳大湾区各个城市合作共赢的区域协调发展良好态势。打造粤港澳大湾区国际消费枢纽，有利于广州充分发挥粤港澳大湾区中心城市的商贸优势，提升国际商贸中心辐射力，积极拓展现代商贸的内容和模式，壮大市场主体，打造具有全球影响力的标志性商圈，打造国际消费新高地。

2. 城市间竞争激烈

上海、北京、广州、天津和重庆五大城市率先开展国际消费中心城市培育建设，正式打响双循环发展格局下的全国新一轮中心城市消费竞争战。国际消费中心城市具有强聚集强辐射的影响力，不同国际消费中心城市之间不可避免地产生人才、品牌、渠道等资源的激烈竞争。一方面，广州面临着当今知名的国际消费中心城市的竞争压力，目前广州的国际知名度还不够高，作为国际旅游消费目的地的吸引力也不够强，与知名的国际消费中心城市比较，在全球消费市场竞争格局中处于劣势；另一方面，国内许多城市都在推进国际消费中心城市建设，各个城市围绕政策、平台、品牌、人才等资源要素的竞争日益加剧，在国际消费中心功能上，近年来北京、上海的领先优势仍在强化，重庆、成都、杭州等国内城市得到了很大的提升，这也给广州施加了很大的竞争压力。

三 广州商贸业景气分析与预测

（一）广州商贸业景气预警系统

商贸业景气预警系统能够简明、直观地反映广州商贸业景气状况。着眼于及时准确地反映广州商贸业运行特点,为政府部门决策提供服务,保证相关产业政策的时效性,同时也为社会各界提供一个了解广州商贸业发展情况的窗口,本报告构建了广州商贸业景气预警系统。

如表5所示,广州商贸业景气预警系统一共选择了9个景气预警指标,这9个指标涉及的商贸领域比较广泛,涵盖内贸、外贸、旅游、物流、客流、价格等多个领域。预警指标全部采用同比增长率的形式,用"蓝灯""浅蓝灯""绿灯""黄灯""红灯"五种灯号,分别代表衰退、偏冷、正常、偏热、过热五种景气状态,各个灯号的界限值根据历史数据的统计分析结果、广州商贸业发展目标和专家意见确定。"蓝灯""浅蓝灯""绿灯""黄灯""红灯"的分数分别设定为1分、2分、3分、4分、5分,将各个指标的分数加总,然后换算为百分制,即为整个商贸业的预警指数,其灯号界限值分别设定为20分、40分、70分和85分。

表5 广州商贸业景气预警指标及灯号临界值

单位:%

序号	指标名称	浅蓝灯与蓝灯	绿灯与浅蓝灯	黄灯与绿灯	红灯与黄灯
1	货运量同比增长率	1	3	9	15
2	港口集装箱吞吐量同比增长率	1	3	9	14
3	机场旅客吞吐量同比增长率	1	3	7	10
4	社会消费品零售总额同比增长率	1	4	8	11
5	城市居民消费价格指数(同比)	1	2	4	5
6	商品进口总额同比增长率	0	3	9	15
7	商品出口总额同比增长率	0	3	9	15
8	城市接待过夜旅游人数同比增长率	1	3	6	8
9	旅游外汇收入同比增长率	1	3	8	12

(二)广州商贸业景气分析

如图8所示,从2021年以来各月景气指数看,2020年新冠肺炎疫情给广州商贸业带来了严重的冲击，商贸业景气指数全年都处于偏冷和过冷区间。2021年1~4月，由于疫情得到了较好控制，广州商贸业景气预警指数从运行低谷迅速回升，1月回升至正常区间，2月上升至偏热区间，3月和4月维持在过热区间下沿，表现出了强劲的景气回升态势。然而，5月国内出现新一轮疫情，广州商贸业预警指数随之快速下滑，6月进入偏冷区间，8月和9月处于过冷区间，此后2021年其余月份在偏冷区间运行。进入2022年，得益于物流、客流、消费、旅游等指标的较好表现，商贸业景气指数于2月回升至正常区间，但由于疫情反复，3月的商贸业景气指数再次跌入过冷区间。整体上看，2021年初以来广州商贸业景气指数主要受新冠肺炎疫情的影响，呈现出冲高——回落探底——反弹——再次探底的变化轨迹。

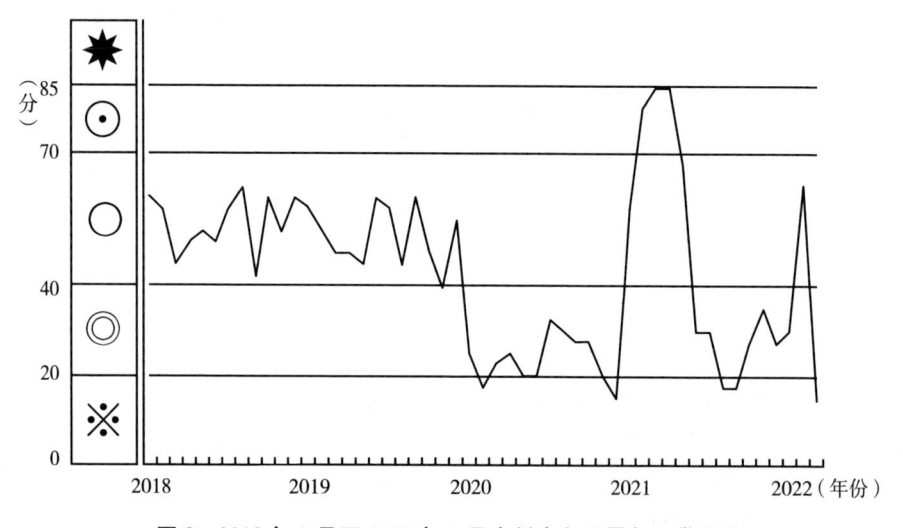

图8　2018年1月至2022年3月广州商贸业景气预警指数

注：✹<过热>　☉<偏热>　○<正常>　◎<偏冷>　※<过冷>

从各个预警指标的灯号变化情况来看（见表6），2021年12月，9个预警指标中，3个处于正常区间，1个处于偏冷区间，5个处于过冷区间；2022年3月，只有城市居民消费价格指数1个指标处于正常区间，其余8个指标全部处在过冷区间，表明新冠肺炎疫情反复导致广州商贸业几乎全面陷入低迷状态。回顾2021年，虽然多数预警指标在新冠肺炎疫情的影响下表现低迷，但也有一些指标表现出了良好的韧性。例如，社会消费品零售总额有5个月处在过热区间、3个月处在正常区间，反映被疫情压抑的广州消费市场得到了较好的恢复。再如，对外贸易表现较为抢眼，商品出口总额有6个月处在过热或偏热区间、3个月处在正常区间；商品进口总额有6个月处在过热或偏热区间、3个月处在正常区间。

表6 广州市商贸业景气预警指标和预警指数的灯号

指标名称		2021年												2022年		
		1月	2月	3月	4月	5月	6月	7月	8月	9月	10月	11月	12月	1月	2月	3月
货运量		✹	✹	✹	✹	○	○	◎	※	※	※	※	※	※	○	※
港口集装箱吞吐量		✹	✹	⊙	○	○	○	※	※	※	※	◎	※	○	○	※
机场旅客吞吐量		※	✹	✹	✹	✹	※	※	※	※	※	※	※	※	✹	※
社会消费品零售总额		✹	✹	✹	✹	○	○	○	◎	◎	◎	○	○	○	○	※
城市居民消费价格指数		※	※	※	○	◎	◎	◎	◎	◎	◎	◎	◎	◎	◎	○
商品进口总额		○	○	✹	○	✹	○	○	○	○	○	○	○	○	○	○
商品出口总额		⊙	⊙	✹	✹	✹	○	○	○	○	○	○	○	○	○	○
城市接待过夜旅游人数		✹	✹	✹	✹	✹	✹	※	※	※	※	※	※	※	○	※
旅游外汇收入		※	※	✹	✹	✹	※	※	※	※	※	※	※	※	✹	※
综合判断	灯号	○	⊙	✹	✹	○	◎	◎	※	※	◎	◎	◎	○	⊙	※
	指数	58	80	85	85	68	30	30	18	18	28	35	28	30	63	15

注：✹ <过热> ⊙<偏热> ○<正常> ◎<偏冷> ※<过冷>。

（三）广州商贸业主要指标预测

1. 上年预测结果回顾

如表7所示，上年本报告对广州主要商贸指标的预测情况如下：2021年，社会消费品零售总额的预测增速为12.0%，实际值为9.8%，预测误差为2.2%；商品进口总额的预测增速为9%，实际增速为9.6%，预测误差较小；商品出口总额的预测增速为8%，实际增速为16.4%，预测误差较大。之所以商品出口总额的预测误差较大，一是因为商品出口的影响因素较为复杂，而且出口波动较大，通常难以准确预测；二是因为做定性预测时，担心全球供应链不稳定和市场需求萎缩，对出口前景过于悲观；三是因为2020年出口表现明显优于进口，基数相对较大，因此在最后综合模型预测和定型预测结果时，调低了预测结果。

表7 2021年广州主要商贸指标的预测增速与实际增速比较

单位：%

指标名称	2021年预测增速	2021年实际增速
社会消费品零售总额	12	9.8
商品进口总额	9	9.6
商品出口总额	8	16.4

2. 平稳性检验

本报告使用ARMA模型来预测2022年广州市社会消费品零售总额、商品进口总会消费额和商品出口总额，建模所用数据是这3个指标的同比增长率月度时间序列。建立ARMA模型要求使用平稳时间序列，而由于同比增长率序列较少受趋势和季节性因素的影响，可以初步认为是平稳时间序列。Dickey-Fuller假设检验结果进一步验证，上述3个同比增长率序列都是平稳时间序列，可以直接用来建模。表8列举了社会消费品零售总额同比增长率序列的平稳性检验结果，可以在0.0013的显著性水平上拒绝非平稳原假设。

表8 社会消费品零售总额同比增长率序列的平稳性检验结果

		t统计量	显著性水平
扩展的Dickey-Fuller统计量：		-4.1710	0.0013
检验临界值：	1% level	-3.50832	
	5% level	-2.8955	
	10% level	-2.5850	

3. 模型识别

通过分析平稳时间序列的自相关图和偏自相关图，可以对ARMA（p, q）模型的类型和阶数进行识别。如表9所示，以社会消费品零售总额同比增长率月度时间序列为例，自相关函数 AC 和偏自相关函数 PAC 都呈现出明显的截尾特征，除了个别滞后项，滞后 2 阶以上的自相关函数和滞后 1 阶以上的偏自相关函数马上进入了平稳区间。因此，初步判断社会消费品零售总额同比增长率序列适合 ARMA（1，2）模型。采用相同的识别方法，初步判断商品进口总额和商品出口总额同比增长率月度时间序列分别适合 ARMA（3，2）和 ARMA（1，1）模型。

表9　社会消费品零售总额同比增长率月度序列的自相关和偏自相关函数

Autocorrelation	Partial Correlation		AC	PAC	Q-Stat	Prob
		1	0.581	0.581	25.990	0.000
		2	0.293	-0.067	32.683	0.000
		3	0.223	0.123	36.629	0.000
		4	0.089	-0.124	37.260	0.000
		5	0.100	0.145	38.079	0.000
		6	0.030	-0.144	38.153	0.000
		7	0.002	0.080	38.153	0.000
		8	0.017	-0.044	38.178	0.000
		9	-0.091	-0.111	38.895	0.000
		10	-0.168	-0.110	41.368	0.000
		11	-0.288	-0.210	48.779	0.000
		12	-0.295	0.012	56.671	0.000
		13	-0.100	0.165	57.598	0.000
		14	-0.057	-0.025	57.903	0.000
		15	-0.054	-0.006	58.178	0.000
		16	-0.002	0.032	58.179	0.000
		17	0.014	0.044	58.199	0.000
		18	-0.005	-0.085	58.202	0.000
		19	0.027	0.113	58.276	0.000
		20	0.023	-0.089	58.332	0.000
		21	-0.017	-0.099	58.362	0.000
		22	-0.013	-0.058	58.381	0.000
		23	-0.072	-0.133	58.961	0.000
		24	-0.042	0.131	59.164	0.000
		25	0.001	0.035	59.164	0.000
		26	-0.033	-0.033	59.295	0.000
		27	-0.046	-0.059	59.547	0.000
		28	-0.015	0.127	59.575	0.000
		29	-0.013	-0.056	59.598	0.001
		30	-0.019	-0.003	59.646	0.001
		31	-0.033	0.020	59.784	0.001
		32	-0.064	-0.163	60.334	0.002

4. 模型估计与诊断

建模过程中发现，用于模型估计的3个同比增长率序列都存在显著的12阶负相关，表明如果某个月同比增长率较高（或较低），下一年相同月份的同比增长率倾向于较低（或较高），因此在模型中添加了AR（12）和MA（12）项作为解释变量。社会消费品零售总额同比增长率序列还存在较为明显的11阶负相关，于是也把AR（11）和MA（11）项引入模型当中。表10、表11和表12显示了3个模型的OLS估计结果，模型参数很显著，符合平稳性和可逆性条件，误差项也通过了诊断检验，表明3个模型是合理设定的。

表10 社会消费品零售总额同比增长率预测模型的估计结果

自变量	系数	标准差	t统计量	显著性水平
C	1.0524	0.0061	171.8913	0.0000
AR(1)	0.5483	0.0930	5.8982	0.0000
MA(11)	-0.3412	0.0880	-3.8783	0.0002
MA(12)	-0.5853	0.0854	-6.8550	0.0000
R-squared	0.5881	Durbin-Watson 统计量		2.0676

表11 商品进口总额同比增长率预测模型的估计结果

自变量	系数	标准差	t统计量	显著性水平
C	1.0688	0.0120	89.1678	0.0000
AR(1)	0.2032	0.1027	1.9789	0.0512
AR(2)	0.3191	0.1040	3.0688	0.0029
MA(12)	-0.8891	0.0247	-36.0211	0.0000
R-squared	0.6011	Durbin-Watson 统计量		2.1238

表12 商品出口总额同比增长率预测模型的估计结果

自变量	系数	标准差	t统计量	显著性水平
C	1.0555	0.0130	81.0371	0.0000
AR(1)	0.3805	0.1018	3.7386	0.0003
MA(12)	-0.9127	0.0224	-40.8091	0.0000
R-squared	0.5764	Durbin-Watson 统计量		2.0035

5. 预测结果

使用上述3个模型进行预测，可以得到同比增长率的月度预测值，据此可以计算2022年社会消费品零售总额、商品进口总额和商品出口总额的各月预测值（见图9、图10和图11）。根据模型预测结果，2022年，广州市社会消费品零售总额增长3.5%，商品进口总额增长8.3%，商品出口总额增长-0.7%。上述预测结果依赖于过去时间序列数据变化特点，如果经济条件发生较大改变，预测结果可能会出现较大的误差。要提高预测结果的准确度，不应完全依赖模型预测，应综合各种影响因素进行定性分析，并根据定性分析结果调整模型预测值。

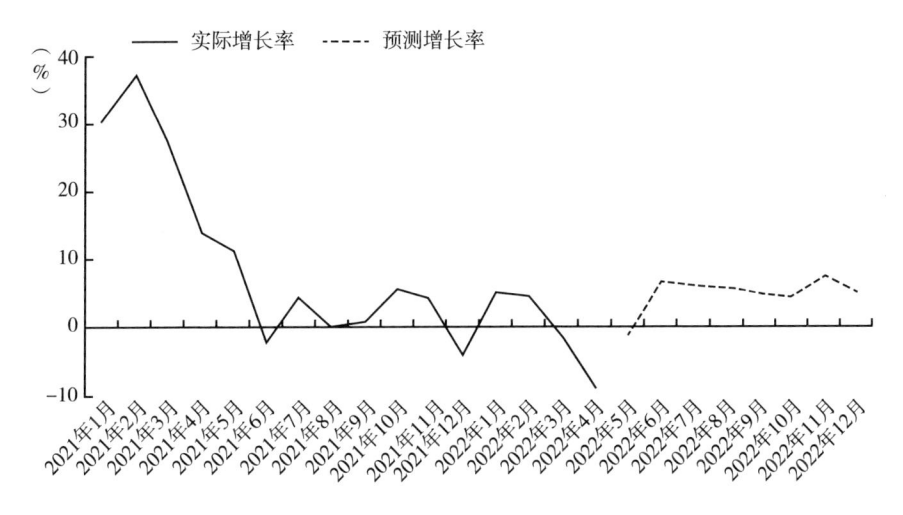

图9 广州市社会消费品零售总额同比增长率的预测值

当前广州商贸业面临较多的不确定、不稳定因素，特别是国内疫情防控形势依然严峻，多点散发情况还是持续存在，部分地区疫情仍在高位运行，虽然此前疫情较为严重的地区防控形势呈现向好态势，但不排除疫情出现反复的可能性。从国际经济环境来看，2022年一季度欧美主要国家和地区面临较大的经济下行压力，美国一季度GDP萎缩1.4%，欧元区仅增长0.2%。另外，由于美国通胀居高不下，美联储正试图收紧货币政策，大概率于2022年加息并缩减资产负债表，很可能引发全球金融市场动荡。

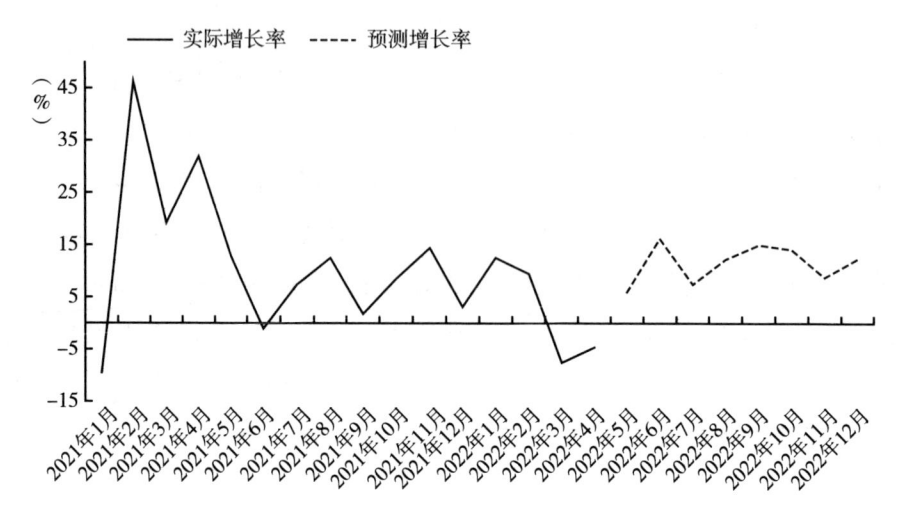

图10 广州市商品进口总额同比增长率的预测值

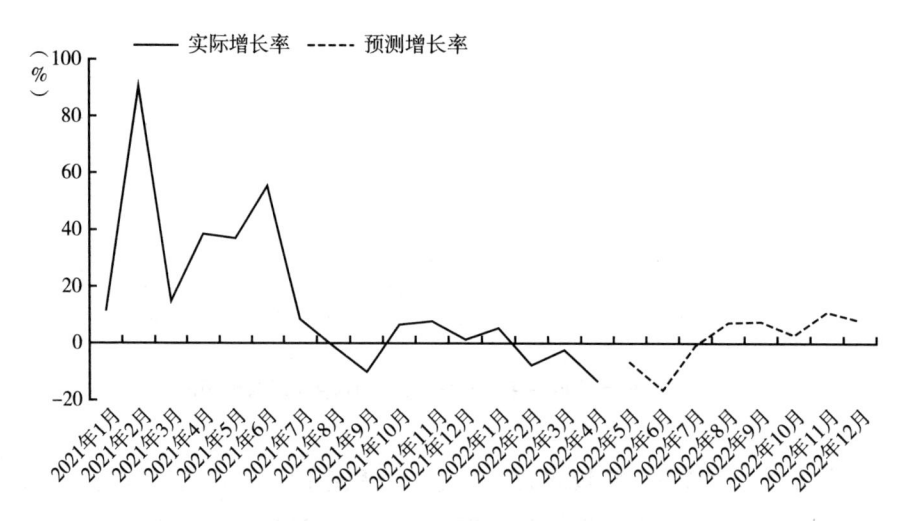

图11 广州市商品出口总额同比增长率的预测值

可见，2022年广州商贸业发展的外部环境难言乐观，面临的复杂性、严峻性、不确定性加剧，应根据情况合理调整模型预测增速。综合模型预测和定性分析结果，2022年社会消费品零售总额和商品进出口总额的最终预测值如表13所示。

表13 2022年广州社会消费品零售总额、商品进出口总额的预测结果

指标名称	2021年增长率（％）	2022年预测增长率（％）	2022年预测值（亿元）
社会消费品零售总额	9.8	3.5	10477
商品进口总额	9.6	5.0	4751
商品出口总额	16.4	-1.0	6272
商品进出口总额	13.5	1.5	11023

分指标来看，目前国内消费潜力巨大，先前被压抑的消费有较强的回补动能，消费新业态新模式继续快速增长，为了发挥消费对经济循环的牵引带动作用，国家和广州很可能于2022年出台促消费政策。然而，在疫情没有得到全面控制的情况下，进一步提振线下消费市场的任务依然艰巨，而且2021年社会消费品零售总额实现了较快增长，上年基数较高使得2022年实现高增长的可能性变小。综合来看，预计2022年广州社会消费品零售总额增速为3.5%，与模型预测增速相同。

再看进出口，我国主动扩大进口的政策开始落地生效，国内对国外高品质商品的需求仍然较为旺盛，大宗商品价格处于较高水平，这些都将有利于进口总额增长，但大型外资项目的相关设备、飞机等进口贸易存在不确定性，因此对进口不宜过于乐观。与进口比较，广州出口形势较为悲观，当前种种迹象显示2022年世界经济复苏态势极有可能不及2021年，加之2021年广州市商品出口总额增长16.4%，在上年出口基数较高的情况下，2022年广州出口不仅继续保持快速增长难度很大，甚至保持正增长都有较大困难。总体上看，2022年广州外贸有望平稳增长，预计商品进出口总额增长1.5%。其中，进口增速为5.0%，出口增速为-1.0%。

四 促进广州国际商贸中心发展的对策建议

（一）增强国际消费资源要素集聚力，加快国际消费中心城市建设

1. 集聚国际高端消费资源

一是积极引进培育国际知名品牌，打造国际品牌集聚地。积极吸引国际

知名商品和服务品牌入驻，大力培育本土品牌，在广州设立旗舰店、概念店、体验店等，打造国际品牌集聚地和国内制造展示窗口。二是大力发展"首店经济"，精心打造"国内新品首发地"。支持一批国内外知名品牌来穗首发，吸引国际高端知名品牌、知名设计师品牌、时尚定制品牌等来穗首发新品。扶持一批本土原创自主品牌在穗首发，打造引领消费潮流、具有时代气息和鲜明广州特色的新品牌。做强一批新品发布专业平台，将中国（广州）国际时尚周、时尚产业大会和广州国际购物节打造成为全球闻名的新品首发平台；依托专业批发市场，培育一批服装、化妆品、皮具、珠宝和消费电子产品等专业新品发布平台。将天河路、北京路和万博路商圈打造成为新品发布地标性商圈载体。依托广交会等展会平台优势，推动更多的全球知名企业、知名品牌在广州首发全球新品。三是大力发展免税经济，打造免税购物天堂。积极争取政策突破，设立市内免税店，引入国际品牌折扣店，大力发展免税购物业态，加快广州北站免税综合体等建成开业。推进境外旅客购物离境退税政策实施，加快发展白云国际机场、广州东站等口岸免税店，支持设立南沙邮轮母港口岸免税店。积极探索开展小额"即买即退"试点，支持创建离境退税示范街区。支持"老字号"门店开展离境退税业务。

2. 加快推动地标性商圈建设

加强规划引导，结合新一轮国土空间规划要求，编制实施广州市重点商圈发展规划，助推商圈转型升级，打造特色商圈，加快构建"5+2+4"的国际知名商圈体系。以地标性商业综合体、人口分布、商业用地供应、轨道交通设施等要素为依托，推进都会级商业功能区建设，组织国际一流策划机构开展重点商圈策划，结合城市更新改造提升北京路步行街、上下九—永庆坊、环市东等商业功能区，高标准打造天河路—珠江新城、白云新城、万博—长隆—汉溪、广州融创文旅城等商业功能区，加快推动地标性商圈国际化、品牌化、时尚化发展，推动已有购物综合体优化提升，促进大型零售商业网点高端化、特色化、差异化发展，构建集大型零售商业网点、商业功能区、示范步行街（商业街）、社区商业中心等于一体的多层次多场景消费空间体系。

3. 打造国际时尚潮流引领地

一是推动建设"全球定制之都"。组建"定制之都"产业联盟，发展行业大数据、C2M定制、智能供应链等服务新模式。举办"广州定制周"宣传推广活动，开展汽车、家具、家电、珠宝、箱包、化妆品等消费领域的宣传、交流和合作。推动白云国际机场、北京路步行街、天河路商圈、上下九步行街等重要商业场所建设"全球定制之都"消费体验中心和展示中心，鼓励国内外品牌商家推出个性化定制服务产品线。鼓励电商平台运用平台大数据发展反向定制，壮大广州定制消费新模式。支持定制产业展会发展，擦亮广州全球"定制之都"品牌。二是推动建设"国际时尚之都"。规划建设或改造一批集研发设计、智能制造、展示发布、旅游购物等功能于一体的特色专业市场及市场集群、特色小镇、商业街区、产业园区等，推动时尚块状经济向时尚产业集群转型升级。提升创新设计能力，依托产业集群、专业市场，鼓励设立技术研发中心、原创设计基地，打造设计师价值创造平台，大力提升广州原创时尚创意设计水平。培育本土时尚品牌，以"国潮领秀、时尚花城"为定位，支持企业通过增强设计、制造、营销能力，培育一批在国内外有较强影响力的服装、皮具、鞋、珠宝、化妆品品牌，争创国际知名时尚品牌。打造时尚展示平台，举办广州国际时尚节、时尚产业大会等时尚品牌活动；联合世界知名平台机构、行业协会，培育和引进时尚产业及相关领域的专业品牌展会，扶持和打造一批具有国内国际影响力的品牌性时尚展会（节）。

4. 打造世界级旅游目的地

一是促进商旅文业态融合发展。促进购物业态与体验业态协同发展，支持商贸载体增加文化旅游、休闲娱乐、餐饮服务、健康体育等体验业态，塑造集高端商业、时尚文化、休闲娱乐、国际商务等多功能于一体的商业功能区。持续优化步行街业态结构，强化商旅文融合发展，利用好街区历史文化资源，通过步行动线把周边资源串联起来，发展体验业态，塑造有历史记忆、文化脉络、地方特色的步行街，培育打造"永庆坊"等一批网红打卡地。规划引进世界知名主题乐园，打造具有全球吸引力的文化旅游新项目，形成与长隆旅游度假区、融创文旅城协同发展格局，增强广州世界级旅游目的地的辐射能级。二是举办一系列商旅文融合发展品牌活动。秉持全域旅游理念，以北京路商圈为核心继续深入开展"广州古城游"活动，突出"岭南文化"特色，打造民俗、文化与商业融合的城市名片，争取塑造一个具有较高知名度的全域旅游品牌。通过举办广州国际购物节、国际美食大赛、品牌首店发布会、时尚设计大赛、动漫大赛以及申办世界赛事等文化活动和体育赛事，加强宣传推介，增强城市文化传播和时尚引领作用，提高广州世界级旅游目的地的美誉度和知名度。三是打响羊城夜间消费品牌。依托北京路、天河路、珠江琶醍等重点商圈，推动创建高品质夜间消费地标和夜间消费打卡地，构建夜间消费新发展格局，打造全国夜间消费创新标杆。深化打造羊城夜市品牌，完善夜间消费协调推进机制，有效整合各大商圈、综合体等资源，策划举办一系列夜间活动，提升"YOUNG 城 YEAH 市"品牌知名度和美誉度，推动广州夜间消费再升级。四是建设"世界著名花城"。重视发展"赏花经济"，打造一系列城市赏花景观点，提升城市品位，建设"世界著名花城"。探索与国内外著名花城合作，举办世界性的花卉会展活动。五是提升"食在广州"美誉度。印发《广州市促进住宿餐饮业发展的若干措施》，研究制定《关于加快推进居民生活服务业品质化发展的若干措施》，激发餐饮消费活力。打造金融赋能联盟，引入金融平台、融资机构、银行企业，推动金融与餐饮产业对接，指导有条件的品牌餐饮企业通过兼并、收购、参股、控股等多种方式，组建大型餐饮企业集团。引导加速产业链布局，通过政策、资金等资源倾斜，鼓励餐饮企业在广州建设全国供应链中心基地。推动"老字号"餐饮"老店焕新"，加快老字号企业数字化升级，培育一批拥有自主知识产权、具有核心竞争力的知名品牌餐饮企业。扩大"食在广州"宣传，组织好 2022 年中华美食荟活动和国际美食节，展示广州餐饮文化魅力，支持博古斯世界烹饪大赛中国赛区选拔赛、米其林餐厅发布会、红餐网全国餐饮品牌大会等在广州举办，深入打造"餐饮+"概念。挖掘广州餐饮文化，邀请《舌尖上的中国》顾问团队拍摄广州餐饮主题宣传片，大力宣传广州的美食文化和宜商宜居的城市形象，提升"食在广州"的知名度和美誉度。

（二）培育外贸新动能，全力推进外贸稳增长

1. 加快外贸新业态发展

落实国务院办公厅《关于加快发展外贸新业态新模式的意见》，争取在全国引领外贸新业态新模式发展。加快推进外贸综合服务企业与跨境电商、市场采购融合发展，推进省级外综服公共服务平台建设，推动出台外综服企业行业标准，依托希音项目、专业市场电商平台打造外贸新增长点。扩大市场采购贸易拓区试点范围，继续推动市场采购贸易扩品类工作，探索适合参与市场采购商户的税收核定方式，简化市场采购收汇流程，打造内外贸融合发展平台，以服务专业化、流程数字化、内外一体化培育更多市场采购贸易示范企业和自主品牌。推进"关、检、汇、税、商、物、融"一体化，建立完善适应跨境电商发展的新型监管服务模式和制度体系。申请跨境电商零售进口药品试点，争取扩大试点药品品种。谋划建设离岸贸易中心城市，出台支持离岸贸易发展的政策措施和白名单制度。支持更多符合条件的银行和支付机构依法合规为外贸新业态新模式企业提供结算服务，简化海外仓付汇所需手续，支持企业建设海外仓。

2. 促进贸易结构优化升级

稳定加工贸易，继续引导加工贸易企业转型升级，加大力度支持企业增资扩产用地用工需求，培育百亿级加工贸易龙头企业。加快争取钻石进出口一般贸易通关和税收优惠政策落地，优化钻石珠宝行业营商环境。拓展贸易新增量，积极开拓"一带一路"、RCEP 市场，加强 RCEP 对广州外贸影响研判和优惠政策宣讲，深化与东盟的电子信息产业内贸易，抢抓跨境电商新机遇，探索"跨境电商+国际联运"新模式。做大做强国际航行船舶保税加油业务，争取国际航行船舶保税液化天然气加注业务许可权业务试点，进一步提升广州国际航运枢纽能级。推动中欧、中亚班列提质扩容，支持稳定国际供应链产业链，助力国际抗疫合作。继续提高外贸转型升级基地发展质量，申请认定更多国家外贸转型升级基地。发挥外经贸运行监测平台作用，提高外经贸监测质量和及时性。

3.深化服务贸易创新发展试点

申建国家服务贸易创新发展示范区,提升天河、番禺国家文化出口基地能级和软实力,进一步做精、做优中医药服务出口基地,扩大中医药文化、岭南特色文化国际影响力。支持广州经济技术开发区建设知识产权服务领域特色服务出口基地,加快知识产权服务园区建设,促进知识产权服务高端资源集聚。支持申报和建设特色服务出口基地,加快以天河、海珠、南沙为主体争取建设人力资源服务出口基地。出台支持数字贸易发展专项政策,重点发展文化、中医药、知识产权、人力资源等专业服务贸易,鼓励更多区域、平台和企业申报国家和省级专业服务出口基地和重点企业。申报国家数字贸易示范区,打造全球中心数字经济公共基础设施,探索率先建立国际高标准数字贸易规则。

(三)以数字赋能商务高质量发展,增强"数字商都"功能

1.推动电子商务高质量发展

发挥电子商务联通生产消费、线上线下、城市乡村、国内国外的优势,瞄准直播电商、农村电商、跨境电商三大发力点,实施"上云计划""赋能计划",促进纺织服装、美妆日化、箱包皮具、珠宝首饰等传统商贸业数字化转型。完善直播电商发展政策,推动直播电商创新发展,重点推进实施"个十百千万"工程,认定一批标杆企业和典型,推动全产业链健康发展。利用"线上引流+实体消费"新模式,赋能传统商贸业转型升级。积极参与第四届全国双品网购节,高水平办好直播节、网购节等活动,策划筹办全球牛仔直播电商节等节庆活动,增强广州作为直播电商之都的话语权。大力发展农村电商,鼓励多类型经营主体开展农村电商业务,聚焦电商人才培训、创业就业等,发挥农村电商在扶贫创业、吸纳就业、脱贫增收等方面的作用。加快推动广州空港、南沙海港跨境电商枢纽建设,深入推进跨境电商B2B出口试点改革,推进跨境电商新业态新模式发展,推动形成营销、支付、仓储、物流、通关、结算等全链条跨境电商生态体系。优化电商产业空间布局,推动广州人工智能与数字经济试验区等国家级、省级电子商务示范

基地建设，吸引更多头部电商企业来穗发展，培育一批本土优秀电商企业，形成"一核引领、两翼齐飞、多区联动、分层次、分梯度"的电子商务新发展格局。

2. 扎实推进数字商务发展

加快数字商务"新基建"步伐，加快推进5G通信、数据中心、人工智能、物联网、云计算、区块链等新型商务基础设施建设，夯实数字商务发展基础。加快智慧商业网点建设。开展智慧商圈商业街建设，引入物联网、云计算、人工智能等新技术，对天河路、北京路、长隆—万博—汉溪、上下九商业步行街等重点商圈商业街基础设施进行智能化升级，丰富商圈商业街智慧化应用。支持重点商圈引入电商直播，打造线下场景体验展示与线上交易相结合的新消费模式。推动智慧会展建设和会展场馆管理服务智能化升级，全面覆盖5G网络，利用互联网创新资源提升展馆运营服务、展会组织和交通组织水平。创新发展"互联网+生活服务业"，推动商贸、餐饮等传统行业与直播电商等新业态融合发展，加速推进生活性服务业向数字化发展。鼓励社区电商发展，借助新信息技术应用，支持品牌连锁企业到社区设立生鲜超市、便利店、餐饮、洗衣、美容美发、家电维修、家政服务等商业网点，鼓励电商企业面向社区开展便民综合服务。鼓励社区社交电商等新业态新模式发展。

3. 加快数字贸易发展

加快建设国家数字服务出口基地，重点加快天河中央商务区国家数字服务出口基地建设，努力打造国内一流的国家级数字贸易发展平台。积极发展广州人工智能与数字经济试验区、天河智慧城、黄花岗科技园、广州科学城、南沙粤港澳全面合作示范区等数字贸易集聚区，积极申报国家数字贸易示范区。积极发展数字应用服务支持5G、云计算、大数据、人工智能、区块链、虚拟现实、卫星应用等软件和信息数字服务进出口。吸引和集聚一批数字跨国企业总部，支持在穗建立亚太乃至全球创新中心、研发中心、运营中心、结算中心、数据中心和培训中心等。

（四）进一步提升"广州价格"影响力，增强高端要素配置功能

1. 高标准建设广州期货交易所

在市场定位、运作机制、交易品种和服务等方面与国际接轨，筑巢引凤聚集一批国际知名的银行、基金公司、期货公司，打造完整期货产业链，完善期现货联动的期货交易市场体系，建设期货交割库，将广州期货交易所建设成为一流国际化期货交易所。加大对非传统期货品种的研究开发力度，不断进行交易品种创新，丰富交易品种体系；探索污水排放权期货交易的可行性；探索开展气温、日照小时数、降雨量、空气污染物等天气期货交易；配合广州国际航运中心，积极探索开展航运指数期货交易。

2. 大力支持专业市场平台化转型

以产业链和供应链为切入点，支持市场由传统的批发贸易功能向研发设计、定制服务、行业展会、电子商务、创业服务、人才培训、行业标准、专业认证、品牌孵化、出口贸易等服务功能拓展，提升专业市场服务全产业链发展水平。支持专业市场积极探索数字化转型，加快推动行业商业模式重构，着力培育发展为行业提供产品设计、原辅料图书馆、商品交易平台、供应链整合、智慧物流仓储、个性定制服务等领域数字化综合解决方案的贸易服务企业。支持专业市场培育引入自主品牌，引入时尚企业，培养时尚大师，举办时尚活动，发布时尚趋势，发展定制服务，提高行业引领力和影响力。支持专业市场内外贸融合发展，推广市场采购贸易方式，引导重点专业市场参与市场采购贸易。

3. 不断提升大宗商品交易市场影响力

在塑料、木材、茶叶、皮革皮具、钻石、有色金属等大宗商品领域，培育打造一批百亿级、千亿级重点交易平台，加速集聚具备全球资源配置能力的贸易主体，拓展提供电子交易、仓储物流、金融服务等生产服务功能，不断增强广州大宗商品交易市场的影响力和辐射力，进一步提升"广塑指数""鱼珠·中国木材价格指数"等"广州价格"影响力，使之成为行业重要风向标。

（五）提存量拓增量优布局，全面增强国际会展中心功能

1. 提高品牌会展影响力

提高广交会、大型品牌展会的辐射影响力。落实《关于进一步支持中国进出口商品交易会提升影响力辐射面的通知》，从规划扩建、合作共建、要素供给、功能配套、宣传推广、环境优化等方面加大对广交会的支持力度。支持广交会举办高端国际经贸论坛，打造国际经贸高层次对话交流平台。支持广交会创新发展，联通国内国际双循环，实现线上线下融合。研究制定广州市品牌展会认定办法，对品牌展会予以重点扶持。支持中国建博会（广州）、中国家博会（广州）、美博会、国际汽车展、照明展、金融博览会、广州博览会等覆盖行业全产业链的大型、超大型或品牌展会，提升行业"风向标"作用，吸引国际行业头部企业参展，提高展商和观众国际化水平，培育高端行业发展论坛，强化新品首发功能，丰富产品设计元素，提升金融服务实体经济能力，引领消费和产业升级，形成买全球、卖全球的开放平台，不断提升其品牌知名度、美誉度。

培育壮大优质市场主体、专业展会、会展项目。梳理各行业门类展会，在更多行业门类、细分行业领域培育全球、全国范围内的"单打冠军"或走在前列的行业领先展会。鼓励行业组织特别是龙头企业带动的行业组织，与专业展览机构合作办展办会，实现行业资源与专业会展运作资源的优势互补，共同培育、打造行业领先展会。探索设立会展产业扶持基金，支持优质中小会展项目做大做强做优，支持民营会展企业做强做优会展项目。支持中国对外贸易中心、广州国际会议展览业协会等"链主"积极发挥产业链带动作用，整合行业资源，协力强化现代会展产业链。引导广州有实力的会展企业在国内重点城市和境外布局会展项目，收购、兼并、联合、参股、控股境内外会展机构和项目。支持岭南集团、城投集团等市属国有企业做大做强会展业务板块，融合会议、旅游和展览等资源，在会展场馆投资建设和运营管理、承办重大会展活动等方面发挥重要作用。

2. 优化会展空间布局

围绕广州产业发展需求，强化优质会展项目集聚。鼓励跨国会展企业、国家商协会、中央企业、国内大型会展企业在广州拓展更多会展项目，鼓励更多国内大型巡回展固定在广州举办。深化与国际知名会展行业组织、跨国会展企业的合作，鼓励其在广州设立地区总部、分支机构和法人企业。鼓励新兴会展场馆承接更多论坛、会议、展览、时尚、设计、创新展示活动，逐步拓展自办会展项目。根据全市产业发展需求、会展题材结构特点，有针对性地发动工业、科技等领域优质会展项目到广州举办，充实完善、优化提升广州会展项目结构。发挥行业协会作用，规范装搭服务行业发展，提升装搭服务品质，支持标准化建设和绿色展装发展，鼓励装搭服务等会展配套服务企业做大做强，提高专业化服务能力。

围绕广州会展布局规划，持续推进会展场馆建设。按照《广州会展场馆布点规划》要求，加快构建"一主两副核心、五小片、多点支撑"会展场馆布局，优化全市会展空间分布。按照在第132届广交会时投入使用的目标，有序推进广交会展馆四期项目，同步推进过江隧道项目、琶洲地区路网和交通组织、琶洲港澳客运码头、会展物流轮候区建设，进一步优化场馆周边的空间承运力，增强会议和物流配套功能，加快完善琶洲会展核心区配套设施，同时从细节入手不断优化琶洲地区办展办会环境。推动广交会展馆成为全球最大的会展场馆，将广交会展馆所在的琶洲地区打造成为全球场馆规模最大、功能和配套设施完善、各类会展活动最活跃的会展集聚区。推进北部会展集聚区规划建设，重点推进空港经济区现代化会展综合体建设，加大灵感创新展馆、越秀国际会议中心等新场馆招商招展力度。鼓励各区因地制宜，建设特色会展场馆，发展特色会展经济。

3. 增强会展与产业联动

打造"绿色、智慧、创意"会展。打造"绿色会展"，围绕国家双碳目标，推广应用国家推荐性绿色会展标准。通过"减少用量、重复利用、循环再生、合理替代"等方式，采用国际新技术、可循环使用的新材料，构建绿色环保会展工程系统，打造绿色低碳生态示范会展。打造"智慧会展",鼓励会展场馆和会展企业围绕展会服务创新、管理创新、业态模式创新,充分应用人工智能、5G、区块链、大数据、云计算等技术,开发数字展览应用场景,提高展览业数字化水平。以数字化人民币试点为契机,开展数字化人民币会展应用场景,拓展展会增值服务。鼓励"创意会展"发展,鼓励会展业与文化创意产业融合,利用视觉艺术、表演艺术、环境艺术、工艺与设计、广告装潢设计、广播影视、音像、传媒、软件和计算机服务等方面的创意,提升展会创造力和展览展示效果。

促进会展与实体产业、文商旅联动。结合广州人工智能与数字经济、生物医药、轨道交通、新能源与智能汽车、智能装备与机器人、新能源与节能环保、新材料与精细化工等重点产业招商需求,在工业自动化技术及装备展、环保产业博览会、物流装备展览会、医药设备交易会、超高清视频产业发展大会、国际车展等相关专业展会举办期间,有针对性地开展招商工作,捕捉产业项目投资信息和线索。积极组织重点会展项目的重点企业参观考察各区产业基地、园区,开展商务交流与洽谈。结合国际消费中心城市建设,以展促贸,展贸联动,做大做强汽车、家具、建材、家电、餐饮等传统消费型展会,培育动漫、手游、潮玩、艺术、智能产品、定制服务等文化、服务、科技领域新型消费类展会。充分发挥会展平台为产业、为消费引流作用,汇聚国际、国内高端商务人士,推动展会与产业园区、专业市场、重点商圈、餐饮集聚区、文化场所、旅游景点等对接,带动产业投资和高端消费。以行业协会、会展产业联盟为主体,深化展会与金融、税务、保险、法律、交通、电信、设计、营销等商业服务业联动。

(六)推进供应链体系建设,增强国际航空航运功能

1. 加快打造全球领先的国际航空枢纽

进一步拓展白云国际机场航线网络,形成东南亚4小时、全球12小时航空交通圈,建设集机场、高铁、城际、地铁、公路于一体的立体化综合交通体系,构建以白云国际机场为核心的大湾区世界级机场群。构筑客货联动、多式联运的立体综合交通体系。加快空铁一体化枢纽及空铁联运体系建设。推进白云国际机场三期扩建、广州北站改扩建、广州铁路集装箱中心站建设，构建空铁联运通道，打造辐射全国、连通世界的重要经济及交通交会点。依托航空航线集散全球资源要素，加快建成世界旅游目的地城市、国际交往门户城市和国际消费中心城市，形成机场与城市经济相互支撑、相互促进格局，协同打造具有浓厚航空元素的国际商贸物流中心。

2. 加快广州国际航运枢纽建设

对标世界一流水平打造广州国际航运枢纽港，进一步优化港口功能布局，构建以南沙港区为核心、以黄埔新港和新沙港区为重要功能区、以内港港区和内河港区为补充的分工合理、功能分明的港口发展格局。加快建成南沙港区四期、南沙港铁路、南沙国际物流中心等项目，积极推进南沙港区五期、20万吨级航道等工程的前期工作。围绕南沙港，完善内河航道与疏港铁路、公路等集疏运网络，形成海铁联运的港口综合交通网络。进一步加强航道、码头、物流仓储、商务配套设施建设，推进物联网、安全信息系统建设，建设绿色港口、智慧港口、平安港口。

3. 强化广州供应链能级地位

一是加强区域辐射，形成国家供应链中心节点。充分发挥广州国家综合交通枢纽功能，依托京广、贵广、南广等铁路和珠江—西江黄金水道等重要物流通道，强化与京津冀、长三角、成渝等国家重点区域的战略对接，加强与海南自由贸易港等重要国际贸易枢纽联动，构建更广范围的功能互补、链条衔接、梯度发展的供应链体系。二是深化全球市场，打造国际供应链组织管理中心。抢抓RCEP机遇，加快经贸规则对接，深化与"一带一路"沿线国家、东南亚、中东欧、非洲等地的供应链合作对接。支持物流与供应链管理服务企业在全球开展业务，鼓励有条件的本地企业"走出去"建设商品集散中心、品牌连锁店、海外仓、产业园区及经济合作区等，扩大海外市场，优化供应链组织布局，加强供应商赋能与品牌输出。

（七）构建一流的营商环境，全面增强国际商贸中心功能

1. 积极探索促消费体制机制改革创新

以培育建设国际消费中心城市试点为契机，积极争取上级部门支持，探索出入境、市内免税店、电子支付等各项促消费政策先行先试；支持有条件的区在规划建设、制度创新、财政支持、服务体系建设等方面先行先试，培育建设国际消费中心城市核心示范区、示范商圈、示范街区等，形成可复制可推广的经验，发挥示范带动作用。加强市场监管，建立健全商业领域信用承诺、公示、修复等制度，规范市场化综合信用评价机制，探索建立以信用为基础的商务领域新型监管机制。建立完备的消费者权益保障体系，探索推动流通追溯体系的建设，营造安全、放心的消费环境。加强品牌的知识产权保护，严厉打击侵权假冒等非法行为，维护市场竞争秩序。在国际消费体制机制改革创新上先行先试，争取走在全国前列。研究完善境外旅客购物离境退税政策，争取更加开放的免税购物政策，提高国际签证便利化程度。

2. 不断提升跨境贸易便利化水平

以广州建设国家营商环境创新试点城市为契机，深入推进广州营商环境4.0改革，不断优化口岸营商环境，进一步提升跨境贸易便利化水平。一是继续优化"单一窗口"功能。学习借鉴新加坡、中国香港、上海等国内外先进城市经验做法，推动平台功能前推后移，设计开发特色增值服务，由口岸通关领域向国际贸易管理全链条延伸。二是继续推动海关监管服务模式创新。深化口岸通关改革，进一步优化通关作业方式和通关作业流程，深化"提前申报""两步申报""两段准入"等改革。按照企业信用等级和货类风险动态调整相关商品的抽检比例，降低守法合规企业和低风险商品查验率；在疫情期间大力推广"无陪同查验"模式，并常态化实行；依托新一代空箱监管系统，实现正常空箱"无感"过卡，加快空箱运转效率，最大限度缓解企业"用箱难"问题；改革鲜活易腐食品进口检验监管模式，优化检验检疫措施，不断提升口岸整体效率。三是探索大湾区口岸通关改革创新。主动融入国家"一带一路"和粤港澳大湾区建设，积极开展粤港澳大

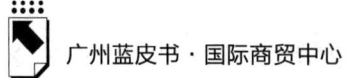

湾区口岸通关政策措施研究，联合查验部门重点探索推进大湾区口岸监管制度改革创新，改善湾区内贸易自由化便利化条件。四是简化相关手续，规范收费项目。支持查验单位进一步简化口岸核验的监管单证和进出口环节随附单证，除涉密等特殊情况外，推动进出口环节涉及的监管证件网上申领和办理。规范简化收费项目，将常规附加费并入运费，取消不合理附加费，严格执行运价备案制度。

3. 深入推进"放管服"改革

深入推进"放管服"改革，打造市场化、法治化、国际化营商环境，培育壮大双创主体，充分激发市场主体活力。深化商贸领域行政审批制度改革，探索相对集中的行政许可权改革，创新行政审批方式，提高行政审批效率，便于企业和市民办事。深化商事制度改革，完善全程电子化商事登记功能，探索"网上申请、网上审核、网上发照、网上归档"一条龙服务，提高行政许可效率和便利化水平，为企业提供高效便捷的准入服务。在疫情常态化背景下，加大对市场主体的纾困力度，对受疫情影响较大的批发、零售、餐饮、住宿、旅游等行业和中小微企业，实施精准帮扶政策，促进商贸业恢复发展。

国际消费中心篇

International Consumption Center

B.2
国际消费中心城市的综合比较与广州建设路径

张小英*

摘　要： 广州成为首批培育建设国际消费中心试点城市之一，既是中央赋予广州新的功能定位，也是广州全面提升城市竞争力和国际影响力的重大机遇。本文从国际知名度、消费繁荣度、商业活跃度、到达便利度、政策引领度5个维度，构建国际消费中心城市评估指标体系，选取上海、北京、广州、天津、重庆、深圳、杭州、成都8个代表性城市进行横向比较，得出国际消费中心城市综合得分及排名。在综合比较分析广州建设国际消费中心城市的特色及优劣势基础上，提出广州国际消费中心城市建设路径。

关键词： 国际消费中心城市　指标体系　广州

---

* 张小英，广州市社会科学院国际商贸研究所副研究员。

2021年7月19日，经国务院批准，上海、北京、广州、天津、重庆率先开展国际消费中心城市培育建设，这表明我国统筹推进国际消费中心城市培育建设进入了实质性实施阶段，也给广州建设国际大都市带来了重大机遇。在此背景下，发挥"千年商都"优势，加快推动国际消费中心城市建设，是广州立足新发展阶段，深入贯彻新发展理念，构建新发展格局，建设国际大都市，推动经济高质量发展的重要战略举措，也是广州贯彻落实加快实现老城市新活力、"四个出新出彩"重要指示，推进供给侧结构性改革，提升供给质量与效率，释放消费潜力，促进消费升级，吸引消费回流，满足人民日益增长的美好生活需要的必然要求。现阶段，通过与国内代表性城市进行横向比较，找出广州建设国际消费中心城市的优势及短板，为广州国际消费中心城市培育建设提供决策参考具有现实意义。

考虑到2020年受新冠肺炎疫情影响，城市消费指标波动较大，部分指标与往年相比偏离较大，因此以2019年统计数据为基准，选取上海、北京、广州、天津、深圳、重庆、杭州、成都8个社会消费品零售总额排在全国前15位、国际消费中心功能较为突出的代表性城市进行综合评价并横向比较。

一 国际消费中心城市评估指标体系及综合比较

（一）国际消费中心城市评估指标体系

参照商务部发布的国际消费中心城市评估指标体系，从国际知名度、消费繁荣度、商业活跃度、到达便利度、政策引领度5个维度，确定5个一级指标，结合数据可获取性和可比性，深化、细化各项指标，确定32个二级指标，并赋予相应权重，加权求和最终计算出国际消费中心城市综合指数（见表1）。

表1 国际消费中心城市的评估指标体系

一级指标	二级指标
国际知名度	包含全球城市竞争力排名、入境旅客接待量(万人次)、外国游客(万人次)、世界500强企业总部数量(家)、重点场馆举办展览数量(场)、国际会议数量(ICCA)(个)、国际体育赛事数量(个)、世界文化遗产数量(个)、4A、5A级景区数量(个)等指标
消费繁荣度	包含社会消费品零售总额(亿元)、居民人均消费支出(元)、旅游总收入(亿元)、国际旅游收入(亿美元)、服务业增加值(亿元)、商品进口额(亿美元)等指标
商业活跃度	包含标志性商业街区数量(条)、国际知名商品品牌进驻数量(个)、中华老字号数量(个)、免退税网点数量(个)、三星及以上宾馆数量(家)、第三产业固定资产投资(亿元)、消费者满意度(%)等指标
到达便利度	包含国际航班线路数量(条)、飞机起降架数(万架次)、高铁直达城市数(个)、地铁运营总里程(公里)、国家级高速公路途经条数(条)、高速公路通车里程(公里)、网约车数量(辆)等指标
政策引领度	包含领导组织和部门协调机制、规划目标实施方案、政策创新和配套措施等指标

(二)国际消费中心城市的综合比较

根据国际消费中心城市评估指标体系加权求和计算[①]得出国际消费中心城市综合得分及排名,广州仅次于北京、上海,居第3位,紧随其后的是成都、重庆、深圳、杭州和天津(见图1)。从国际消费中心城市综合得分绝对值来看,广州与北京、上海差距不小,与成都、重庆相比优势不大,面临"前有标兵、后有追兵"的竞争态势。从分项指标来看,广州的到达便利度、国际知名度、消费繁荣度、政策引领度排名相对靠前,第一项排名第2,后三项排名第3,与其国际消费中心城市综合得分排名较为吻合;而商业活跃度排名第5,该项名次略低于广州国际消费中心城市综合得分排名(见表2)。

[①] 国际消费中心城市综合得分=0.24×国际知名度得分+0.20×消费繁荣度得分+0.24×商业活跃度得分+0.20×到达便利度得分+0.12×政策便利度得分。

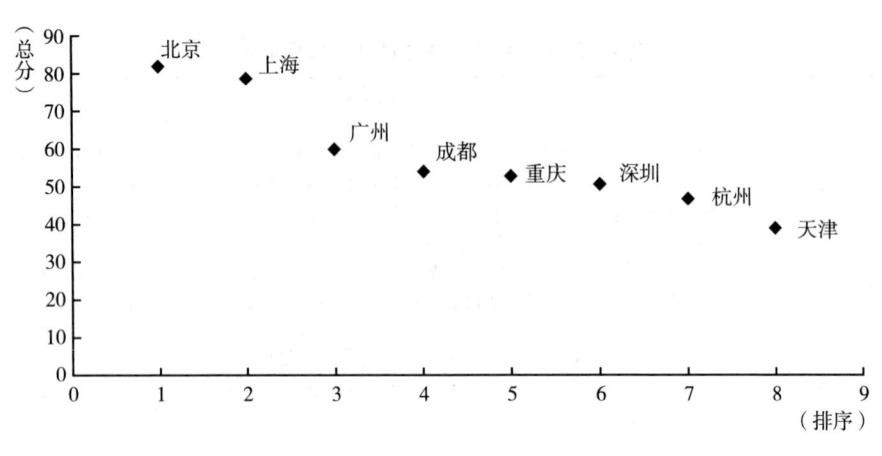

图1 国际消费中心城市综合得分排名

表2 国际消费中心城市综合指数及排名情况

城市	国际消费中心城市指数 得分	排名	国际知名度 得分权重	排名	消费繁荣度 得分权重	排名	商业活跃度 得分权重	排名	到达便利度 得分权重	排名	政策引领度 得分权重	排名
上海	78.26	2	14.79	2	19.06	1	19.72	2	12.79	1	11.90	1
北京	81.62	1	18.29	1	18.18	2	21.43	1	12.73	3	11.00	5
广州	59.46	3	8.58	3	12.23	3	13.90	5	12.79	2	11.65	3
天津	38.81	8	3.47	8	8.08	7	10.86	8	5.75	8	10.65	7
重庆	52.38	5	7.74	4	8.41	6	14.62	4	10.60	5	11.00	5
深圳	49.67	6	6.96	6	10.99	4	11.47	7	8.75	6	11.50	4
杭州	46.38	7	5.82	7	8.05	8	13.36	6	8.50	7	10.65	7
成都	53.71	4	7.37	5	8.88	5	14.97	3	10.74	4	11.75	2

二 国际消费中心城市的"五度"横向比较

从国际知名度、消费繁荣度、商业活跃度、到达便利度、政策引领度5个维度，横向对比分析广州建设国际消费中心城市的优势与劣势，为广州国际消费中心城市建设路径提供研究基础与决策依据。

(一)国际知名度

从国际知名度来看,北京、上海、广州3个城市的国际知名度较高,该项得分居前3位,广州该项得分排名与其国际消费中心城市综合排名相当(第3位)。

1. 广州跻身全球一线城市(Alpha-级),成为国际交往中心城市

根据全球化与世界级城市研究小组(简称GaWC)发布的2020年全球城市等级排名,上海、北京分别居第5位和第6位,处于Alpha+等级,广州、深圳居第34位和第36位,处于Alpha-等级,成都处于Beta+等级,杭州、重庆处于Beta-等级。总体来看,广州连续六年入选Alpha-等级一线城市,成为全球城市网络体系中的重要节点,其高端商务服务资源集聚形成强大的全球连接度,为商贸业辐射影响力的提升提供了有力支撑。从世界500强企业总部数量来看(见表3),2019年广州仅有3家世界500强企业总部,2020年数量增至5家,与北京、上海等城市有一定差距,但2020年在穗投资的世界500强企业已达309家,驻穗总领馆66家,居全国第3,国际友城、国际友好港分别达89个和53个,当选世界大都市协会新一届主席城市,可见,广州已成为跨国企业投资最佳目的地之一和国际交往中心城市。

2. 广州展览数量、面积居全国第2位,国际会议及体育赛事水平有待提升

广州是我国知名的国际会展之都,《2019年度中国展览数据统计报告》显示,广州展览总数达到690场,展览总面积达1024平方米,两个指标多年稳居全国第2位,2020年受新冠肺炎疫情影响,广州全年办展场次和面积继续居全国第2位,在全国展览城市中地位举足轻重。近年来,广州成功举办了《财富》全球论坛、世界航线大会、世界港口大会等高端国际会议,中国创新创业成果交易会、中国生物产业大会、国际金融论坛等永久落户,"广州会议"品牌影响力不断扩大,但与上海、北京等城市相比还有一定差距。国际大会与会议协会(ICCA)发布的2019年国际协会会议数量显示,2019年广州举办国际会议数量为17场(见表3),与北京(91场)和上海

(87场）差距还较大，广州会议业国际化发展水平还有待进一步提升。从举办国际体育赛事数量来看，广州举办国际体育赛事32场，处于几个样本城市中间水平，优势不太明显。

3. 广州入境、外国旅客在样本城市中排第2位，高等级旅游资源偏少

从城市拥有的知名旅游资源来看（见表3），北京、杭州、重庆、成都、天津列入世界文化遗产的分别达到6个、3个、2个、2个和1个，广州暂无世界文化遗产旅游资源。从4A、5A级景区数量来看，广州5A级景区2个、4A级景区28个，与重庆、北京、上海等城市相差较大，也少于杭州、成都、天津等城市。可见，与国内其他城市相比，广州在拥有高等级旅游资源方面并不占优势，但是广州国际旅游市场表现不俗。2019年广州入境旅游者899.43万人次，其中外国旅客340.13万人次，二者排名均居第2位（见图2）。总体来说，虽然广州高等级旅游资源偏少等因素影响了其国际旅游知名度，但是广州在交通区位优势明显、享有"千年商都"的国际美誉、联通全球经贸网络等多种因素影响下，入境旅客接待量及外国旅客数量均位居国内城市前列，这为广州进一步开拓国际旅游市场奠定了良好基础。

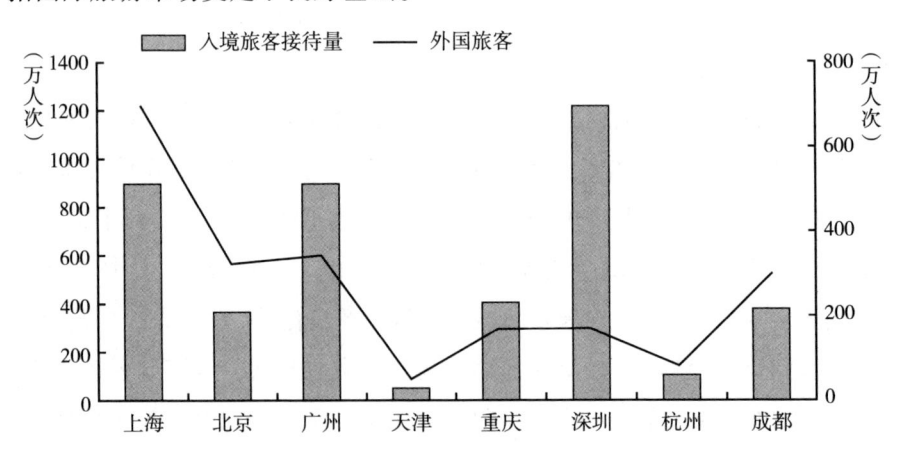

图2　2019年城市入境旅客及外国旅客数量

资料来源：2020年各城市统计年鉴。

表3 2019年国际知名度部分指标情况

指标	上海	北京	广州	天津	重庆	深圳	杭州	成都
全球城市竞争力排名	5	6	34	77	96	46	90	59
世界500强企业总部数量(家)	7	26	3	1	0	7	4	0
重点场馆举办展览数量(场)	1043	324	690	123	513	121	226	335
国际会议数量(ICCA)(场)	87	91	17	9	11	25	38	33
国际体育赛事数量(场)	87	28	32	10	12	30	10	21
世界文化遗产数量(个)	0	6	0	1	2	0	3	2
4A、5A级景区数量(个)	65	81	30	32	114	10	44	48

资料来源：全球城市竞争力排名来源于全球化与世界级城市研究小组（GaWC）发布的《世界级城市名册（2020）》；世界500强企业总部数量来源于《财富》世界500强排行榜；重点场馆举办展览数量来源于中国会展经济研究会会展统计工作专业委员会编制发布的《2019年度中国展览数据统计报告》；国际会议数量来源于ICCA（国际大会与会议协会）发布的2019年国际协会会议数量；国际体育赛事数量来源于各城市发布体育相关信息统计整理；世界文化遗产数量来源于世界文化遗产名录统计整理；4A、5A级景区数量来源于2020年各城市统计年鉴。

（二）消费繁荣度

国际消费中心是一国最繁荣的消费市场，其规模和能级在全世界名列前茅，拥有完善的消费服务业体系，不仅可以满足本国消费者对国际化、高品质、时尚性的需求，还能够广泛吸引和汇聚世界各地的消费者，为其提供多样化、有特色、便捷性的选择。从消费繁荣度来看，广州紧随上海、北京之后，列第3位，与其国际消费中心城市综合排名相匹配。

1. 广州经济总量超万亿元规模，区域消费购买力强劲

广州超万亿元的经济规模为国际消费中心城市建设奠定了经济基础。2019年广州地区生产总值23628.60亿元，2020年更是突破25000亿元，2019年人均地区生产总值已达到156427元，按平均汇率折算为22676美元，达到国际公认的高收入国家或地区水平。广州2019年末常住人口规模为1530.59万人，城镇化率为86.46%。第七次全国人口普查数据显示，广州2020年常住人口多达1867.66万人。2019年广州城镇居民人均可支配收入65052元，城市居民人均消费支出45049元，人均消费支出水平居第3位。广州自身及所在粤港澳大湾区人口基数多和强劲的购买力，成为广州建设国际消费中心城市的坚实基础。

2.广州消费市场规模位居全国前列，消费服务体系发达

2019年广州社会消费品零售总额实现9551.57亿元，总体规模持续位居全国前列，同比增长8.4%，消费规模及增速在样本城市中排名第3和第6（见图3）。广州商品进口额687.96亿美元，排名第4。服务业增加值16923.22亿元，占地区生产总值比重达71.62%，同比增长11.9%，总体规模在样本城市中排名第3。可见，广州已经形成以服务业为主导的经济结构，消费服务业体系日趋完善，发达的服务业有利于满足各类消费者多元化、个性化的消费服务需求，为国际消费中心城市建设提供有力支撑。

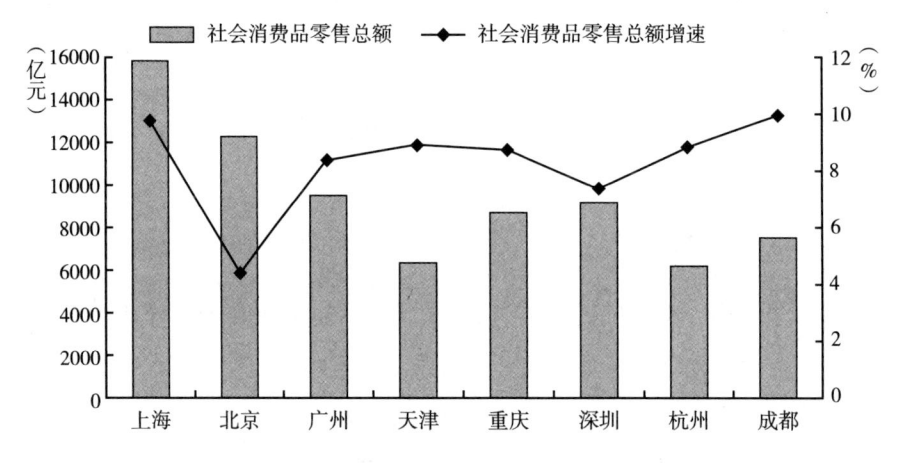

图3 2019年城市社会消费品零售总额及增速

资料来源：社会消费品零售总额及增速数据来源于2020年各城市统计年鉴以及"2019年全年成都市经济运行情况"新闻发布稿，天津社会消费品零售总额根据"2018年社会消费品零售总额×（1+2019年同比增速）"估算而得。

3.广州接待旅客规模在样本城市中排名第2，人均旅游消费水平有待提升

2019年，广州城市接待过夜旅游人数6773.15万人次，旅游总收入4454.59亿元，在样本城市中分别排名第2和第5，旅游人数低于重庆，高于其他城市，旅游收入低于北京、重庆、上海、成都等城市，高于天津、深圳和杭州。广州国际旅游收入为65.30亿美元，在样本城市中仅次于上海，排名第2（见表4）。可见，来穗旅客人均消费水平较低，旅游消费水平有提升空间，旅游消费潜力有待挖掘。

表4 消费繁荣度部分指标情况

指标	上海	北京	广州	天津	重庆	深圳	杭州	成都
居民人均消费支出(元)	48272	46358	45049	34811	20774	43113	40016	38235
旅游总收入(亿元)	5733.73	6224.60	4454.59	4235.22	5734.00	1700.00	4004.50	4664.00
国际旅游收入(亿美元)	83.76	51.90	65.30	11.83	25.25	5.00	7.37	16.23
服务业增加值(亿元)	27752.28	29542.50	16923.22	8949.87	12557.51	16406.06	10172.28	11155.86
商品进口额(亿美元)	2948.64	3412.30	687.96	628.51	301.65	1893.52	287.71	364.38

资料来源：居民人均消费支出、旅游总收入、国际旅游收入、服务业增加值、商品进口额来源于2020年各城市统计年鉴以及"2019年全年成都市经济运行情况"新闻发布稿，天津社会消费品总额根据"2018年社会消费品零售总额×（1+2019年同比增速）"估算而得，天津旅游总收入为国内旅游收入数据。

（三）商业活跃度

从商业活跃度来看，广州在样本城市中排第5位，商业活跃度得分低于北京、上海、成都、重庆等城市，高于杭州、深圳、天津，该项排名低于其国际消费中心城市综合排名（第3位）。

1.广州地标性商圈繁荣发展，商圈国际知名度有待提升

近年来，广州通过大力引入国际知名品牌商，每年举办广州购物节、国际美食节等重大节庆活动，与世界知名商圈联盟互动等多种方式，促进商圈国际化水平和知名度显著提升，天河路商圈成为全国首个销售额达到万亿级的商圈。广州还拥有北京路商业步行街、上下九步行街、农林下路—中山三路、白鹅潭、琶洲、珠江新城、白云新城、万博—长隆—汉溪等一批知名地标性商圈。从标志性商圈数量来看，广州在样本城市中排名靠前，但部分商圈的国际知名度和影响力有待提升。

2.广州国际知名品牌渗透率不高，离境退税网点数量偏少

从国际知名品牌进驻数量来看（见表5），30个奢侈品品牌中有19个入驻广州，与天津（19个）、深圳（18个）、重庆（18个）相当，少于上海（30个）、北京（30个）、成都（27个）等城市。广州拥有中华老字号数量也位居中游水平，在样本城市中排第4位。发达的离境退税网点是国际消费中心城市的一大特点。从离境退税网点数量来看，2019年广州离境退税网点数量达到65个，排名第5，与北京（518个）、上海（428个）等城市差距较大。从第三产业固定资产投资情况来看，2019年广州第三产业固定资产投资额为5871.91亿元，在样本城市中规模最小。可见，广州建设国际消费中心城市还存在国际知名品牌渗透率不高、第三产业投资规模不大等问题。

3. 广州具备良好的消费环境，消费者满意度在全国排名第3

中国消费者协会发布的《2019年100个城市消费者满意度测评报告》显示，广州消费者满意度达到78.89%，排名第3，在11个华南区域城市中排名第1。广州良好的消费环境，提升了城市居民的生活幸福感和国内外消费者满意度，也有利于吸引更多的企业和服务提供商集聚广州，不断优化消费供给端。

表5 商业活跃度部分指标情况

指标	上海	北京	广州	天津	重庆	深圳	杭州	成都
标志性商业街区数量（条）	12	13	11	6	11	5	11	11
国际知名商品品牌进驻数量（个）	30	30	19	19	18	18	22	27
中华老字号数量（个）	180	117	35	66	19	28	39	21
离境退税网点数量（个）	428	518	65	0	34	78	0	103
三星及以上宾馆数量（家）	1018	1549	1138	299	714	816	870	1012
第三产业固定资产投资额（亿元）	6653.77	7218.4	5871.91	8050.79	12389.74	6267.26	6350.24	6630.84
消费者满意度（%）	81.25	78.15	78.89	75.01	76.59	75.86	77.74	82.33

资料来源：标志性商业街区数量来源于 https://www.maigoo.com；国际知名商品品牌进驻数量来源于2018年课题组对珠宝腕表类和服饰鞋包类30个代表性奢侈品牌在我国主要城市分布情况的调研数据；中华老字号数量来源于21世纪经济报道、21财经客户端、知乎、《快公司》联合推出的中国潮经济专题报道——"国潮老字号·新活力"；离境退税网点数量来源于各城市国税局公布的境外旅客购物离境退税商店名单；三星及以上宾馆数量来源于2019年高德地图POI数据中的三星、四星、五星及六星以上宾馆的POI数量；第三产业固定资产投资额数据来源于各城市统计年鉴，上海、北京、天津、重庆、深圳、杭州等城市第三产业固定资产投资额=2017年固定资产投资总额×（1+2018年增速）×（1+2019年增速），杭州第三产业固定资产投资额=2018年第三产业固定资产投资总额×（1+2019年增速）；消费者满意度数据来源于中国消费者协会发布的《2019年100个城市消费者满意度测评报告》。

（四）到达便利度

国际消费中心城市必须拥有发达完善的交通、信息和物流设施，以便将全球范围内的消费市场和供给市场紧密连接起来。广州作为国家中心城市，综合交通枢纽优势明显，消费便利化水平较高，有利于连接国际国内消费市场。从到达便利度来看，广州在样本城市中排第2位，该项排名高于其国际消费中心城市综合得分排名（第3位）。

1. 广州是国际航空枢纽城市，航空服务在国内领先

从国际航空联系情况来看，广州白云国际机场拥有国际航班线路数量仅次于北京、上海，排名第3（见图4）。中国民航局发布的《2019年民航机场生产统计公报》显示，2019年白云国际机场飞机起降架数为49.12万架次，排名第3。2020年，白云国际机场旅客吞吐量达4376.81万人次，首次跃居全球第一，成为全球最为繁忙的机场。虽然白云国际机场成为全球第一是在新冠肺炎疫情大流行这样极为特殊的情况下，但也反映了广州在国际航空枢纽建设上取得的显著成就。英国知名航司及机场质量标准评测机构Skytrax发布的2020年度全球100大最佳机场排行榜显示，上海虹桥机场排名第22，广州白云国际机场排名第30，深圳、成都和北京分列第66、第72和第80。

2. 广州全国铁路枢纽地位突出，市内轨道交通发达

从高铁网络联系情况来看，广州南站客流量居全国铁路枢纽站场第1名，高铁直达城市131个，在样本城市中排第4位。从市内轨道交通来看，广州地铁运营总里程达515公里，全国排名第3。从高速路网来看，广州国家级高速公路途经条数6条，与上海并列第2，高速公路通车里程超过1000公里，排名第4，高于上海、成都、杭州等城市（见表6）。

（五）政策引领度

目前，北京、上海、广州、深圳、杭州、成都、南京、武汉、宁波等国内20多个城市都结合自身特色着力于国际消费中心城市建设，出台一系列

表6 到达便利度部分分项指标情况

指标	上海	北京	广州	天津	重庆	深圳	杭州	成都
高铁直达城市数（个）	167	172	131	113	129	107	143	119
地铁运营总里程（公里）	704.91	699.00	515.00	220.00	328.50	315.72	135.40	341.00
国家级高速公路途经条数（条）	6	8	6	5	5	3	3	3
高速公路通车里程（公里）	845	1167	1030	1262	3233	426	800	850
网约车数量（辆）	23118	11800	78177	5765	56357	62313	75000	90000

资料来源：高铁直达城市数来源于新一线城市数据平台 https：//www.datayicai.com，统计时间为2019年3月25日当日数据。国家级高速公路途经条数来源于新一线城市数据平台 https：//www.datayicai.com，统计时间为2019年3月数据。高速公路通车里程、地铁运营总里程来源于2020年各城市统计年鉴；网约车数量由课题组调研整理而来。

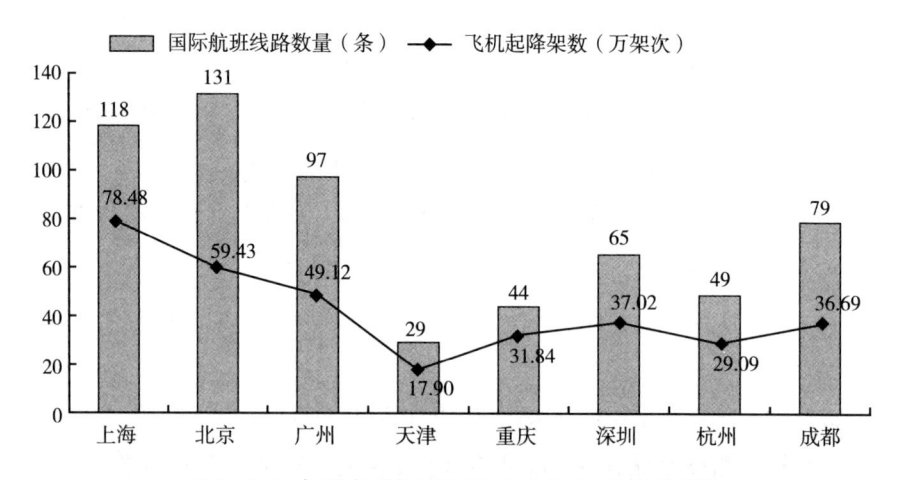

图4 2019年城市国际航班线路数量及飞机起降架数

资料来源：国际航班线路数量来源于 airsavvi 航线图 https：//maptemp.airsavvi.com；飞机起降架数来源于中国民航局发布的《2019年民航机场生产统计公报》。

行动计划和政策措施。从政策引领度来看，上海、成都、广州等城市的政策引领度表现突出，广州该项得分排名第3。

2019年，广州已向商务部申报国际消费中心城市培育建设试点，全力打造引领华南、辐射全国、面向全球的国际消费中心城市。2020年，广州成立由市长挂帅的广州市建设国际消费中心城市工作领导小组，为推动国际消费中心城市建设提供了强有力的组织保障。2020年8月，广州印发了《广州市建设国际消费中心城市实施方案（2020~2022年）》。近年来，围绕建设国际消费中心城市，广州接连推出《广州市打造时尚之都三年行动方案》《广州市关于促进会展业高质量发展的若干措施（暂行）》《广州市直播电商发展行动方案（2020~2022年）》等10多个方案措施，不断完善国际消费中心城市建设政策体系。2020年9月，广州提出采取10项具体行动，着力打造国际品牌的"聚集地"、时尚潮流的"引领地"、中国制造的"展示地"、岭南文化的"传承地"、消费创新的"策源地"，将建设国际消费中心城市落实到具体行动中。2021年7月19日，广州成为全国率先开展国际消费中心城市培育建设的5个城市之一，这为广州率先探索消费政策创新、促进消费体制机制先行先试创造了新机遇。

（六）总结：广州国际消费中心城市的优劣势

从国际消费中心城市指数的综合比较结果来看，广州在8个样本城市中位居第3。从国际消费中心城市的分项比较结果来看，广州的到达便利度、国际知名度、消费繁荣度、政策引领度等方面表现较好，已经具备良好基础并显示出较强的国际影响力。但广州与上海、北京等城市相比，在建设国际消费中心城市的一些细分项上还有较大差距，相关短板有待补充，具体表现如下。从国际知名度来看，广州跻身Alpha等级一线城市，已成为跨国企业投资最佳目的地之一和国际交往中心城市；展览业综合实力强，是国内知名国际会展之都；国际旅游市场表现较好，但也存在国际会议发展短板明显、举办国际体育赛事活动数量有待提高、高等级旅游资源偏少等问题。从消费繁荣度来看，广州经济基础雄厚，消费购买力强劲；消费市场规模大，消费服务体系发达；接待国内旅客数量多，旅游市场规模较大，但也存在人均旅游消费水平较低、旅游消费市场有待挖掘等问题。从商业活跃度来看，广州商业氛围浓厚，商圈繁荣发展；具备良好消费市场环境，消费者满意度高，但也存在地标性商圈国际知名度有待提升、国际知名品牌渗透率不高、免退税网点数量偏少等问题。从到达便利度来看，广州是国际航空枢纽城市，全国铁路枢纽地位突出，市内轨道交通发达，但也存在高铁/动车到达城市数量有待进一步增加等问题。从政策引领度来看，广州较早成立了广州市建设国际消费中心城市工作领导小组，国际消费中心城市建设政策体系不断完善，促进消费政策创新走在全国前列。下一阶段，广州推动实施方案及规划目标编制落地、推进消费政策创新等方面继续保持引领示范作用。

三 广州国际消费中心城市的建设路径

作为我国首批国际消费中心城市培育试点城市，广州应顺应消费发展新趋势，进一步强化特色优势，补齐短板弱项，不断提升广州在全球消费的吸聚带动能力、资源配置能力和创新引领能力，形成"买全球、卖全球"的强大市场，逐步建成引领湾区、服务全国、辐射全球，产业与消费高效协同、国内国际双循环的综合性国际消费中心城市。

（一）以提升"商业活跃度"为重点，集聚国际高端消费资源

1. 打造国际品牌集聚地

对标伦敦、纽约、东京等全球知名国际消费中心城市，积极吸引国际知名商品和服务品牌入驻，培育引进国内本土品牌，在广州设立品牌首店、旗舰店、概念店、体验店，打造国际品牌集聚地和国内制造展示窗口。发挥广府地方特色品牌优势，鼓励有条件的商家积极申报中华老字号，推动中华老字号、广州老字号借助新平台、新技术，通过跨界、跨品牌等方式促进产品服务创新，焕发新活力，满足时尚、个性化等消费新需求。

2. 打造国际时尚潮流引领地

加快推动重点商圈改造提升，推动天河路商圈、北京路商业步行街、上下九商业步行街、广州融创文旅城、汉溪—长隆—万博文商旅融合发展典范区等一批地标性商圈国际化、品牌化、时尚化发展，支持旅游、影视、文创等企业利用AR/VR、全息投影、现代灯光艺术等在重点商圈、商业综合体、特色街区营造消费新场景，形成高端商业、时尚文化、都市旅游等多种功能

错位发展、相互联动、布局合理的城市商圈发展格局。依托国际知名展会、节庆、活动等重要平台，发挥首映、首秀、首发等效应，打响一批标志性品牌、展会、节庆和活动，形成全球消费时尚风向标，打造国际时尚潮流引领地。

3. 打造消费创新策源地

以琶洲人工智能和数字经济试验区等重点功能区建设为载体，加大平台型企业、龙头企业引进力度，有效提升总部经济能级，鼓励电子商务各类企业进行服务创新、技术创新和商业模式创新，增强"网络商都"辐射影响力。积极探索传统零售业向线上线下融合发展、内外贸一体化发展、跨界联合发展转型，支持电商直播、无人店、"云逛街""云门店"等新零售新模式发展，加快跨境电商、市场采购贸易等外贸新业态新模式发展，积极培育绿色消费、定制消费、体验消费、信息消费、时尚消费等消费新热点，繁荣发展夜间经济，打造消费创新策源地，扩大消费创新引领作用。

4. 打响"广州服务"品牌

顺应消费升级趋势，坚持实物消费与服务消费并重，充分发挥广州华南地区文教医疗中心优势，探索推进健康医疗、教育文化、休闲娱乐等消费服务对外开放，发展壮大旅游、文创、会展、健康、养老、教育、培训等服务消费产业，构建高质量服务产业体系。在疫情防控常态化形势下，鼓励发展在线教育、在线医疗、网络游戏、短视频、知识付费、远程办公等服务消费新热点。依托大数据、人工智能、物联网等新技术，探索服务业发展新模式，培育若干服务行业"领跑者"，打响"广州服务"品牌。

（二）以提升"国际知名度"为导向，建设世界级旅游目的地

1. 打造世界级旅游目的地

充分挖掘"千年商都"、"食在广州"、岭南文化、红色文化、海丝文化等特色旅游资源，打造广州塔—花城广场—琶醍"广州文旅融合创新示范区"、广州红色文化传承弘扬示范区、黄埔古港—南海神庙广州海丝文化旅游区、番禺国家全域旅游示范区等旅游发展示范区，培育天河路商圈、北京

路国家级文化产业示范园区、西关永庆坊—沙面西堤历史文化街区、花都空铁文商旅融合创新发展示范区、"珠江游"等世界级旅游精品，新增一批国家4A级以上旅游景区和国家级、省级旅游度假区，形成城市旅游国际品牌。发挥粤菜传统优势，大力引进世界各地风味美食和特色餐饮，支持传统美食、地方风味餐饮、时尚创意餐饮、商务餐饮、快捷轻餐饮等多种业态并存发展，支持餐饮企业品牌建设和数字化转型，鼓励餐饮企业参选米其林等国际餐饮榜单，积极举办国际美食节、美食嘉年华等国际性活动，建成一批彰显广州特色的餐饮集聚区，打造多元化美食地标，擦亮广州"世界美食之都"品牌。加强粤港澳大湾区联动发展，加快大湾区文商旅一体化发展，携手打造世界级旅游目的地。

2. 增强国际交往中心地位

加快推进广交会第4期场馆等一批重点展馆建设，提升广交会、家具展、建博会、美博会、照明展等各类会展品牌国际影响力，继续引进国际品牌展会活动，承办高水平国际会议，增强国际会展之都竞争力。以成功举办亚运会、广州国际马拉松等重大赛事为基础，规划建设国际一流体育赛事配套基础设施，积极申办具有全球影响力的高级别单项赛事及大型综合性赛事，培育举办更多具有国际影响力的城市自主IP赛事，继续办好全国和省市级各类比赛和中小群众性体育赛事，打造广州体育赛事品牌体系。规划建设驻穗领事馆区、国际组织集聚区等国际交往空间，积极引进国际机构总部或办事处、国家驻穗领事馆等，积极申请世界性、全国性的公务或商务活动承办权，打造具有全球影响力的国际交流与活动聚集地，成为展示国家形象、进行对外交流的窗口。

3. 提升国际大都市品牌形象

开展城市品牌营销，高品质制作城市推广宣传片和宣传品，邀请名人担任城市国际形象大使，打造统一的城市品牌视觉形象系统，凸显广州城市形象特质。结合会展、节庆活动、各类赛事或重大外事活动，加强与国际知名城市互动对接，多形式多渠道进行城市形象宣传推广。利用多种传播媒介，尤其是顺应自媒体蓬勃发展势头，鼓励游客、市民、在穗外籍人士等各方参与，利用国内外自媒体平台，让广州城市形象立体呈现、深入人心，提升广州国际吸引力和知名度。

（三）以提升"到达便利度"为引领，增强国际综合交通枢纽地位

1. 提升国际旅客及消费品通达集疏水平

利用广州华南地区海陆空交通中心的交通区位优势，通过世界级空港、海港和铁路枢纽及互联互通的综合交通网络建设，打造全球综合交通门户枢纽。加快推进白云国际机场三期扩建工程等重大交通基础设施建设。在做好疫情防控工作的前提下，结合实际稳步开拓国际航班线路和班次，优化配置国内重点城市的航班线路数量及起降架次，提升全球消费品中转集疏和国际游客汇聚通达水平。以新加坡樟宜机场、东京羽田国际机场等全球最佳机场为标杆，不断优化机场软硬件环境和服务质量，增强广州国际航空枢纽竞争力。加强机场、交通枢纽站接驳便利度，提高海陆空转运效率。根据客流情况，优化高铁/动车线路和班次，增加广州高铁/动车直达城市数量及班次，提高高铁枢纽站换乘便利性，将广州打造成为国家铁路主枢纽城市。

2. 打造广州"海上门户"

结合当前疫情防控形势，适度谋划未来一段时间发展，在后疫情时期，依托广州南沙国际邮轮母港码头，加大邮轮企业招商力度，探索引进或开辟新航线，提升邮轮靠泊艘次、邮轮航线数量、旅客吞吐量等，推广邮轮旅游，探索构建粤港澳邮轮组合母港群合作机制，致力于打造广州"海上门户"。

3. 优化通关和签证便利化

在实行外国人72小时过境免签政策基础上，争取从72小时免签升级成为144小时免签城市，积极争取入境旅游30日免签政策，结合实际推动广州火车东站、广州南沙国际游轮母港等入境口岸成为新的免签口岸，与过境免签政策城市建立互联互动机制，实现异地出入境联动。

4.打造现代商贸物流体系

完善城市消费网络体系建设,科学规划城乡零售市场和社区消费环境。优化区域物流枢纽、转运分拨中心、社区物流配送网点(前置仓)、末端配送设施等多级城市商贸物流体系,加快冷链物流末端设施建设,加强智能取物柜等智能末端配送体系布局。积极推进城市地铁项目建设,增加地铁运营里程,优化地铁线路和站点布局,提高地铁运营效率。加强城市交通堵点治理,强化市内交通智慧管控,提供多元便捷出行选择,构建消费场景、生活场景、通勤场景相互衔接多功能融合的多元场景。加快布局5G、大数据平台等新型基础设施建设,打造信息枢纽,推动城市智能化、低碳化发展,提升消费便利性和可持续性,提升市民、游客的体验感和满意度。

(四)以提升"消费繁荣度"为目标,营造国际化消费环境

1.提升国际大都市城市魅力

优化城市中轴线、城市客厅等城市重点景观节点,提升国际大都市城市景观。在重点商圈和旅游区域普及中外文标识,精心规划设计标识信息,提升旅游标识系统的国际化、人性化水平。完善涉外医疗机构、出入境服务站、外籍人员服务中心和国际社区等配套设施。做好"花城"文章,打造一批规模大、有品位、上档次的城市赏花景观点,增加城市绿化用地,形成点、线、面相互辉映的花城生态景观系统。加大"花城"宣传推介力度,持续举办"花城看花,广州过年"等宣传活动,将广州建设成具有独特人文魅力和绿色发展优势的"世界著名花城",让"花城"品牌走向世界。

2.创新免退税便利化制度

继续推进消费领域简政放权和"放管服"改革,通过优化进口审批手续、简化离退税手续等举措,进一步促进消费体制机制创新。实施更加开放的免税购物政策,增设免税店、扩大退税商品种类和退税购物限额。完善境外旅客购物离境退税政策,提升退税便利化程度。充分发挥白云国际机场国内外旅客集散枢纽功能,大力发展过境消费和免税消费。发挥广州跨境贸易

电子商务服务试点城市的政策优势，加快推进保税商品展示交易中心、跨境电子商务国际仓贸保税中心建设，以满足国内多元化、高品质消费需求。

3. 健全消费者保护机制

探索建立入境旅客在穗维权机制，开通在穗旅客消费维权绿色通道，保障在穗消费争议及时解决。畅通和拓宽消费者投诉热线，建立统一、便民、高效的消费申诉和联动处理机制。加强商品质量、食品安全、市场秩序监管和有效治理，严厉打击消费市场违法行为，加强消费诚信体系建设，在重点消费领域打造一批放心消费单位，营造安全、放心、舒适、便利的消费环境，建立消费者满意度检测常态化机制，提高消费者满意度。

（五）以提升"政策引领度"为指引，推动消费创新政策先行先试

1. 加强组织领导和统筹协调

建立健全广州建设国际消费中心城市领导小组及办公室的组织架构和工作机制，建立跨部门联系机制，共同推动国际消费中心城市建设过程中重大问题研究解决，制定实施细化方案，明确责任分工和考核指标，保证各项工作落到实处。及时争取上级有关部门大力支持，探索出入境、市内免税店、电子支付等各项促消费政策先行先试。加强粤港澳大湾区消费市场联动，加强与香港、澳门及大湾区各城市在发展新零售新业态、引进国际知名品牌和港澳特色品牌、会展、旅游等方面的合作互补，整合区域消费资源，推动大湾区消费一体化发展。支持有条件的区在规划建设、制度创新、财政支持、服务体系建设等方面先行先试，培育建设国际消费中心城市核心示范区、示范商圈、示范街区等，形成可复制可推广的经验，发挥示范带动作用。

2. 加快落实实施方案和跟踪评估

按照《广州市加快培育建设国际消费中心城市实施方案》（穗府〔2021〕15号），加快各项措施落实落地。强化规划引导，制定长中短期建设行动方案、年度重点工作计划等，分阶段分步骤推进各项工作落实。研究制定服务消费和消费新业态新模式的统计分类和统计监测方案，持续开展国际消费中心城市建设指标体系及专项研究，不定期评估广州国际消费中心城市建设工

作成效，提高对消费发展趋势的研判能力和服务能力。

3. 加强制度创新和配套措施支持

针对培育建设工作中消费供给、基础设施、体制机制、消费环境等方面存在的不足及短板，及时制定配套政策及措施。创新消费新业态新模式监管方式，实施审慎包容监管。进一步放宽服务消费领域市场准入，鼓励社会资本逐步进入文化、教育、养老等重点领域。实施"一照多址""一证多址""证照分离"等商事登记制度改革。大力推动减税降费政策落实，减轻零售、餐饮等服务企业的税费负担。对符合一定标准的本土知名品牌、老字号开展品牌建设给予资金、宣传资源等支持。鼓励金融机构加大对商贸行业市场主体特别是小微企业和个体工商户的金融支持力度，增加免抵押、免担保信用贷款投放，大力发展供应链融资等创新融资方式。鼓励金融机构在依法合规、风险可控的前提下，开发更多适应新消费趋势的消费金融产品。

4. 加大宣传推广和舆论营造力度

在遵循疫情防控规定的前提下，整合各类传统、新媒体资源，围绕国际消费中心城市培育建设工作，对培育建设国际消费中心城市的重要意义、重大举措、政策亮点、工作成效等进行多渠道、全方位跟踪报道，形成良好的舆论环境，为广州国际消费中心城市建设营造浓厚氛围。

参考文献

[1] 广州市人民政府：《2021年广州市政府工作报告》，广州市人民政府门户网站，www.gz.gov.cn。

[2] 刘涛、王微：《国际消费中心形成和发展的经验启示》，《财经智库》2017年第4期。

[3] 汪婧：《国际消费中心城市：内涵和形成机制》，《经济论坛》2019年第5期。

[4] 广州市人民政府：《广州市商务发展第十四个五年规划（2016~2020年）》。

B.3
需求侧管理、消费力提升与广州国际消费中心城市建设

董小麟*

摘　要： 培育建设国际消费中心城市，不仅要从供给侧角度加强国际化资源配置，更需要深刻把握市场本质，从需求侧加强管理，激发、巩固和提升市场消费力。城市消费力的提升是广州国际消费中心城市建设的根本支撑。在国家首批培育建设国际消费中心城市的五大城市中，从需求侧现状及其发展潜力的分析结果看，广州在构成消费力的市场基础方面具有特定优势。加强消费需求侧管理，吸引和集聚海内外消费力，需要加强需求侧时空管理和结构性管理，注重相关领域和平台的协同，把握各种重大机遇挑战因素，加强需求侧教育与环境优化管理，并以城市营销理念和方法做强做实做活城市形象推广，在进一步集聚和提升城市国际消费力进程中，做强做大广州国际消费中心城市建设的发展绩效。

关键词： 国际消费中心城市　需求侧管理　消费力

"十四五"开局之际，国务院批准上海市、北京市、广州市、天津市、重庆市率先开展国际消费中心城市培育建设。[①] 这是我国进入新发展阶段，为加快培育完善内需体系、全面促进消费、推动形成国内国际双循环新发展

---

* 董小麟，广东外语外贸大学教授。
① 中华人民共和国中央人民政府网，http://www.gov.cn/xinwen/2021-07/19/content_5625954.htm，2021年7月19日。

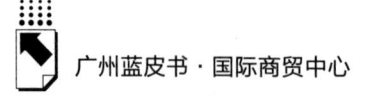

格局的重大战略安排。

培育建设国际消费中心城市,需要从供给侧和需求侧两端协同发力,同时也需要辅之以高质量的城市环境建设和城市整体形象推广。现有关于国际消费中心城市建设的研究较多注重于供给端的培育和发展,如发展首店经济、培育商业品牌、打造核心商圈、做强供应链等。确实,供给侧的质量和规模,对国际消费中心城市集聚消费资源意义重大,优质和新颖的消费品与消费服务也能够激发新的消费需求;但从市场对资源配置的决定性作用看,从实现城市国际消费力的集聚与提升国际消费中心城市的效益看,我们更需要从市场的本质、从消费者的角度、从国际国内消费购买力在广州的集聚去深入研究,深化消费需求研究,深化对做好需求侧管理必要性的认识,并自觉主动谋划如何提升需求管理水平,在供给侧与需求侧管理的互动互促中,推动广州国际消费中心城市建设总体质量与效益加快提升。

一 建设广州国际消费中心城市必须加强需求侧管理

培育建设国际消费中心城市,已列入《中华人民共和国国民经济和社会发展第十四个五年规划和2035年远景目标纲要》的规划部署,并在广东省、广州市的"十四五"规划和2035年远景目标纲要中提出了更进一步的目标任务。规划的功能无疑在于资源配置,因此从供给侧的角度提出工作重点与方向是势所必然。但与此同时,建设国际消费中心城市是一个涵盖面广、工作纵深度大的系统工程,包括供给与需求两大侧面以及连接和影响供求变动的第三方因素(如市场综合环境因素等),我们必须关注需求侧与供给侧的系统性相互影响,加强需求侧管理,促进国际消费中心城市建设效益最大化。

(一)从供给目的与实现路径看需求侧管理的重要性

建设国际消费中心城市,消费是核心。按照马克思主义经济学基本理论与社会实践的验证,在社会经济运行过程中,消费是全部社会生产、分配、交换行为的目的。"因为消费创造出新的生产的需要,也就是创造出生产的观念上的内在动机,后者是生产的前提。消费创造出生产的动力;它也创造出在生产中作为决定目的的东西而发生作用的对象。""产品只是在消费中才成为现实的产品……,因为产品之所以是产品,不在于它是物化了的活动,而只是在于它是活动着的主体的对象。"[1] 马克思的这些论述,从社会经济活动的本质上揭示了消费的决定性地位。人们正是为了获得消费资料而进行生产,并围绕着生活消费及生产性消费而发展着社会分工,形成强大的社会财富创造力;而那些脱离消费需求的产品和服务供给,包括脱离社会动态发展和消费需求变化趋势的产品和服务,或将无法产生,或者在其产生与发展到一定阶段时,因未能创新和适应新的消费需求而终将被社会淘汰。

因此,加强需求侧管理对于成功建设和运营国际消费中心城市具有重要现实意义。我们不能仅考虑"招商引资"方面的工作,还必须通过加强需求侧管理而着力培育提升城市消费力,这样才能持续吸引国际消费供给资源,夯实国际消费中心城市的市场基础。

(二)重视需求侧研究和管理体现对现代市场本质的把握

在市场经济条件下,人们绝大部分消费需求必须借助于市场路径,市场正是在消费供给与消费需求的互动中实现消费力"变现"的。市场配置资源包括对消费资源配置必然注重供求结构的优化。供求机制在市场机制中发挥着关键作用,竞争机制、价格机制等实际上也是体现供求形势变化并转而调节供求的机制。供求关系可表现为供不应求、供过于求和供求平衡三种态势,但始终体现着需求就是供应方资源配置的目标,是供应必须配合的对象。从而,需求的水平和结构决定着市场规模、质量和效益的实现水平。在建设国际消费中心城市的时候,必须深刻把握市场关系的本质,加强对需求侧潜力的培育。因此,我们需要引入现代市场营销学(Marketing,亦译

---

[1] 马克思:《〈政治经济学批判〉导言》,《马克思恩格斯选集》第2卷,人民出版社,2012,第691页。

"市场学")对市场的认识,即把市场的本质定义为顾客及其需求。① 市场营销学形成于20世纪上半叶,繁盛于二战以后,已成为构成当代企业管理核心理念的重要理论来源,并对宏观经济运行提供着重要的理论启迪。市场营销学要求从市场细分、目标市场选择开始就必须坚持以顾客为中心,因此把对顾客的研究,包括消费者行为研究等作为该学科的重要内容和整体营销方略设计的出发点和落脚点。在当今买方市场普遍形成的背景下,消费品生产者和消费服务供应方对消费需求方的重视已上升到了新的高度。市场营销学的原理对我们做好需求侧管理具有积极的理论价值和方法论意义。

(三)需求侧管理是城市经济治理和城市营销不可或缺的内容

城市治理水平是影响城市发展的重要因素,经济领域的治理是现代国家和城市治理的重要内容。广州建设国际消费中心城市的使命无疑赋予了广州增强城市经济治理能力的新平台,拓展了新空间。而城市经济特别是面向消费的经济活动实践表明,对一地的消费力有没有足够的评估以及评估后的结论,是消费品供应方能否积极把消费品供应链向该地延伸的基本考量,是消费资源供给结构调整的客观依据。

从发展的本质是人的发展、城市治理的本质是人的治理的高度看,消费力的集聚与提升,首先来自城市"人气"的集聚,因为人是提出消费需求、实施消费的主体。自20世纪下半叶以来,市场营销学的一个重要发展方向,是拓展了主体范畴,从企业作为营销主体向城市乃至国家主体延伸,形成了城市营销、国家营销等范畴。② 从城市营销看,城市角色发生了重大转型,从既往作为市场资源被配置的空间载体,逐渐向主动吸纳经济文化资源和推进城市经济结构、社会结构优化转变,从而城市定位、城市推广等具有市场营销学学科特征的范畴被引入城市发展治理的思路、方略和实施策略的设计

---

① 参见董小麟主编《国际营销学原理》,中山大学出版社,1996,第2页。
② 20世纪80年代末期,美国学者科特勒(P. Kotler)等比较系统地提出了场所营销(Place Marketing)与城市营销(Urban Marketing)的理论,并将城市营销从市场营销的学科体系中分离出来,形成独立的学科。

之中。城市营销需要解决城市本身的定位、形象、特色如何转化为对居民、访客、投资者等的持久吸引力,如何发挥城市的发展潜能而增强城市的资源集聚力和辐射力。因此,在国际消费中心城市的建设中加强对现有与潜在"顾客"的吸引和服务,与城市治理、城市营销的原理高度吻合,从而积极提升城市营销力必将有利于增强城市的"人气",并通过有效的需求侧管理形成城市集聚国际消费力的持久魅力。

二 从需求侧看广州培育建设国际消费中心城市的市场基础

需求侧管理的首要任务是加强对需求侧状况的分析研究。需求水平首先决定于人口规模,国际消费中心城市必须有较大的人口规模,因此我国首批建设的国际消费中心城市都在超大城市中遴选产生。[①] 同时,还须考虑居民结构和非常住人口的因素,特别是市外流动人口的加入情况,其中境外访客(游客)对城市消费力打造国际化特色尤其具有重要意义。此外,居民收入和消费行为、结构,以及影响消费力集聚的城市文化等因素也对市场基础的形成与巩固产生重要影响。

(一)城市常住人口规模与增幅对城市消费力的影响

常住人口构成城市消费力较稳定的市场基础,而其规模与增幅反映这一基础的厚实程度与增长潜力。表1比较了首批建设国际消费中心城市的五大城市第七次全国人口普查结果,各市常住人口在截至2020年的近10年间均有一定净增规模,但广州净增人口在五大城市中居绝对领先地位,

---

① 按照国务院2014年颁布的《关于调整城市规模划分标准的通知》,城区常住人口1000万以上的城市为超大城市。另根据国家统计局发布的《经济社会发展统计图表:第七次全国人口普查超大、特大城市人口基本情况》,截至2020年11月1日,中国的超大城市有上海、北京、深圳、重庆、广州、成都、天津7个城市;国务院批复培育建设国际消费中心城市的五大城市均在超大城市中遴选产生,可见,规模庞大的人口基数确实构成城市消费力的最重要基础。

常住人口年均增幅比其他4大城市分别高出2.8~3.2个百分点,且分别是上海和天津增幅的4倍多。常住人口增长快、规模大,对广州在建设国际消费中心城市进程中持续提高内需特别是消费支撑力,将发挥重要的固本强基作用。

表1 首批建设国际消费中心城市的常住人口数量与增幅比较

单位:万人,%

城市\指标	第七次全国人口普查数据	10年间人口增长绝对数	10年间年均增长绝对数	年均增幅	其中非本市户籍人数/占比
上海市	2487	185	18.5	0.8	1048/42.1
北京市	2189	228	22.8	1.1	842/38.5
广州市	1868	598	59.8	3.9	938/50.0
天津市	1387	93	9.3	0.7	354/25.5
重庆市	3205	321	32.1	1.1	219/6.8

资料来源:根据第七次全国人口普查(数据截至2020年11月1日零时)各市公报的数据整理。其中10年间增长的绝对数、相对数均系与第六次全国人口普查数据(截至2010年11月1日零时)比较。常住人口总数取整数。

表1同时反映了在城市常住人口增长中非本市户籍人口的增长额及占比情况。城市常住人口增长主要由两大因素引起:一是因该城市常住人口生育率高于死亡率而形成的自然增长所带来的人口绝对量增长;二是由市外人口流入至本市的人口数大于本市人口流出数而形成人口净流入的增长,从而带来本市常住人口的增量。其中第二种因素反映了城市的活力、发展潜力,特别是宜居宜业的吸引力。比较其他4大城市,广州非本市户籍常住人口绝对数规模仅次于上海,且占比最高(达50%),这不仅体现广州的城市吸引力,而且构成了广州提升消费力的又一重大利好。因为在广州常住人口中占半数的非户籍常住人口大多进入本市工作、生活的年限尚短,因而他们与广州以外的各地存在包括血缘关系在内的广泛而紧密的社会联系,从而更能给广州带来新的利好,即有利于他们带动外地亲友来穗游览、求职、消费,为持续增大广州动态的非常住人口的流量做出重要贡献;同时也由此带动新的外来人口定居广州,从而进一步巩固提升做大常住人口增量的社会基础,对

营造广州"人气"、扩大广州消费集聚力有重要意义。近年广州提倡"反向过年"取得较显著效果,就是善用这一利好因素的现实反映。

(二)城市常住人口的区域与年龄结构对城市提升消费需求功能的影响

除人口总量及其增幅外,城市人口的结构对城市消费力的提升也存在着重要影响。除前面分析的非户籍常住人口的比例外,我们还可以通过城镇化率和城区常住人口占比和相应年龄段人口占比,对其影响消费需求的状况做进一步分析(见表2)。

表2 首批建设国际消费中心城市的常住人口若干结构性指标比较

单位:万人,%

城市	常住人口总数	其中:城区常住人口		其中:城镇常住人口		其中:各年龄段人口比例		
		绝对数	占比	绝对数	城镇化率	0~14岁	15~59岁	60岁及以上
上海	2487	1987	79.90	2221	89.3	9.80	66.82	23.38
北京	2189	1775	81.09	1917	87.5	11.84	68.53	19.63
广州	1868	1488	79.66	1610	86.2	13.87	74.72	11.41
天津	1387	1093	78.80	1174	84.7	13.47	64.87	21.66
重庆	3205	1634	50.98	2226	69.5	15.91	62.22	21.87

资料来源:根据第七次全国人口普查(数据截至2020年11月1日零时)及相应各市公报的数据整理。其中城区常住人口占比系本文作者据公布的绝对数计算所得。

联系表1数据看表2的常住人口年龄结构,我们可以看出:广州市常住人口中,非本市户籍的外来居民占比领先其他4市,他们当中劳动适龄人口占比大,有利于人口结构相对年轻化,从而使广州60岁及以上常住人口的相应占比在五大城市中最低,仅为11.41%,比上海、天津、重庆都低10个百分点以上,比北京也低了8个多百分点。这就使广州的人口结构适应城市经济结构优化对人才和劳动力的增长需要,使广州因人口结构的年轻化增强了消费活力,对广州的消费增长和消费结构提升具有积极的市场价值。因此,广州新增常住人口增长快、老龄化速度慢,对广州持续提升城市消费力来说是两大重要的利好因素。

表2同时反映了五大城市在各市常住人口中，城区常住人口的数量和比重，以及城镇化率的差异。其中，除重庆在特大和超大城市中属于城镇化率偏低（仅比全国城镇化率63.9%的指标高5.6个百分点）且域内仍有近年才完成脱贫攻坚任务的直辖市外，其余4市城镇化率均在80%以上，显著高于全国水平（均高于全国20个百分点以上）；由于城镇人口消费资料的自给率低于农村人口，且城镇人均收入高于农村，所以城镇化率较高是有利于提高常住人口对城市消费力的贡献度的。同时，城区人口相对于乡镇人口而言，消费能力及受外界激励而激发消费欲望的条件更充分（包括消费环境因素的诱导等），因而城区常住人口占比高亦有利于提升常住人口对城市消费力的贡献水平。从这一因素看，除重庆该指标不足51%外，其余4市均在80%左右。广州在五大城市中，城镇化率和城区人口占比均居第3位，仅次于上海和北京，拥有对城市消费驱动发展发挥较强支撑力的人口结构优势。

（三）城乡居民收入水平是其消费力发挥的主要基础

构成国际消费中心城市市场基础的消费力，除来自外部游客等流动人口带来的消费力外，城市既有的常住人口的消费力不仅与人口规模、结构相关，更与收入水平有关。

表3 首批建设国际消费中心城市的常住居民人均可支配收入比较（2020年）

单位：元

类别	全国	上海市	北京市	广州市	天津市	重庆市
城镇居民人均可支配收入	43834	76437	75602	68304	47659	40006
农村居民人均可支配收入	17131	34911	30126	31266	25691	16361
城乡收入比（以农村为1）	2.56	2.19	2.51	2.18	1.86	2.45

资料来源：国家统计局及各市统计局公布的数据，城乡收入比系本文作者据相关数据计算所得。

表3反映了首批建设国际消费中心城市的各市城乡居民收入水平。在城镇居民人口占绝大部分的这些城市中，城镇居民的收入水平对城市消费水平具有最重要的支撑作用。从表3可见，在五大城市中，上海、北京和广州的

城镇居民人均可支配收入水平，比天津、重庆分别超出40%和70%。同时，从城乡收入比观察，北京和重庆与全国水平相差不大（仅优于全国0.05～0.11个百分点）；而天津、广州和上海的城乡收入比更优，这体现了城乡消费力的基础性差异，差异越小，城市消费力的承载面越均衡。

根据以上因素，在五大城市中，上海全市及城区常住人口最多、城镇化率最高、城乡居民可支配收入最高，这构成了上海城市消费规模领先各市的最基础性条件。我们从2020年社会消费品零售额的比较中可见（见表4），上海当年的社会消费品零售额显著领先于其他4市，应该说，在该年度受新冠肺炎疫情影响严重的情况下，来自境外的客流大幅减少，因而上述内生因素所构成的城市消费力具有基础性和决定性意义。天津常住人口规模在五大城市中最小，且城乡居民收入明显低于北上广这几个一线城市，外来人口流入程度仅高于重庆，因而其社会消费品零售额规模在五大城市中也最小。重庆2020年社会消费品零售额仅次于上海和北京，居全国第3位，其原因主要由于其常住人口达3000多万，居五大城市首位，比广州多出70%以上；但重庆同年社会消费品零售额仅比广州多27.9%，这与重庆人均收入水平偏低、城镇化率偏低等因素密切相关。所以，广州在人均消费力水平上显著优于重庆、天津。

表4 首批建设国际消费中心城市2020～2021年社会消费品零售额比较

单位：亿元，%

城市\指标	2020年社会消费品零售额	2020年增幅	2021年社会消费品零售额	2021年增幅
上海市	15932.50	0.5	18079.25	13.5
北京市	13716.40	-8.9	14867.70	8.4
广州市	9218.66	-3.5	10122.56	9.8
天津市	3550.00	-15.1	3734.80	5.2
重庆市	11787.20	1.3	13967.67	18.5

资料来源：各市统计局（因天津市近年仅公布增幅，则依其往年的绝对额结合增幅计算）。

（四）城市流动人口（游客）对提升城市消费力的积极影响

除常住人口外，城市消费力的支撑离不开各类流动人口的支持，其中海内外游客的消费贡献最受关注。广州作为国家中心城市和华南最重要的综合性交通枢纽，发挥着国际商贸中心、综合门户枢纽和科技文化教育中心等功能，由此成为海内外经贸活动和科技文化交流的重要地点，成为海内外各类访客游客重要的旅行目的地和中转地。因此，广州应该也可以用好游客资源，不断增强城市国际消费力。

表5列出了首批建设国家消费中心城市的各市2019年、2020年接待游客和旅游收入情况。我们选择这两年数据，主要基于反映新冠肺炎疫情前后各市旅游业人流及其收入（对游客则为消费）的差异。从表5数据及其比较中，我们可以得出几个基本判断：一是，上海、广州二市无论疫情前后，其入境游客规模和旅游外汇收入均列五大城市一二位次，并具有显著领先优势，这无疑反映出在吸引国际消费力方面两个城市处于较好状态，在需求侧体现其具有建成国际消费中心城市的较佳市场基础；二是，进一步分析上海、广州领先其他三市的原因不难发现，城市在国际商贸和国际综合交通枢纽方面的运作基础，对其稳定入境游客（特别是商务游客，因商务旅游具有

表5　首批建设国际消费中心城市2019~2020年来市旅游人数及旅游收入比较

城市 \ 指标	2019年 国内游客（万人次）	2019年 入境游客（万人次）	2019年 国内旅游收入（亿元）	2019年 入境旅游外汇收入（亿美元）	2020年 国内游客（万人次）	2020年 入境游客（万人次）	2020年 国内旅游收入（亿元）	2020年 入境旅游外汇收入（亿美元）
上海市	36140.5	897.2	4789.3	83.8	23605.7	128.6	2809.5	37.7
北京市	31800.0	376.9	5866.2	51.9	18400.0	34.1	2880.9	4.8
广州市	5873.7	899.4	4003.5	65.3	3972.9	209.7	2578.3	14.6
天津市	24497.0	189.8	4235.2	11.8	14124.0	17.1	1331.4	3.3
重庆市	65296.7	411.3	5564.6	25.3	—	14.6	—	1.1

资料来源：据各市统计局或旅游主管部门数据整理。其中，重庆2020年国内旅游人次仅公布过夜人次和A级景区接待人次，因两项数据的口径不匹配而未列入。本表部分关联数据由本文作者计算所得。

较强的需求刚性)的规模具有重要影响,其中的 2020 年和 2021 年,广州白云机场跃居全球旅客吞吐量首位就是对这一现象的客观验证;三是,如果某些城市吸引游客需求的领域偏窄,比如主要依赖观光旅游,就会因为此类旅游属于非刚性需求,在全球疫情暴发等情况下,入境游客规模及入境旅游外汇收入极易发生断崖式下跌。重庆这方面的特征就表现得较为明显,2020 年入境游客和旅游外汇收入分别跌至仅相当于 2019 年的 3.55% 和 4.35% 的极低水平。

综合以上因素,广州市常住人口增速、常住人口中非本市户籍人口比重及年龄结构,都在首批建设国际消费中心城市的五大城市中处于非常有利于提振消费力的最优状态;城乡居民人均可支配收入水平和人均社会消费品零售额水平目前居中,但考虑到人口构成相对年轻,未来人均收入增长潜力较大;而从城市对游客吸引力的稳定性分析,五大城市 2020 年国内游客特别是入境游客相对 2019 年均有明显降幅,但广州降幅最小(尤其是入境游客降幅更小),反映广州在游客吸引力方面存在较强抗风险抗波动的韧性。因此,总体而言,从需求侧现状及其发展潜力看,广州在国际消费中心城市建设中,具有相对较优的需求市场基础。

三 推进需求侧管理增强对国际消费中心城市建设的支撑作用

人及其需求构成消费市场的本源。广州这样的超大城市,人口基数大,人均可支配收入在国内处于较高水平,从而形成对城市消费力的重大支撑作用。但人口因素具有流动性、可变性,如果一个城市忽视需求侧管理,同时又未能令供给对消费实现给予较充分满足,则不仅难以吸引外来的特别是国际化消费力的流入,更可能带来大量内在消费力的外流。所以,我国开启培育建设国际消费中心城市建设的工作,原因之一在于需要吸引国际消费力回流。因此加强消费需求侧管理,吸引和集聚国际消费力,集聚"人气"、带动"财气",是广州等国际消费中心城市建设所应该承担的重要职能。

加强消费力培育是国际消费中心城市实施需求侧管理的核心要义。其中包括需求侧空间管理、需求侧时间管理、需求侧结构管理、需求侧组合管理、需求侧教育管理、需求侧技术支持管理、需求侧环境管理和基于吸引消费力的城市营销推广管理等。

（一）从需求侧空间管理上布局消费力挖潜

消费空间的挖掘、规划和运用，是加强需求侧管理、推进建设国际消费中心城市的重要工作。本文从消费需求的体现过程讨论需求侧空间管理问题。消费需求的空间既包括与休闲相结合的商圈或商业街的消费空间，也包括设置于社区或居民小区一带的消费场所，还有部分与交通网络节点相联系的消费空间等。在信息化时代，部分消费通过电商网络而实现，固然影响了一定比例的线下消费空间所体现的需求，但线下消费具有重要的观光性、体验性、可比性、关联性和购销互动性，因而始终占有重要地位。城市消费活力的直观体现和相应产生的感染力，在很大程度上有赖于消费空间承载力的增强。

一是以需求侧客源引流作为提升商圈消费空间承载力的重要手段。对于消费空间的商圈和商业街来说，广州有一定的布局基础，但除天河商圈及相连的珠江新城商圈以及北京路商业街具有较强的吸引顾客人流和购买力外，其他大多则绩效不高甚至有的处于客源减少、难以为继的状态。广州绩效突出的商圈在数量上少于上海、北京，原因之一是对需求侧客源的引流不足，如具有悠久历史的上下九步行街及曾经一度人流密集的沿江路、西堤二马路、太平南路一带，均因本地常住人口中的中青年比例下降、外部人流认为这些地点的交通便利度相对不足而受制，从而导致其空间消费力承载水平难以提升甚至相对下滑。其二是人口流动和再分布因素的变化使原有消费空间布局相对滞后，如黄埔、番禺、白云等区多年来常住人口增长较快，人口年龄结构比全市年轻，其中番禺区和白云区合计常住人口已超过640万，占广州市全部常住人口的1/3强，具有较强的需求增长潜力，但除番禺有以餐饮著称的局部商圈外，大型的能够充分吸引外来消费力的综合性商圈在这些区的发展尚未达预期。其三是尚有部分区在符合自身发展定位方面的特色消费区打造不足，如从化区结合生态旅游应增强旅游产品购买、消费的空间布局，南沙区应结合自贸试验片区功能而加快拓展免税购物消费的空间等。

二是注重空港、铁路交通枢纽和客运海港等消费需求空间建设，这类消费空间属于窗口式或门户式空间，主要着眼于游客，包括过境的流动人口。其着力点应该包括：满足旅客对必需品刚性需求的补充；以广州特色（包括非物质文化遗产活化产品等）的消费品激发、吸引游客、过客的潜在消费力；以及在口岸的交通枢纽地辟出品类较丰富的免税购物空间等。国内的上海虹桥交通枢纽的消费空间建设和国外的迪拜的免税消费购物中心都是广州可对标的样板，广州此类需求空间的发展机遇仍比较充分，应予以积极规划、实施。

三是注重城市商贸旅游布局中的专业性商贸文化消费空间建设。目前，部分商业街和旅游景点提供的相应消费空间仍有不足，品类较少。如果能够参照美国纽约百老汇一条街打造文化产业消费的空间场景，能够结合广州岭南文化优势并结合建设"一带一路"枢纽城市而打造21世纪海丝文化"一条街"或中华非物质文化遗产展示、消费中心等，无疑将为广州国际消费中心城市建设增添更多支撑力。同时，广州原有的大批小商品批发市场也可以在转型中更多考虑发展其供市民和游客参观游览和消费功能。

（二）从需求侧时间管理上激发消费活力

需求侧时间管理主要是从需求的波动性着眼，既适应消费需求的时间节律，又主动引导需求时间波峰的出现和持续。

对于需求时间节律比较恒定的情况，如早餐的餐饮需求、工作日早晚上下班高峰时间段的交通需求等，因缺乏需求弹性，以时段的适应性管理为主；但同时也存在着与需求空间管理结合的可能，即一定意义上"以空间换时间"，通过为需求侧满足消费而拓展空间的方式，令消费者在有限时间内可获得更高效的便捷的需求满足，提升需求方的获得感。

而积极创造需求的时段高峰，是提升城市消费力的重要举措。一是打造消费需求"节事",除传统节假日外,目前从电商平台起源而发展到线上线下互动的"双十一"之类的购物节,已持续多年并取得刺激消费的明显绩效;但其节后的退货率较高也是我们打造消费需求节事活动需要反思的一个重要问题,线下的节事活动可相对降低此类无效消费行为发生的比例。二是把握时代特点和消费群体换代的特点,从每日24小时的总量中挖潜,如发展夜经济,实际在广州早有传统,现在应赋予更多新内容,纳入更多新行业新服务。考虑到现有消费节事对市场细分不足,广州在建设国际消费中心城市的进程中,建议可进一步考虑设置专题性消费节事,如举办具有岭南文化特色的节事活动,开拓以特定需求方为重点的消费节事活动(如针对老年顾客、女性或关爱儿童的消费节事等)。结合广州地处粤港澳大湾区的优势,可以牵头举办大湾区某种消费节事活动;结合当前加快国际化转型需要,还可以举办一些国际消费节事活动。这对于广州彰显消费活力、吸引内外消费力集聚,将发挥积极的拉动作用。

(三)依需求侧结构性特征引导消费力提升

需求侧结构管理,主要是从消费需求方基于消费心理与行为的差异而做出的有区分度有侧重点的管理,引导、激发相应消费群体的消费力,并以供给侧的资源配置、供应链的延伸实现围绕消费的供求互动,在加强对消费结构变化的适应性和引领性的同时,提升消费总水平,实现消费的高质量发展。

在消费需求的结构性因素方面,首先需要关注的是消费者的年龄结构。从前面的分析可知,广州目前常住人口的老龄化程度比京沪津渝都低。所以从需求管理上,要突出中青年消费者群体,包括掌握其时尚性和潮流性消费、教育(含育儿及自身教育和继续教育)消费、健康运动消费、旅游娱乐餐饮消费等的需求变化趋势,提供更充分、多元的有效供给。另外,广州老年人口比重虽然增幅远低于其他4市(从2010年到2020年,广州60岁及以上人口占比仅提升1.67个百分点,而上海、北京、天津、重庆该比例分别提升了8.3个、7.4个、8.6个和4.5个百分点),但由于广州拥有丰富的城市文化、商贸、医疗资源,对邻近地区甚至省外境外的老年人来此进行游览、医疗等消费具有很强吸引力；而且因多年来新增非本市户籍的常住人口占比大，他们原住地的亲属中也有一定数量老年人，他们或在适当时候随子女等亲属常住广州，或成为经常来往广州的流动人口，从而对广州老年人需求市场的扩大应有足够的评估和提供相应的满足老年人多样化需求的条件。

其次，本地常住人口与外来游客的规模和比例对需求侧结构具有重要影响。一方面，如前分析，广州常住人口中非本市户籍的比重大，且在广州工作、生活的时间不一定很长，一定程度上保留原籍或原居住地生活方式、消费偏好的可能性也比较大，加上他们原籍或原住地亲友来访期间的消费诉求，也在增强这种跨地域的消费特征，这为广州市场需求的多元化结构提供了动力。另一方面，游客的多元化也愈益明显，除部分因其与常住广州的新居民存在亲友关系而成为游客，更多是因广州在海内外影响力扩大而吸纳的商务旅游者或观光游客，或借道广州综合交通枢纽而经停广州的中转旅客，加强对这些外来游客的分类管理，开发其潜在消费需求，并转化为即期的现实需求，是我们建设国际消费中心城市的一项重要工作。

最后，是与发展阶段相联系的需求结构。随着我国社会主要矛盾的演化，人民群众的消费需求从数量型向质量型转变，而广州位居改革开放前沿，在消费需求的结构性优化上居于国内领先的第一梯队。纵观改革开放的进程，从家电、汽车的消费，到海内外旅游消费，再到线上购物的消费，广州走在了全国城市的前列。所以，广州建设国家消费中心城市，既有历史的铺垫，也有必须进一步引领国内消费支撑力提升的示范性使命。广州要从消费演化规律的研究入手加强需求侧消费结构性趋势演化管理，在消费产品的领先设计、首店和时尚品牌的率先引进、消费场景营造的前瞻规划和消费观念的优化创新上构建国际消费中心城市的新格局。

（四）需求侧管理要注重相关领域、平台的协同

一是与消费者活动相关的各领域的统筹推进。在这方面，最主要的是加强文商旅和交通等领域的协同。目前在行政体制上实行文旅统一管理，有利

于提升文化与旅游业发展的相互促进效应，对扩大城市文化影响力和发展文化产业市场具有积极意义，因为文化的差异性是外来游客特别是国际游客最感兴趣的内容，也往往构成对外来游客最根本的吸引力。与此同时，在带动旅游与文化消费中，需要交通体系的支撑，交通部门或公共交通工具若进一步加强对广州商贸文旅的推介包括公益性推介和运用市场机制的推广，以及优化服务旅游和消费的专项交通线路，无疑会带来双赢和多赢的效果。商贸领域是吸纳消费的最主要领域，除常住人口的稳定需求外，游客的消费品及消费服务品的购买具有很强的波动性，所以加强商贸信息向游客的传导，能够诱发更多的游客消费，如在宾馆酒店前台或客房提供广州特色产品介绍及购物导引等资料，就是对潜在需求侧加强统筹协调的一种管理手段。各有关部门宜经常围绕建设国际消费中心城市应如何协调提升消费力的主题开展务实和务虚的研讨，不断优化提升协同推进扩大需求的绩效。

二是统筹提升影响需求侧的平台功能和影响力。首先是内外贸线上线下平台的统筹，这在近年已取得长足进展，线下服务消费者的企业和行业也普遍触网上线，而电商平台及其销售商也开发线下网点，互动互促效果不断提升。其次要积极发展其他能够带来"人气"和引发需求的平台，如各类会议会展平台，一方面需要从便利信息需求获得方的角度，推进传统的线下会议会展向线上发展，除部分理论学术专题性及时效性强的会议受时间限制外，以商贸文化旅游等为题材的会展可延展线上办展时长，甚至成为不落幕的展会，当然这需要把展会与实际的需求更紧密对接，实现购销互动；另一方面则需要开发新的此类平台，根据需求侧时尚消费的发展变化趋势，及时创新展示平台和新的交易平台。

（五）需求侧管理要牢牢把握各种机遇和挑战因素

突如其来的新冠肺炎疫情，对消费活动（如旅游特别是跨境旅游等）造成一定程度制约的同时，也会诱发新的需求，如在线需求和医护用品、汽车（私人家用轿车的需求一度上升，包括已有家用轿车的使用率也上升，这与人们避免进入公共交通场合、减少疫情传染的需求心理有关）等，所以要善于在突发事件或非常态化格局中发现需求侧管理的新抓手、新取向，做好稳定消费和提振消费的工作。

2022年开局之际迎来的《区域全面经济伙伴关系协定》（RCEP）生效实施对广州加强国际化转型是一次重大机遇。近几年，RCEP成员国占广州进出口额超过1/3，广州在该协定正式生效前的2021年3月就出台全国首个RCEP跨境电商专项政策，提出了25条创新措施，结合RCEP贸易便利化要求，进一步压缩通关时限，简化跨境电商B2B出口，实行RCEP国家跨境电商货物24小时内放行，其中易腐货物争取6小时内放行；优化口岸营商环境，推出支持企业加快发展面向RCEP市场的跨境电商出口海外仓业务等举措。2022年1月1日，广州开出了全国首份RCEP的优惠原产地证书。今后广州可以把这一机遇与引导消费需求紧密对接，开展与RCEP各成员国及其商会对接的专项商贸会展和消费节事活动，既可进一步增强广州国际消费中心城市的国际化特色，又为我国实施该协定的绩效提升做出实质性贡献，对发挥广州在双循环发展新格局构建中的枢纽性城市功能具有重要意义。

（六）从需求侧教育管理上引导消费发展

先进的超大城市治理者通过积极的经济、文化、社会、生态等领域的治理，可以令来自各地的人们在这样的国际性大都市的特有氛围中，有意无意地学习和感受到远胜于小城镇所获得的知识和视野。所以，广州作为我国首批超大城市和建设国际消费中心的城市，应具有自觉把城市作为无形的城市大学加以治理的意识，运用主观努力和客观条件做好对市民和游客等城市各类人口的教育工作，其中必然和应该包含对消费需求方的有形无形的教育引导，以培育引领国际消费中心城市向促进健康消费、追求高质量消费方向发展。

需求侧教育管理主要包括三个方面：一是安全消费的教育，包括为消费者提供消费安全知识、消费者维权等的教育，这不仅有利于提升消费者信心，也有利于推动供给侧所提供的产品和服务质量的提高；二是绿色消费的教育，倡导餐饮消费不浪费、商品包装减量化及可回收化、低碳消费日常化等资源节约型、环境友好型的健康消费行为；三是以积极的消费观促进生活质量提升的教育，倡导提升消费质量是增强幸福感、获得感的重要路径，是融入现代生活方式的积极行为。

需求侧教育管理要发挥好政府、社会（行业）和企业等力量。政府主要从宏观层面围绕国际消费中心城市安全、健康的消费环境打造，实施积极、高效的市场监督管理工作，辅之以积极的舆论倡导和社区教育，并通过工商联等组织做好行业教育，为消费者包括国际消费者建立高效的维权申诉和问题处理机制；行业和大型商圈及其主要的购物、游览园区等在优化和规范微观经营主体经营行为的同时，做好有效的消费者教育工作，建立及时防范化解供给方与消费需求方矛盾的机制；企业更须秉持顾客至上的服务理念，深化对尊重顾客就是尊重市场的认识，构筑起城市消费健康而积极发展的扎实的微观基础。

（七）以需求侧获得感的环境优化拉升消费力

消费需求在相当程度上受环境影响。这里的环境因素既包括技术、设施等"硬环境"，也包括是否令消费者获得消费便利、安全等"软环境"。与上述需求侧的教育管理相联系，需求侧有效的环境治理，往往可以带来无形的富有说服力的消费者教育效果。

从"硬环境"建设看，一是在交通枢纽设施建设上，要增强与消费客流的契合度，并与规划新增覆盖主要区的消费中心加强对接，进一步发挥交通网络的引流功能；二是在服务消费的商贸、文化旅游园区、商圈等建设上既要顺应综合性普遍性需求，又要体现各自特色，避免过多雷同，同时加强口岸消费场所包括免税网络体系的建设；三是加强服务消费需求的数字赋能，网络化数字化智能化设施的健全既要考虑消费者与经营者共享便利化，又应完善让消费者权益包括消费者合法隐私获得有效保护的技术保障。广州可围绕国际消费中心城市建设，把美化优化便利化消费的相关"硬环境"建设与完善城市国际化形象结合起来，与老城市增添新活力的城市改造和新形象塑造结合起来。

在"硬环境"建设中需要特别强调的是，实体性线下消费场景对国际消费中心城市建设在形象上的显示度具有不可替代的优势，对渲染城市消费氛围具有不可替代的积极作用。因此，面对近年来线上消费热度飙升，对线下实体商贸客流发展带来抑制的情况，要采取措施扶持线下实体业态的生存和发展，特别要稳住全市及各区重点商圈、步行街、社区和重要交通枢纽地区的实体消费服务系统，持续增强广州消费场景的感染力。

从"软环境"建设看，一是要在广州营商环境建设多方面领先全国情况下，从主要服务经营性市场主体、激发其活力，向服务消费者延伸，把消费环境的国际化、法治化、便利化纳入新一轮营商环境建设的范畴；二是可按行业类别组织安排经营者做好如何适应国际消费中心城市建设的培训，不断优化企业和各类经营主体对国际消费市场的认识，增强对海内外消费者服务能力的提升；三是把城市形象推广工作与吸引海内外消费者关注结合起来，提升城市待客的"热度"，增加各类消费者对"广州消费"概念的认可和喜爱程度。

（八）以城市营销推广吸引国际市场消费力

我们要把打造海内外消费者能够更好享受广州的消费环境、更多传播在广州消费的美好感受、扩大"广州消费"品牌的辐射力影响力，作为重要的城市营销目标和任务。

要深化培育建设国际消费中心城市的职能定位。进一步加强对市场消费主体的研究，做好市场细分工作，对海内外不同客源地、居民与非居民、不同年龄消费者、不同民族文化消费者等做好细化的市场调研，充分考虑各主要消费群体的需求特点和消费方式，为更加精准和更有规模引入国内外消费力做好基础性工作。

要做新做实做活城市营销推广工作。实行线上与线下协同、政府与社会协同、境内与境外协同，全面运用多渠道、多语言、多场景，做新做实做活广州国际消费中心城市的魅力传播工作。在信息化网络化时代，在线推广是不可或缺的手段，要围绕国际消费中心建设的要求，开辟专网专栏推广广州及其各区发展状况、文化特色、旅游亮点、消费魅力，其中重要的旅游和商贸网站等应增辟多语种平台。

要发挥广州拥有外国领事馆数量仅次于上海的优势条件，与相关驻穗领事馆联手大力发展商贸旅游消费活动；同时要用好广州高校众多、海外来华留学生数量较大优势，通过向留学生介绍广州的文化、旅游与消费特色，增加他们对广州文化、商贸活动的参与度，并以此增强广州与各国年轻人的联系纽带。此外，还可通过广州驻外的机构和海外华人华商组织的民间商会，向海外市场提供推介广州的积极信息。

要把广州建设国际交往中心与建设国际消费中心城市的目标更紧密地结合起来。截至2021年末，广州已和全球66个国家的101个城市建立了友好城市或友好交流合作城市关系，数量领先国内；国际友城文化艺术团、国际友城大学联盟、国际友城足球交流、中外友人运动会等活动已形成品牌。近年来，广州连任世界城地组织世界理事会和执行局城市，成功当选世界大都市协会主席城市，并争取世界大都市协会亚太区办公室落户；已加入世界城市文化论坛、C40城市气候领导联盟等国际城市多边组织；创设全球市长论坛，"广州奖"已成功举办四届，汇聚形成的1000多个城市创新案例的独有数据库被纳入联合国人居署城市最佳实践数据库。国际交往中心建设可覆盖经济、科技、文化、社会、生态等众多领域，其中围绕国际消费中心城市建设的交流、构建广州国际消费中心城市论坛和展会等都可研究实施。以中国进出口商品交易会（广交会）为例，国家主席习近平在致第130届广交会的贺信中指出：广交会要"服务构建新发展格局，创新机制，丰富业态，拓展功能"[1]。这为广交会在新时代的发展方向和基本路径做出了清晰的指引。130届广交会的创新点之一是同时发力供给端与需求端，出口展区首次向国内采购商开放，结合国家倡导内外贸产品"同线同标同质"要求，对

---

[1] 《习近平向第130届中国进出口商品交易会致贺信》，新华社2021年10月14日电，中华人民共和国中央人民政府网，http://www.gov.cn/xinwen/2021-10/14/content_5642579.htm。

于推动优质产品更好同步满足国内外市场需求、吸引国际消费力回流具有积极意义。我们要把包括广交会在内的国际经贸文化重要交流交易平台的功能进一步延伸，对接好国际消费中心城市建设，加大对国际客流的吸引力度，打造更丰富的国际消费中心城市的生动场景和持久魅力。

B.4
承接 RCEP 高质量建设广州国际消费中心城市

林梨奎 徐印州 罗聪[*]

摘　要： RCEP 是影响广州建设国际消费中心城市的重大事件。RCEP 实施后，一方面给广州建设国际消费中心城市带来难得机遇，有利于广州扩大贸易投资出口市场、增加商品进口与国际客流，以及提升在国际消费市场中的战略地位；另一方面给广州带来同质化竞争加剧、竞争成本增加和国际经济及政治风险等严峻挑战。广州在 RCEP 区域内具有得天独厚的地缘优势，与 RCEP 成员国的交流密切，拓展"一带一路"及 RCEP 贸易市场已有显著成效。广州具备承接 RCEP 的坚实基础，正着力吸引国际客流、优化商业生态、强化国际物流功能以及打造金融枢纽，从人流、商流、物流和（资）金流 4 个维度高质量建设国际消费中心城市。

关键词： RCEP　国际消费中心城市　高质量建设

一　RCEP 是影响广州建设国际消费中心城市的重大事件

《区域全面经济伙伴关系协定》（RCEP）由东盟于 2012 年发起，历经 8

---

[*] 林梨奎，广东金融学院讲师；徐印州，广东财经大学教授；罗聪，广东金融学院。

年累计31轮有效谈判，于2020年11月15日在第四次领导人会议（视频）上，由中国、日本、韩国、澳大利亚、新西兰及东盟十国正式签署。2021年12月17日，中华人民共和国海关总署发布106号公告，宣布经国务院批准，《区域全面经济伙伴关系协定》（RCEP）自2022年1月1日起正式生效实施。RCEP共有15个成员国，合计总人口、经济规模、贸易总额占全球体量的30%左右，意味着全球约1/3的经济体量形成一体化大市场，货物贸易零关税产品数量整体上超过90%，服务贸易和投资开放水平明显高于原有的"10+1"自贸协定。国家海关总署统计数据显示，2021年我国对RCEP其他14个成员国进出口12.07万亿元，增长18.1%，占我国外贸总值的30.9%，其中出口5.64万亿元，增长16.8%；进口6.43万亿元，增长19.2%，[1] 来自RCEP成员国的实际投资占中国实际吸引外资总额比重超过10%[2]。

广州作为世界闻名的"千年商都"城市，与上述14个成员国均有密切的业务往来，RCEP签署实施对广州经济社会发展将带来巨大影响，广州建设国际消费中心城市的任务也将置于RCEP大背景下，获得多项难得的利好，同时也要面临更大的竞争挑战。如何紧紧抓住RCEP实施所带来的重要机遇，成为建设广州国际消费中心城市不可回避的重要课题。

二　RCEP核心内容及其深远影响

（一）RCEP核心内容解读

RCEP条款主要包括货物贸易、服务贸易和投资、贸易规则三大领域，RCEP条款重点关注改善成员国之间的贸易和投资环境，促进区域贸易和投资增长。其中，条款内容包括货物贸易、服务贸易、投资准入、知识产权、

---

[1] 《海关总署：2021年我国对RCEP成员国进出口12.07万亿》，《封面新闻》2022年1月14日。
[2] 《RCEP有助于促进中国经济高质量发展》，《人民日报》（海外版）2021年11月24日。

电子商务及相关规则等多项重要内容，一共分为20个章节。

1. 货物贸易领域

主要包括"货物贸易"和"原产地规则"等条款协定。首先，RCEP成员国之间承诺在较短时间内实现货物贸易自由化，区域内90%以上的货物贸易将最终实现零关税，其中涵盖了其他自贸区未纳入降税的货物范围，以促使RCEP签约国之间出入境的所有货物都将享受税收优惠制度安排，进一步说明RCEP成员国有望较早实现贸易自由便利化，惠及各国企业和消费者。其次，实行原产地累积原则。RCEP打破大多数自由贸易协定的双边原产地规则，实行原产地累积原则，并实行"微小含量"规则，允许产品含有一定程度的非原产材料，以此降低各国零关税门槛，促进企业间更好地发挥比较优势和产业链高度融合。

2. 服务贸易和投资领域

主要包括"服务贸易"和"投资"等条款协定，首先在服务贸易方面，RCEP以负面清单方式做出高水平自由化承诺。我国服务进口贸易规模在全球份额日益提升，根据商务部公布的预测数据，截至"十四五"时期末，中国服务进口规模占全球规模的比例将超过10%。其次在投资方面，RCEP成员国均采用负面清单方式对制造业、农业、林业、渔业、采矿业等领域的国际投资做出较高水平开放承诺，同时对投资损失补偿、投资促进、投资便利化、投资风险管理等方面做出了详细的规定。在RCEP成员国内跨境投资过程中，可根据国际货币基金组织有关规定自由使用货币，采取股份、债券、动产或不动产以及法律认可的知识产权和商誉等形式进行投资，同时RCEP成员国彼此都可享受最惠国待遇，给予投资公平公正待遇充分的保护和安全。

3. 贸易规则领域

主要包括"知识产权"和"电子商务"等条款协定。首先是加强知识产权保护。在知识产权领域内，主要在著作权和相关权利、商标、地理标志、专利、工业设计、遗传资源、不正当竞争等多个方面维度详细规定相关保护细则，是协定中篇幅最长的章节，突出保护知识产权的极端重要性。其次是鼓励发展电子商务业务。任一缔约方可通过电子方式跨境传输信息，促进跨境电商有序进展，建立电子商务对话与争端解决机制，为各成员国创造更加有利的电子商务环境。RCEP还在电子商务领域提出无纸化贸易和电子认证以及电子签名，在网络安全、线上消费者保护、个人信息维护等方面做出了一定的限制，以保护消费者免受欺诈和误导行为的损害，并通过电子技术跨境传输信息，加强对跨境电商的监管，在海关关税征收、政策措施透明度上形成维护网络安全合作机制，共同构建监管框架。

（二）RCEP生效所产生的深远影响

RCEP的签署将为成员国带来大幅提升进出口贸易规模进而提高国民收入水平的契机。首先，RCEP能够通过弥补区域发展差异水平推动成员国之间均衡发展，更快更好地建立开放型经济发展新格局。其次，RCEP一体化大市场的形成将释放巨大的市场潜力，进一步促进区域内贸易和投资往来，推动构建以国内大循环为主体、国内国际双循环相互促进的新发展格局，同时进一步优化对外贸易和投资布局，不断与国际高标准贸易投资规则接轨，构建更高水平的开放型经济新体制，起到巨大的辐射带动效应。

实施自由贸易区战略是中国新一轮对外开放的重要内容。RCEP生效以后，中国的投资、产品、服务、技术可以更容易地进入协定国家，中国与其他成员国将建立更为直接的自由贸易关系，中国必将进一步优化市场资源配置。中国对外签署的自贸协定将达到19个，自贸伙伴将达到26个。RCEP进一步优化整合过去谈判历程中成员国之间的多个"10+1"双边协定。这是中国实施自由贸易区战略以来取得的重大战略性突破，不仅为处于低谷期的中日贸易关系带来新的机遇，同时使中国与自贸伙伴贸易覆盖率增加至35%左右，进一步促进中国与多边合作发展自由贸易，加快亚洲一体化发展进程，带领全球经济开启"亚洲时代"，大大提升中国自贸区网络的"含金量"。

三 RCEP给广州建设国际消费中心带来的机遇和挑战

广州作为中国与RCEP其他成员国经贸往来的桥头堡和前沿阵地，必将因应RCEP生效后的新格局而从中受益，为广州国际消费中心城市建设注入强劲的发展动力。广州在获得更为广阔的经济发展空间的同时，也不可避免地面临更为激烈的市场竞争以及随之而来的风险。

（一）RCEP带来的重要机遇

1. 扩大广州贸易投资出口市场

依据RCEP规定，区域内九成以上的货物贸易将最终实现关税减让或零关税，大大降低了贸易产品在消费终端市场上的压力，同时能在一定程度上优化贸易投资环境，提高区域内消费行业的盈利率，有利于广州城市中高端消费的提升以及居民消费类型转型升级，并促使RCEP所涵盖的其余14个成员国成为广州的长期贸易投资出口市场。此外，RCEP中的关税大幅减让和统一负面清单的形式能够带动广州新兴产业——跨境电商的便利和发展，化解以往经贸协定中的原产地累积规则、交易壁垒等矛盾，更好地形成统一有序的消费环境，从而快速拓宽跨境电商业务平台，强化广州国际消费中心城市在RCEP区域内的辐射力。

2. 增加广州商品进口与国际客流

首先，RCEP将提高各签约国彼此之间的贸易融合度，促进分布于区域内的各产业链合作共赢。目前，RCEP协议覆盖约23亿人口，东盟十国与中日韩澳新等国手拉手组成全球最大的"贸易伙伴圈"。有利于广州在RCEP协定的新窗口期下，与RCEP国家建立跨境供应链，合理布局产业合作园区和海外物流装运集散地，破除部分交易壁垒，强化优质供应链的渗透性，促进全球消费产业东移，从而广开商品来源，进一步扩大广州的国际消费市场。其次，RCEP重塑全球供应链，将广为开拓广州市场的商品来源，丰富广州旅游产品供给，为扩大广州的国际消费创造商机。RCEP 特别规定了自然人临时移动原则，将临时入境的自然人范围扩及服务提供者以外的投资者、投资者适当授权的代表、货物销售者等协定下所有可能跨境流动的自然人类别。优化签证办理流程，即允许任一缔约方中的自然人办理签证、通行证等移民手续临时入境，促进出入境手续便利化，促进 RCEP 区域自然人的流动性和创新人才集聚，增加国际客流量。总之，商流与客流的活跃与丰富，将在疫情之后进一步激发广州的城市活力，释放广州国际消费中心城市发展新动能。

3. 提升广州在国际消费市场的地位

RCEP 助力重塑国际经济发展新格局，畅通区域产业链和供应链，提升成员国产业体系的整体竞争力。在有效防疫的前提下，采取灵活多变的新模式，尽快为重要技术人员开辟"快捷通道"，为便利运输重要原料物资开设"绿色通道"，保障各产业供给链正常运行，最大程度降低疫情对各国贸易经济的不利影响，加快建立开放、畅通、稳定、安全的国际贸易通道和消费大环境，保证经济呈现良好稳定发展态势。RCEP 有利于广州在国内国际双循环中，深化供给侧结构性改革和多层次资本市场改革，进一步优化资源配置，促进就业，刺激消费，提高社会保障，加快疏通国内大循环，促进内外循环的连接与互动。进一步增加广州南沙港的吞吐量，强化其国际航运中心的作用，克服新冠肺炎疫情蔓延、国际贸易中保护主义和单边主义加剧的负面影响，提升广州在国际消费市场中的地位，为建设广州国际消费中心城市夯实更加牢固的基础。

（二）RCEP 带来的严峻挑战

1. 同质化竞争加剧

RCEP 投资规则规定实行投资者国民待遇、最惠国待遇和公平公正待遇的权利与义务，提高农、林、渔、采矿和制造业 5 个非服务业的投资开放水平，在投资准入和自由化条款之下，必然扩大外商投资市场准入范围，促使区域间贸易往来更加活跃。其积极的效果更有利于广州商贸业的国际化，促进国际消费中心城市建设，但与此同时广州也面临同质化竞争加剧的风险。

广州必须在错综复杂的国际消费环境中明确市场定位，创新升级，彰显特色，别具一格，脱颖而出，否则广州的国际消费优势将被RCEP范围内的同质化竞争稀释甚至淹没。

2.知识产权保护力度加大导致竞争成本增加

RCEP包含更加完整的知识产权保护条款，突出促进公平竞争与消费者权益保护，明确制止和惩罚仿造、假冒、窃取他人商业机密、对他人进行恶性商业诋毁和对产品进行虚假宣传、抄袭商标等行为，建立并完善纠纷调解机制，大幅提高企业品牌和商标专利的侵权成本，反不正当竞争的力度非常大。上述条款在RCEP范围内创造良好市场环境的诸项规定，确实有益于优化广州国际消费中心城市的消费环境，但是也势必增加保护知识产权和维护优良消费环境的成本，而且不正当市场行为必然受到强劲的遏制，一些失德失范的商贸企业也会在广州建设国际消费中心城市的过程中被淘汰出局。

3.国际经济和政治风险的突发性

在经济贸易密切交融的同时，国际经济风险也更容易传导扩散。RCEP生效以后，成员国的主权债务风险、财政风险、货币风险和经济倒退等风险也伴随而至。此外，地缘政治风险与国家的主权行为一直是国际贸易投资的重要影响因素。目前，RCEP成员国整体局势较为稳定，但不排除个别国家内部因出现分裂势力或极端宗教主义，以及极端冷战思维的政治人物上台等原因，造成政局动荡、社会不稳，致使贸易投资环境急剧恶化，限制国际贸易流动。国际经济和政治风险都具有突发性，在建设广州国际消费中心城市的过程中，如何规避四大国际经济风险和局部地区的政治风险，有效应对国际经济和政治风险所产生的"蝴蝶效应"，成为必须面对的必修课题。

四 广州对接RCEP的优势条件

（一）广州在RCEP区域内具有得天独厚的地缘优势

主要表现为空间距离短、物流体系完善、经济往来紧密、国际物流功能全球领先等优势条件。首先,广州在5个国际消费中心建设试点城市中离东盟十国的空间距离最短,历来与RCEP各成员国之间经济往来密切,进出口贸易活跃,要素流动频繁,文化交流与传播广泛。其次,广州建设国际消费中心城市有多个特大型物流枢纽,充分实现以先进的现代物流系统为支撑强化空港联运,有效对接粤港澳大湾区周边城市"直连直通",为其提供强大的后勤交通运输保障。再次,广州海空联运可通达日本、韩国、澳大利亚、新西兰等国家,正加快形成全方位、多层次、多模块的全球交通运输网。1567年,明朝政府开放海禁并实行白银货币化,广府人开启了海外之旅,通过商贸航线前往早期的海外贸易中心寻求发展,目的地以航线比较成熟、文化多元的东南亚为主。中国商船在东南亚等诸多国家纵横驰骋,广州作为中国对外开放的重要枢纽城市,历经200多年的商业文化沉淀积累,以丰富的侨乡资源为基础优势,与全球大多数国家与地区早已建立起较为紧密的贸易往来联系,已经具备交通枢纽功能强、物流产业规模效应高、物流企业发展成熟等发展优势。

2021年广州白云机场旅客吞吐量在全球机场排第8位,广州的空港货邮吞吐量居全国第2位,广州白云机场空港和广州南沙港海港都属世界级的国际物流中心。根据广州市统计局发布的数据,即使在全球新冠肺炎疫情肆虐的2020年,广州白云国际机场航班起落架次仍达到37.34万,营收52.25亿元,两项指标居全国各大国际机场的首位。2020年白云机场货邮吞吐量175.95万吨,已恢复疫情前货邮运输总量的80%以上。尽管2021年疫情依然严峻,但是白云国际机场全年旅客吞吐量继续保持国内第1,货邮吞吐量突破200万吨,居全国第2位。此外,广州港集装箱吞吐量全球排名第4、货物吞吐量全球排名第5。南沙港区已开通近70条国际航线,通达五大洲所有的重要港口,并成为国际邮轮母港,2021年还获批赋予国际航行船舶保税加油权。21世纪初,广州已经在2002年编制的《现代物流发展实施纲要》中提出建设"中国南方现代物流中心"的概念,经过20年的努力,已经初步具备与建设国际消费中心城市相应的国际物流功能。

（二）广州与RCEP成员国的人际交流密切

广州在海外广泛的人脉网络以及与海外密切的人际交流，成为与RCEP对接的一大优势。广州是全国著名的侨乡都市，与RCEP覆盖的国家有剪不断的密切人脉关系。广州海纳百川，有容乃大，着力整合凝聚侨乡资源，能够积极建设与RCEP成员国之间的亲密联系。自清朝起广州就因商贸发达较早进入了消费时代，海外华人华侨返回祖籍地购物已成为延续200多年的文化传统。广州历来重视与海外华人华侨血浓于水的血脉情谊，以多种形式加强与华人华侨之间的联系，并实施优惠政策以吸引更多的华人华侨前往广州投资置业。广州市归国华侨联合会统计数据显示，广大华侨华人、港澳同胞为广州城市经济建设、科技文化交流、公益慈善捐赠等方面做出了积极贡献，改革开放以来，侨港澳资企业占全市外资企业总数的70%以上。同时，据广州市统计局公布的统计数据，截至2021年底，广州与菲律宾马尼拉、印度尼西亚泗水、泰国曼谷以及日本福冈、日本北海道的登别、韩国光州、澳大利亚悉尼、新西兰奥克兰等结成友好城市。尽管遭遇全球性的新冠肺炎疫情，广州仍然接待来自印度尼西亚、马来西亚、菲律宾、新加坡、泰国、越南、日本、韩国、澳大利亚和新西兰等RCEP成员国的外国人入境旅游，入境人数约占全市外国人入境旅游人数的1/5。此外，印度尼西亚、马来西亚、菲律宾、泰国、新加坡、越南、柬埔寨、日本、韩国、澳大利亚和新西兰等RCEP成员国均在广州设立领事馆。

（三）广州拓展"一带一路"及RCEP贸易市场成效显著

作为享誉全球的"千年商都"，广州对外经贸往来频繁，拓展"一带一路"及RCEP贸易市场的成效非常显著，为承接RCEP奠定了坚实的基础。广州城市国际化程度日益提升，经济开放、城市宜居、科技与创新和国际影响等评价城市国际化程度的4个指标都逐年向好。为吸引国际消费，广州常年举办广州国际购物节、广州国际美食节等，这些国际消费节庆已经成为广州建设国际消费中城市的标配。由于广州具有坚实的经济基础，

2021年有效克服疫情带来的不利因素，商业和对外贸易仍然取得难能可贵的成绩。

广州市统计局公布的统计数据显示：2021年，全市社会消费品零售总额首次突破万亿元大关，达10122.56亿元，同比增长9.8%，其中时尚品质类零售额增长迅猛，表现突出。2021年，全市外贸进出口总额为10825.9亿元，同比增长13.5%。其中，出口总额6312.2亿元，同比增长16.4%；进口总额4513.7亿元，同比增长9.6%。一般贸易进出口同比增长22.1%，占进出口总额比重为55.1%。全市实际使用外资543.26亿元，同比增长10.0%。着力提升中欧班列装卸运输能力，中欧班列开行数量、商业价值均显著增长。服务贸易创新试点全面深化并取得显著进展，同时为推动对外文化贸易高质量发展，广州番禺区获批为第二批国家文化出口基地，成为广东省唯一一个获批的行政区，致使广州市成为为数不多拥有两个国家文化出口基地的城市。广州平行汽车进口和二手车出口稳居全国前列，广州港新沙港区早于2019年已经实现我国首次二手车滚装船出口，广州港有45条航线为二手车出口RCEP国家提供运输保障[①]。2021年10月15日至11月3日，第130届广交会在广州高标准服务保障之下融合线上线下成功举办，习近平总书记致贺信，李克强总理发表主旨演讲。广交会顺势而为，互利天下，增强广州服务国际贸易能力，促进海内外经济联动，推动经济高质量创新发展，口岸营商环境持续优化，广州对标对表国际先进水平建设国际贸易"单一窗口"，广州"单一窗口"已完成进口提货单无纸化信息系统建设，标志着粤港跨境海运舱单子系统正式落地。目前已在黄埔、南沙定点试用，有效简化港口提货手续，优化通关流程，缩短通关时间。

五 抓住契机高质量建设广州国际消费中心城市

2021年底召开的广州市第十二次党代会提出，"未来五年，广州国际商

---

① 《广州二手车出口能否驶入"蓝海"》，《南方新闻网》2021年1月8日。

贸中心功能持续增强，基本建成国际消费中心城市"。作为中国南大门城市，广州面向南海，背靠祖国大陆，源于海、兴于商，具有建设国际消费中心城市的完备商业基因。2021年7月广州再立潮头，成为国家培育建设国际消费中心城市首批试点之后，又逢RCEP签署和生效的良机，获得诸多利好。广州作为我国新一轮对外开放的前沿阵地和"一带一路"重要节点城市，牢牢抓住RCEP带来的重大机遇，夯实商贸基础，扩大产业规模，把握国内国际双循环战略纽带，充分发挥国内大流通中心节点城市优势，全面推进高品质国际消费中心城市建设。

广州国际消费中心城市的经济生态离不开人流、商流、物流和（资）金流四大要素。广州在建设国际消费中心城市过程中，注重兼顾前瞻性和可落地性，对标对表RCEP域内的国际城市，力争在人流、商流、物流和（资）金流4个维度上夯实基础，与上海、北京、天津、重庆4个试点城市形成差异化，独具特色。

（一）吸引国际客流，跻身国际旅游优选城市

国际消费中心城市必须由强大的国际消费力来支撑，国际消费力的形成因素之中首要是国际客源，即人流。广州已具有一定数量的外籍常住人口，并且顺应RCEP协定中的自然人临时自由流动原则，对来自不同文化背景的外籍人士提供就业、购房、子女就学等便利和舒适的工作生活条件，引导外籍人士置业定居或长期居留广州，增加国际消费购买力。名副其实的国际消费中心城市必须跻身国际旅游的优选城市行列。在RCEP范围内，广州与新加坡、吉隆坡、曼谷、悉尼和东京等城市比肩对标，力争成为享誉全球的国际旅游城市，吸引国际游客来广州旅游兼购物。

城市品牌特色的树立是城市软实力的体现，广州抓住RCEP框架下人员、技术、信息跨境流动的机遇，推动东盟成员国参与文化交流传播，因地制宜充分挖掘岭南文化、广府文化、千年商都、百年花城、海上丝绸之路发祥地、改革开放前沿地等城市文化元素，突出"广府文化""千年商都"等城市品牌，加大城市品牌的文化宣传和推广力度，增加世界对广州非物质文

化遗产的认识和了解，提升广州在全球消费中心城市中的信誉度和影响力。深入推进文商旅深度融合，加快实施"美誉"工程，着力开展城市服务质量提升行动，完善城市公共服务设施建设，打通城市各类服务"堵点"，细化城市消费环境管理，优化城市消费环境。在消费服务维度上，建立健全消费者投诉解决处理机制、消费环境审核监管机制。同时也抓住机遇，引入外来优质文化资源，取其精华，去其糟粕，借助RCEP实施所带来的利好，把广州塑造成为历史与新时代潮流相互交融的国际消费中心城市和国际旅游优选城市。

（二）优化商业生态，打造全球知名购物天堂

广州对标全球一流的国际消费中心城市，借助RCEP的机遇，广纳海内外高端消费资源，集中一大批消费领域的核心品牌，引进全球优质畅销产品与服务，汇聚成丰富的商流，占据全球消费市场的制高点。广州还进一步扩大市场流通，增强国际化产品与服务供给能力，不断优化商业生态，形成万商云集的消费供给，以本土商品为根本，增加多种消费选择，实现在广州"买全国、卖全国，买全球、卖全球"的消费体验。

首先，广州以国内外消费者价值导向为基础，打造国际时尚之都。扬长避短，发挥传统产业优势，在原有传统产业基础上提质增效，推动消费与产业发展相互促进，使制造业与现代消费体系相适配。发挥专业市场优势，提升本土产品知名度，孵化多元领域的国际知名品牌矩阵，拓宽商品的品类和品种，增加高端服务消费。

其次，包括RCEP国家在内的世界各国的国际消费中心城市都拥有全球知名的商业街，广州既有的商业街如北京路、上下九、天河等都可以与之比肩比美。2021年广州不仅更加重视"首店"效应，扶持"首店经济"，还吸引全球知名品牌在广州进行产品首秀、首发，从而深度挖掘消费潜力，激发新的消费活力。

再次，广州摒弃传统商业思维，积极推动智慧商业，注重以科技动能提升国际化产品供给，应用5G、人工智能、大数据等新技术颠覆"先产后

销"的传统商业模式，运用数字化、智能化转型，打破时空限制，使"产销"同步进行。发展沉浸产业，开发沉浸产品，紧跟体验式消费新潮流，创新商业经营模式，着重塑造消费新场景，赋予广州城市消费新动能。

最后，不断探索跨境电商综合试验区制度创新，依托RCEP关于电子商务的优惠条款以及本市的基础条件，拓展RCEP关于电子商务条款以扩大优惠条款的实施效益，做大做强电子商务产业集群。广州还注重线上线下消费深度融合，打造数字消费产品和服务体系。广州先行先试创立首个全国数字贸易创新联盟示范点，建设数字化贸易公共服务平台，以专业市场行业数字化创新排头兵的优势，抢占贸易数字化发展制高点。

（三）陆海空协力，强化国际物流功能

国际消费中心城市必须具备的重要条件之一就是"通达"，即畅顺的陆海空交通网络和强大的国际物流功能。

《广州市交通物流融合发展第十四个五年规划》提出构建通达完备的大型物流体系，深度融入"一带一路"建设和粤港澳大湾区发展。"十四五"期间，广州要打造大枢纽，构建"5+10+N"物流枢纽布局体系，探索经济发展新模式。到2035年，广州要建成效率最高、成本最低、最具竞争力的国际物流中心，全力将自身打造成为国际大循环中心节点城市和国内国际双循环战略链接城市。[①] "十四五"期间，广州重点推进交通物流枢纽和节点优化提升工程、骨干物流通道网络高效畅通工程、国家物流枢纽与园区试点示范工程、物流信息公共平台建设工程、货物流通效率提升工程、物流多式联运水平提升工程等重大工程。上述工程的实施，在客观上为承接RCEP的机遇创造了极为有利的条件，为建设国际消费中心城市筑起坚实的支撑体系。

（四）打造金融枢纽，吸纳国际消费资本

国际消费中心城市建设离不开强大的国际金融资本，即（资）金流，

---

① 《穗"十四五"期间将建5个特大型物流枢纽》，《广州日报》2021年8月26日。

（资）金流对广州建设国际消费中心城市的赋能作用极为重要。

广州以其发达的金融业承接RCEP，并以此为契机强力推动建设国际消费中心城市。2021年实施争取境外游客境内移动支付便利化试点，完善金融市场基础设施建设，实现联网通用标准的移动支付全面覆盖公共服务设施。广州金融业为多样化的国际消费需求提供相匹配的金融产品，吸引国际消费资本，强化消费聚拢效应。不断促进大湾区资金跨境流通和兑换便利化，积极与穗港澳金融机构合作参与"一带一路"建设，以绿色金融为主导，有效推进国际金融业务。

广州银联12家银行共同组建"金融助力广州国际消费中心城市建设产业联盟"，与政府主管部门协力实施"尚品、提质、强能、通达、美誉"五大工程，充分发挥银联在金融支付业务中的枢纽作用，在支付环境建设、城市消费促进、金融大数据应用等领域深化合作，共同努力，积极为提升本土消费、吸引外来消费、扩容消费市场、提升消费品质服务，在广州建设国际消费中心城市中做出卓越的贡献。

参考文献

[1] 魏颖：《广州建设新时代国际消费中心探讨》，《现代商业》2020年第2期。

[2] 魏颖：《新时代我国国际消费中心城市建设思考》，《产业创新研究》2020年第1期。

[3] 韩剑、许亚云：《RCEP及亚太区域贸易协定整合——基于协定文本的量化研究》，《中国工业经济》2021年第7期。

[4] 孟夏、孙禄：《RCEP服务贸易自由化规则与承诺分析》，《南开学报》（哲学社会科学版）2021年第4期。

[5] 吴春霞、曲林迟：《RCEP：中国"双自"联动的政策选择》，《探索与争鸣》2021年第10期。

[6] 戴玲、林梨奎：《稳定经济的财政政策选择研究——基于财政稳定规则福利效应视角》，《产经评论》2021年第2期。

[7] 林梨奎、徐印州：《中国对外直接投资是否存在"生产率悖论"？——证伪"中国威胁论"的一个科学依据》，《北京社会科学》2019年第6期。

［8］许玉洁、刘曙光、王嘉奕：《RCEP 生效对宏观经济和制造业发展的影响研究——基于 GTAP 模型分析方法》，《经济问题探索》2021 年第 11 期。

［9］郑远芳、曾庆均：《中国制造业与 RCEP 成员国产业融合研究》，《亚太经济》2021 年第 4 期。

［10］张恪渝、周玲玲：《RCEP 对中国经济及其区域内部的影响分析》，《国际贸易问题》2021 年第 11 期。

B.5 供给侧与需求侧协同视角下广州建设国际消费中心城市的思考

林柳琳[*]

摘　要： 建设国际消费中心城市是广州深化供给侧结构性改革，探索高质量发展、强化竞争优势、牵动多维度能级提升和引领湾区发展的重要实践。推进国际消费中心城市建设需以供给侧结构性改革为主线，立足于扩大内需的战略基点，有效统合"供给侧改革"和"需求侧管理"。本文在深入剖析供给侧、需求侧与国际消费中心城市建设之间的逻辑机理基础上，在比较视角下对国际国内建设国际消费中心城市的特点、进程与经验进行分析，从供给侧与需求侧协同角度提出广州建设国际消费中心城市以供给侧结构性改革为主线，优化创新消费供给体系；坚持立足需求侧管理战略基点，在更高水平上实现消费需求与供给动态平衡的政策建议。

关键词： 供给侧改革　需求侧管理　国际消费中心　广州

引　言

国际消费中心城市建设是融入新发展格局、推动经济高质量发展的重要抓手。2021年7月19日，经国务院批准，在广州市、上海市、北京市、天

---

[*] 林柳琳，广州市委党校马克思主义学院副教授。

津市、重庆市率先开展国际消费中心城市培育建设。其中，广州作为唯一非直辖市城市、华南唯一城市入选。这意味着广州在消费层级、消费品质、聚集全球消费资源、引领国际消费新潮流以及构建新型消费体系等方面得到了国家的充分肯定，为广州深化供给侧结构性改革、强化竞争优势、牵动多维度能级提升，全面增强国际商贸中心，加快"实现老城市新活力、四个出新出彩"和深化打造粤港澳大湾区区域发展的核心引擎提供了新的战略指引。

一 广州建设国际消费中心城市的重大意义

"十四五"规划提出培育建设国际消费中心城市对构建新发展格局和推动经济高质量发展具有重要意义。陆铭认为国际消费中心城市的建设有助于促进国内国际双循环，满足国内外消费需求，提升本地服务消费的质量和多样性，进而吸引国内外人才，并辐射带动城市群的发展。近年来，随着消费对广州经济增长拉动作用日趋显著，消费层次和消费结构持续升级，湾区内消费联动日益形成。广州具备向国际消费中心转型的条件和基础，培育和建设国际消费中心是贯彻落实党的十九大精神、推动经济高质量发展和新一轮高水平对外开放的重要举措。

（一）广州建设国际消费中心城市是加快实现老城市新活力、"四个出新出彩"的内在要求

2018年10月，习近平总书记视察广东期间对广州赋予"实现老城市新活力、四个出新出彩"的新使命。这是习近平总书记着眼于中华民族伟大复兴和社会主义现代化强国奋斗目标，充分把握世界城市发展规律和科学认识我国城市发展新趋势的深刻体现。建设国际消费中心城市，一方面有利于广州对接全球消费市场、吸引全球消费者，进一步繁荣消费市场，建设完备的消费品和消费服务体系，汇聚全球消费资源，形成全球消费高地，增强城市消费活力，更加彰显广州千年商都魅力；另一方面有利于抢

占全球消费市场发展的制高点，建立与国际消费潮流、理念与模式创新的对接渠道，引领全球消费创新的风向标，焕发城市"新"活力，实现四个出新出彩。

（二）广州建设国际消费中心城市是提升城市能级，建设国际大都市的必然要求

城市能级是城市实力的综合体现，是城市功能等级和水平的具体体现。建设国际消费中心城市，一方面有利于广州提升城市消费能级，以消费带动城市的国际化，进一步做大经济量级、聚集高端消费要素、增强城市影响力和经济活力；另一方面有利于打造与现代化国际大都市发展相适应的服务设施和服务环境，并借助消费发展强化产业集聚效应，形成与城市繁荣的良性互动，有利于提升广州的城市能级和核心竞争力，更好地集聚和服务高收入、高素质的国内外消费群体和高端人才，为广州建设国际大都市打下坚实基础。

（三）广州建设国际消费中心城市是加快国家中心城市建设，打造粤港澳大湾区区域发展的核心引擎和有效载体

作为粤港澳大湾区内唯一入选首批国际消费中心城市的广州，国际消费影响力逐步增加。2021年，广州市实现社会消费品零售总额首次突破1万亿元，标志着广州市社会消费品市场规模达到了一个新的高度，具有里程碑意义。建设国际消费中心，有利于广州充分发挥粤港澳大湾区中心城市的商贸优势，提升国际商贸中心辐射力，积极拓展现代商贸的内容和模式，壮大市场主体，打造具有全球影响力的标志性商圈，打造国际消费新高地；有利于放大粤港澳大湾区消费品制造业发达、产业链条完整和配套能力强的优势，以消费升级引领产业升级，培育和壮大独具特色、具有国际影响力的中国品牌，形成需求升级与供给升级协调共进的高效循环，为加快产业转型升级和经济提质增效提供新动力，这是实现粤港澳大湾区经济高质量发展的重要抓手，是粤港澳大湾区区域发展的核心引擎和有效载体，是赋能国家中心城市建设的重要举措。

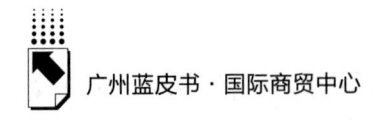

（四）广州建设国际消费中心城市是构建新发展格局，实现高质量发展的现实要求

近年来，广州立足新发展格局，激发内需动力，加快发展动能转换，充分发挥消费在经济发展中更重要的引擎作用。建设国际消费中心城市，有利于发挥广州进一步集聚全球多样化消费资源和消费品牌，促进国内外消费一体化发展，释放内需潜力，为广州乃至全国消费者提供国际化、特色化、便利化的消费选择，进一步增加消费的贡献和支撑能力；有利于广州打造国际国内两个市场资源配置的重要载体和平台，推动广州成为全球高度繁荣和领先的消费市场，并为粤港澳大湾区乃至全国实现高质量发展注入新动能。

（五）广州建设国际消费中心城市是把握新技术变革，构建新型消费体系的迫切需要

近年来，新消费业态、新消费模式快速发展，助推新冠肺炎疫情发生以来的经济重回正轨。新消费是指由数字技术等新技术、线上线下融合等新商业模式以及基于社交网络和新媒介的新消费关系所驱动的新消费行为。广州是直播电商、时尚定制等新型消费业态的发源地之一，拥有丰富的基础科研、技术创新资源以及高层次人才资源。建设国际消费中心城市，有利于广州构建新型消费体系，促进新产品、新服务、新时尚的涌现，这既符合时代潮流又代表中国特色的创新业态、创意设计成为全球消费发展的风向标，对全球消费扩张和升级发挥引领作用。

二 供给侧、需求侧与国际消费中心城市建设的逻辑关系

构建"以国内大循环为主体、国内国际双循环相互促进"新发展格局是新时代推动高质量发展的必然选择。坚持扩大内需这个战略基点，把"供给侧结构性改革"和"需求侧管理"有效统合，实现供给和需求的动态

平衡，以创新驱动、高质量供给引领和创造新需求是构建新发展格局的核心要义和施策重点。国际消费中心城市建设是供给侧与需求侧协同发力的结果，即是"需求牵引供给、供给创造需求"。一方面需求侧聚集消费需求资源，引领消费方向；另一方面供给侧体现城市优秀的创造和制造能力，一个城市若建设成国际消费中心城市，那它必然既是全球中高端品牌产品的消费中心，也是全球中高端品牌产品的生产制造基地，具备"购买"和"创造"的对称性。因此，国际消费中心城市建设必须站在供给侧与需求侧协同视角去理解。

（一）供给侧结构性改革视角下的国际消费中心城市建设

从国际消费中心城市发展规律来看，遵循着高质量产品制造与创造城市→区域、全国或全球经济中心→本国和全球的国际消费中心城市的基本发展规律。城市试图跨越供给体系与供给能力提升，直接建设具有全球影响力和吸引力的国际消费城市，则很有可能因为发展基础不牢固和地基的脆弱性而陷入发展困境，建设成效难以体现，就算有一时成效，也会存在昙花一现的风险。然而，高质量产品制造与创造城市依赖于供给体系的健全和供给能力的提升。高质量的供给结构能适应市场新需求，能提高供给对需求变化的适应性和灵活性。

供给侧结构性改革是有效提升产品供给质量，促进产业转型升级，提高产业链供应链安全和地位，是有效提升供给体系对国内需求的适配性，实现从低水平供需平衡向高水平供需平衡跃升，在更高水平、更高效率、更可持续发展上实现经济质量发展的战略举措。近年来，广州持续在供给侧结构性改革上发力，不仅从提高与需求相匹配的供给数量，也从供给质量方面下功夫。广州正着力抓好创新链产业链融合发展，有效提升供给效率，坚持制造业立市，全面推动高质量发展和构建现代产业体系，更好融入全球市场体系，建设世界新兴产业、先进制造业和现代服务业基地。高标准建成畅通全市、贯通全省、联通全国、融通全球的现代化交通体系网络，加快建设科技创新强市，共建粤港澳大湾区国际科技创新中心，提升广州国际科技创新枢纽能级。以中新广州知识城和南沙科学城为极点，举全市之力规划建设科技创新轴。全力建设广州人工智能与数字经济试验区，建设粤港澳大湾区数字经济高质量发展示范区。汇聚国家战略科技力量，新建一批国家和省重点实验室。

（二）需求侧管理视角下的国际消费中心城市建设

国际消费中心城市是消费资源的集聚地，更是一国乃至全球消费市场的制高点。2020年5月中共中央政治局常委会会议首次明确提出构建新发展格局。新发展格局的提出，意味着国内市场将是中国支撑经济增长的战略基点，释放国内消费潜力，实现由"出口—投资"的国外大循环向"扩大内需"的国内大循环转变，将高质量发展的主动权牢牢掌握在自己手中。2021年1月习近平总书记在省部级主要领导干部学习贯彻党的十九届五中全会精神专题研讨班开班仪式上强调，要加强需求侧管理，扩大居民消费，提升消费层次，使建设超大规模的国内市场成为一个可持续的历史过程。只有通过需求侧改革配合供给侧改革，国际消费中心城市建设才能真正落实落细，这是因为需求侧管理处于扩大市场需求满足消费目的基础性地位，对于促进国内国际双循环，扩大内需，全面促进消费，挖掘提升消费能力至关重要。

（三）供给侧与需求侧在国际消费中心城市建设中的统合分析

供给和需求的动态平衡是经济循环运行的保障，是构建新发展格局的内在要求。供给以需求为目的，需求依赖于供给。国际消费中心城市建设关键在于充分发挥我国超大规模市场的优势，提升供给体系质量，使供给体系更加适配于国内消费需求，将供给侧与需求侧统合起来，保障供给侧与需求侧同时发力，以充分发挥需求牵引供给、供给创新需求的作用，实现两者的有机结合。从这个意义而言，供给与需求的动态均衡是建成国际消费中心城市的必要保证，也是内在要求。

从需求牵引供给的机制来看：需求侧管理→需求升级→消费升级→消费品质提升→市场升级→供给响应→供给升级。在此机制下，从厂商角度而言，若其生产产品不符合市场需求，造成产品卖不出去，形成滞销，则会影响厂商下一阶段生产，经济循环将会中断。从宏观经济来看，当社会生产不符合社会需求时，社会产品将会出现过剩，影响社会再生产。据商务部数据显示，每年中国游客在境外消费约1.2万亿元人民币，全年中国人买走全球46%的奢侈品，继续保持世界主要旅游消费群体称号，"春节成了国人的'海外扫货'节"。消费外流的重要原因是我国供给质量与供给能力难以满足国内需求和居民的消费升级要求，是供需失衡的结果。

从供给创造需求的机制来看：供给侧结构性改革→供给能力提升→高质量新产品供给水平→新需求产生→消费升级→新消费体系形成。近年来，由于供给侧结构性改革成效显著，供给结构不断改善，供给质量不断提高，产品质量总体水平不断提升，消费外流现象得到很大程度扭转。据2021年京东"618"消费趋势显示，消费者从追捧国外品牌到掀起"国潮美学"风尚，大量中国老字号和新晋国货品牌崛起。2021京东"618"十佳国潮品牌中，蒙牛、飞鹤、完美日记、自然堂、联想等品牌悉数上榜。国潮所掀起的生活新风尚，受到了越来越多消费者的青睐和认可，并覆盖了消费者衣食住行等日常生活的方方面面。

三　对比分析下广州建设国际消费中心城市的认识

（一）建设国际消费中心城市的国际经验与启示

随着生产和贸易全球化的深化，更为发达更为强大的互联网新技术迭代，不断打破时空阻隔，降低交易成本，促进全球人员流动与信息传播和消费观念与方式的渗透融合，形成全球消费导向，进入消费全球化。在消费全球化的进程中，纽约、伦敦、巴黎、东京等处于一国或全球领先地位的消费城市成为吸引全球消费资源的主要汇聚地和带动全球消费发展的龙头，具有强大的消费向心力和美誉度。国际消费中心城市的形成和发展对全球消费和服务业的结构调整及创新升级起到引领作用，特别是对各国消费品制造业、消费服务业的高质量发展发挥了重要的推动作用。

1. 国际消费中心城市的特点与发展历程

（1）纽约是基于制造中心与金融中心发展起来的国际消费中心城市。纽约为全球领先的国际消费中心，它经历了"港口—国内贸易中心+国内金融中心—制造业中心—国际金融中心—国际消费中心"的发展历程。在这一过程中，不断涌入的移民、国际金融中心带来的资本、技术的变革和总部中心等因素极大地推动了纽约城市及其消费市场的发展。如纽约第五大道不仅是购物大道，还是一条博物馆大道，周边密集分布近10家博物馆、美术馆。

（2）巴黎是城市文化与消费文化高度融合的国际消费中心城市。巴黎是世界著名文化城市，历史文化、时尚文化、艺术文化和名人文化成为世界各地旅游者的重要吸引力。巴黎奢侈品牌众多且集聚度高，时尚度高。香榭丽舍大道就是这一特点的典型代表区域。如巴黎围绕著名的香榭丽舍大街，形成多个著名商圈，包括十几条呈辐射状的特色商业街区，它们不仅是国际品牌的聚集地，也是巴黎主要的会展、娱乐活动的举办地。

（3）伦敦是由近代最早的世界之都发展成为国际消费中心城市。早在1700年伦敦便是欧洲最大的城市，其最初的发展依托于技术革命和英国的世界霸主地位，而二战后，伦敦巩固国际金融中心地位，成为国际消费中心城市，很大程度上得益于欧洲经济一体化的推进，为伦敦的发展提供了广大的市场和充足的生产要素。20世纪90年代随着欧元区的建立，伦敦逐渐成为现代服务业和高端零售品牌的聚集地，自此便确立了国际消费中心城市的地位。伦敦的城市发展经历了"国内经济中心—国际贸易中心+金融中心—国际金融中心地位下降—巩固国际金融中心地位—国际消费中心"的发展历程。

（4）东京是在政府规划下形成的国际消费中心城市。东京的现代化历程起源于明治时期，20世纪50年代~70年代，东京的城市功能和结构开始发生转变。1956年日本政府制定《首都圈整备法》，提出建设东京都市圈，并先后出台5次《首都圈基本计划》，提出东京都市圈建设具体措施。2019

年《都市营造的宏伟设计——东京2040》围绕都市圈发展,从战略愿景、空间结构、城市设计等方面进行了论述。总体而言,东京城市的发展历程带有明显政策导向,尤其是二战后东京城市结构变迁和东京都市圈建设,完全是在政府的规划下形成的。其城市发展经历了"国内经济中心—重创—经济恢复—东京圈建设—国际金融中心+国际消费中心"的发展历程。

2. 国际消费中心城市建设的经验与启示

对比纽约、巴黎、伦敦和东京4座国际消费中心城市。发现建设国际消费中心城市具有以下4个特征。

一是具有完备的产业链,营造多行业互动的消费生态。以上城市曾经皆为制造业中心,如今皆为重要的国际/区域金融中心以及国际旅游消费城市。

二是国际消费中心城市的形成与经济发展水平高度相关。据统计,全球140个主要消费城市的人口仅占全球的13%,而消费支出额占到全球的33%,经济总量占到全球的36%。[①] 如以上4个城市人均GDP皆经历高速增长阶段,且在20世纪90年代,人均GDP达到2万美元。

三是具有全球影响力和美誉度的标志性商圈。在纽约拥有曼哈顿上东区(Upper East Side)、Nolita商区、Soho艺术区、西村(West Village)、威廉斯堡(Williamsburg)五大商圈,这五大商圈是时尚潮流的风向标,也是一些最知名的世界顶级时尚精品百货店的聚集地(波道夫·古德曼、巴尼斯纽约精品店、布鲁明戴尔百货店)。

四是完善高效便捷安全的消费环境。交通网络的通达性、现代信息技术的成熟运用后的消费便利性和智能化都是国际消费中心城市消费环境的重要内容。以上4个城市基本上都是港口城市,其发展依托于港口贸易,皆为国际航运和航空中心,交通便利。

(二)国内首批建设国际消费中心城市对比分析

2021年,全国GDP达114.3万亿元,其中最终消费支出对经济增长贡

---

① 王微等:《国际消费中心城市:理论、政策与实践》,中国发展出版社,2021。

献率为65.4%，为国民经济增长的"压舱石"，消费在国民经济中的地位前所未有突出。2021年7月，商务部宣布在上海、北京、广州、天津、重庆率先开展国际消费中心城市培育建设。从区域来看，5个城市分属4个城市群，除广州为副省级城市外，其余四城均为直辖市。

1. 基于经济实力与消费实力的对比分析

从经济实力上看，5个城市的经济总量与人均GDP均居全国前列，其中上海经济总量位列第一，北京人均GDP位列第一，只有重庆人均GDP未达10万元。从消费实力上看，5个城市中，上海、北京、重庆与广州的消费实力分列第1~4位，天津仅为第25位，虽然广州消费总体实力比重庆弱，但在人均消费上强于重庆。重庆之所以能跻身于消费第三城，一方面得益于其人口规模，另一方面则是全国第二大旅游城市的支撑。从数据分析上可知，消费能力与经济实力、人口规模、收入水平、产业结构等因素息息相关。凡是经济相对发达、居民收入水平相对较高之地，消费水平也相应位居前列，详见表1。

表1 2021年首批建设国际消费中心城市消费实力与经济实力

城市	社会消费品零售总额（亿元）	全国排名	人均消费（万元）	国内生产总值（亿元）	人均国内生产总值（万元）	全国旅游城市排名	所属城市群
上海市	18079.3	1	7.27	43214	17.36	3	长三角城市群
北京市	14867.7	2	6.79	40269	18.39	1	京津冀城市群
重庆市	13967.7	3	4.36	27894	8.67	2	成渝城市群
广州市	10122.6	4	5.42	28232	15.12	7	粤港澳大湾区
天津市	3769.2	25	2.72	15695	11.32	16	京津冀城市群

资料来源：中国城市统计年鉴和各城市统计公报；2021年全国旅游城市的排名来源于界面新闻。

2. 基于发展定位与主要措施的对比分析

5个城市各具特色，并结合其自身特点、发展方向确定了国际消费中心城市建设的定位和主要措施。如上海是国际知名高端品牌集聚地，每年开设的首店、旗舰店数量稳居全国第一（见表2）。北京是中国首都，有着深厚的文化底蕴，营商环境改善也居于全国首位。天津是辐射"三北"的商品集散中心、国际商品贸易港和海空两港国际集散中心。重庆是我国西南人口和经济聚集重镇，"一带一路"面向欧洲和中亚最具开放度的城市。广州拥有巨大的消费市场和全国数量最多、规模最大、品类最全的专业市场集群，多年处于全国消费城市第一梯队，消费服务人口超2000万，且年轻消费群体大幅提升，不断推动广州的消费内容、消费形式不断创新、升级（见表3）。

王祎认为能成为国家首批的国际消费中心培育城市应具有5个特点。一是国际化程度高：进口规模大，国际化渠道多，国际城市知名度和影响力强；二是消费基础好：城市经济基础优质，第三产业发达，服务业竞争充分；三是营商环境优：消费环境好，服务体系健全，配套设施完善；四是辐射范围广：交通便捷，以中心城市为依托，辐射周边，带动能力强；五是打造消费地标：知名度高，消费环境优质，业态丰富的城市地标，融合消费与文旅双功能。

表2 2019~2021年上半年部分城市首店落户情况

单位：家

城市	2019年	2020年	2021年上半年	总量
上海	986	909	513	2408
北京	598	331	434	1363
成都	473	386	296	1155
杭州	267	208	246	721
广州	232	227	138	597
武汉	227	163	195	585
深圳	243	172	108	523
南京	206	170	101	447
重庆	201	169	97	467
西安	182	167	36	385

资料来源：中商数据。

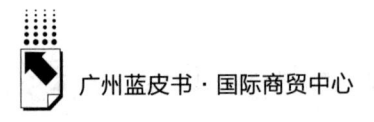

表3 首批国际消费中心城市出台的相关规划及政策

城市	定位	主要措施	主要政策
上海市	打造全球新品首发地、全球消费目的地	进一步提升供给质量,打造消费地标,强化枢纽功能,优化消费环境,加快推动消费提质扩容,做大消费流量规模,吸引高端消费回流,全面提升上海的国际知名度、消费繁荣度,全面打响"上海购物"品牌	《上海市建设国际消费中心城市实施方案》《"十四五"时期提升上海国际贸易中心能级规划》《新一轮全力打响"上海购物"品牌三年行动计划》
北京市	突出大国首都功能,率先建成具有全球影响力、竞争力和美誉度的国际消费中心城市	十大行动: 1. 消费新地标打造行动; 2. 消费品牌矩阵培育行动; 3. 数字消费创新引领行动; 4. 文旅消费潜力释放行动; 5. 体育消费质量提升行动; 6. 教育医疗消费能级提升行动; 7. 会展消费扩容提质行动; 8. 现代流通体系优化升级行动; 9. 消费环境新高地创建行动; 10. 消费促进机制协同保障行动	《北京培育建设国际消费中心城市实施方案》
重庆市	打造富有巴渝特色、辐射西部地区、面向东南亚南亚的特色型国际消费中心城市	以建设国际购物、美食、会展、旅游、文化"五大名城"和实施"十大工程"为重点,着力培育塑造"不夜重庆""山水旅游""美食之都""生态康养""户外运动""文化消费"六大特色服务品牌,全面提升重庆国际知名度、消费繁荣度、商业活跃度、到达便利度、政策引领度	《重庆市培育建设国际消费中心城市实施方案》
广州市	打造"广聚天下客、广卖天下货、广货卖天下"的国际消费高地	用5年左右时间,基本建成"湾区制造"、全球资源荟萃,错位互补协同、城乡生态包容,文商旅体融合、岭南文化凸显,自由便利流动、双向互济共进,面向世界的数智化、时尚化、现代化国际消费中心城市,焕发"千年商都"的经典魅力与时代活力	《广州市加快培育建设国际消费中心城市实施方案》《广州市黄埔区广州开发区商业网点布局与发展规划(2020~2030)》《南沙区参与培育建设国际消费中心城市实施方案》
天津市	打造面向东北亚、辐射俄罗斯和中东欧的特色型国际消费中心城市	到"十四五"末,全球消费资源集聚特征明显,消费升级新高地效应突出,中心城市引领带动作用增强,形成在更大范围内需求牵引供给、供给创造需求的高水平动态平衡	《天津市培育建设国际消费中心城市实施方案(2021~2025年)》

3. 国内建设国际消费中心城市的经验与启示

建设国际消费中心城市是城市高质量发展的重要抓手。在以上分析基础上，笔者认为培育和建设国际消费中心应注意几个关键点。一是国际消费中心城市是供给侧改革与需求侧管理成效的集中体现，深刻反映了城市供给质量与需求的适配性，是检验城市供给引领全球中高端需求，以全球中高端需求支撑本国供给侧自主创新能力的抓手，从这个意义上讲国际消费中心城市建设应是多部门联动、多产业联动的结果。二是国际消费中心城市不仅是国际品牌在国内的集聚消费地，还应是国潮品牌的诞生、创造与制造的培育和集聚地。这既是对国家优秀历史传统文化和高度发展的现代城市文明的尊重，也是国际消费中心有效长期运行的基础。对一国高端品牌产品和奢侈品的消费，背后的逻辑是消费者对他国传统历史文化和价值观的认可。三是国际消费中心城市的培育和建设具有渐进性。一般而言，是高质量的制造中心→区域或全国商贸中心→区域或全国经济中心→全球品牌营运中心→区域、全国和全球的国际消费中心城市的发展逻辑。试图跨越发展，都存在基础不牢致使培育失败的风险，因为只有产业体系完备，商业体系成熟发达，经济总量够大，才有能力担起消费的"国际""中心"功能，成为名副其实的国际消费中心城市。

四　供给侧与需求侧协同视角下的政策建议

新发展格局下，广州国际消费中心城市建设进入重要战略机遇期。广州作为国家中心城市和国际商贸中心，拥有较为完善的城市消费载体体系，成熟的消费地标，引领国内消费市场一体化的形成，建成国际消费中心城市。未来，广州要立足湾区大市场、大消费、大制造、大服务优势，充分发挥消费对广州构建国内大循环中心节点和国内国际双循环战略链接的基础性支撑作用，充分展现"千年商都"的经典魅力与时代活力。

（一）以供给侧结构性改革为主线，优化创新消费供给体系

广州建设国际消费中心城市，要大力发展首店经济、时尚经济、品牌经

济，全力打造国际消费品牌，优化消费生态，延伸消费链条，促进消费全面升级，增强行业话语权、消费影响力和吸引力，不断优化创新消费供给。

一是着力创造高品质产品和服务供给。以高质量供应适应、引领、创造新需求，力争抢占未来市场和产业竞争上的制高点，构建区域协同产业联动新格局，增强消费市场的主体活力；以提升产品附加值和竞争力，推动服务消费供给体系扩容和升级，扩大本土品牌消费和创新提升服务；打造广州品牌、湾区品牌与中国品牌，增加免税店数量，简化退税手续，强化广州实现"买全球、卖全球"的商业贸易功能，力争在提高服务产品质量方面走在前列，树立典范。

二是大力发展消费新业态，培育消费新模式。充分利用互联网、物联网、大数据和人工智能等新技术，不断拓展消费价值，丰富消费内容和消费场景，培育和普及消费新业态新模式；打造一批新商贸创新聚集区，创建商贸大数据产业园区等，促进科技创新与国际商贸中心、国际消费中心建设有机融合；大力挖掘、提升和推广一批新型消费的龙头企业；壮大定制消费、体验消费、智能消费、绿色消费等新型消费，推动消费升级，以新制造为着力点，推动新型消费与生产制造深度融合，以新媒体为着力点，促进新型消费与文化旅游深度融合，以新广货为着力点，打造具有岭南特色的自有品牌消费体系，全方位构建新型消费体系。

（二）立足需求侧管理战略基点，实现更高水平的消费需求与供给的动态平衡

广州要实现消费需求规模的迅速扩张，激发市场消费活力，以更加优化的消费需求催生创新性更强的消费供给。

一是打造一流国际消费中心核心载体。加快传统商圈改造升级，培育新型消费发展载体，重点打造世界级地标商圈，打造一批特色商圈和商业综合体；积极发展首店经济、首发经济，强化高品质、最时尚的消费体验，建设"国际范""广州味""时尚潮"集聚区，推进与巴黎、纽约、东京、中国香港、米兰、芝加哥等城市著名商圈的合作和联动；以文化、文创、文娱等

为核心，推进泛二次元文化、国潮文化、红色文化等元素与商圈的 IP 融合建设，全力建设面向世界的数智化、时尚化、现代化国际消费中心城市。

二是完善和提升消费支撑的硬环境。结合重要产业及商圈，进一步完善机场、轨道交通、公交等，提高各类交通设施之间换乘的便捷性和信息化、智慧化水平；完善航线网络布局，增加国际国内航班线路数量，建设集航空、高铁、地铁、公路于一体，无缝衔接、多式联运的机场综合交通枢纽，提升城市国内国际通达性；优化社区商业设施配套，提升商业节点优势，建设"五分钟生活圈"内的设施配置。

三是全力打造一流国际化消费软环境。完善消费环境的顶层设计，建立与国际接轨的消费促进政策和体制机制，构建涵盖跨境消费的消费者权益保护机制，探索接轨国际的服务标准及消费者权益保护、知识产权保护、医疗保险，新业态新模式的包容审慎监管模式等制度；进一步优化营商环境，加大政策引领力度，进一步优化审批流程，提高审批效能，探索推动商务部门介入城市规划的前置服务。

参考文献

［1］刘司可、路洪卫、彭玮：《培育国际消费中心城市的路径、模式及启示——基于 24 个世界一线城市的比较分析》，《经济体制改革》2021 年第 5 期。

［2］陆铭、彭冲：《再辩大城市：消费中心城市的视角》，《中山大学学报》（社会科学版）2022 年第 1 期。

［3］洪银兴、杨玉珍：《构建新发展格局的路径研究》，《经济学家》2021 年第 3 期。

［4］石胜民：《流通领域供给侧与需求侧改革的协同发展策略研究》，《商业经济研究》2021 年第 14 期。

［5］周佳：《国际消费中心城市：构念、规律与对策》，《商业经济研究》2021 年第 14 期。

［6］曹静、冉净斐：《推进国际消费中心城市建设的瓶颈与经验借鉴》，《区域经济评论》2022 年第 2 期。

B.6
广州培育建设国际消费中心城市的趋势判断及策略思考

陈旭佳[*]

摘　要： 消费是拉动广州市经济增长的第一动力，对经济持续健康发展发挥了"压舱石"作用。2021年，经国务院批准，在上海市、北京市、广州市、天津市、重庆市，率先开展国际消费中心城市培育建设。近年来，面对新冠肺炎疫情带来的严峻考验和复杂多变的国内外形势，广州市持续推动多项促消费政策落实落细，市场人气稳步提高，商业秩序全面恢复，消费潜力不断释放，消费品市场复苏态势进一步巩固。在当前广州市经济运行面临下行压力，外部环境受全球新冠肺炎疫情影响不稳定性、不确定性加大的情况下，稳定消费增长、促进消费升级，既是满足人民美好生活的需要，也是促进经济持续健康发展的重要抓手之一。

关键词： 国际消费中心城市　消费场景　消费品市场

一　广州打造国际消费中心城市的主要特征分析

（一）社会消费品零售规模首次突破万亿元大关，增速高于部分一线城市

20世纪80年代以来，伴随着广州成为全国"第三城"，其社会消费品

---

[*] 陈旭佳，广州市社会科学院财政金融研究所副所长。

零售总额也连续多年居全国城市第3位,但从2020年开始,受疫情等多种因素影响,广州消费地位降到全国第4位。2021年,广州实现社会消费品零售总额10122.56亿元,社会消费品零售总额首次突破1万亿元,但增速为9.8%,比全国(12.5%)、广东省(9.9%)分别低2.7个和0.1个百分点。2015年后,广州市社会消费品零售总额结束连续多年两位数的高增长,步入个位数稳定增长阶段,增速放缓的趋势与全国、全省和主要城市基本一致。2021年,广州市社零总额增速(9.8%)在北京、上海、重庆、广州、深圳五大重点城市中居第3位,低于重庆(18.5%)、上海(13.5%),但高于深圳(9.6%)、北京(8.4%),表明广州市消费增长具有较强韧性和较大潜力。

(二)与消费升级相关的商品零售额占比持续提升,升级类商品销售增势良好

随着居民收入水平提高,居民消费从注重量的满足转向追求质的提升,满足基本生活需求的商品零售额占比下降,与消费升级相关的商品零售额占比上升。从限额以上批发零售业零售额看,服装鞋帽、针纺织品类商品零售额占比从2015年的11.18%下降到2021年的8.08%;与此同时,化妆品、通信器材、体育娱乐用品等商品零售额占比从2015年的10.36%提高到2021年的16.03%。汽车等出行类商品对社会消费品市场的支撑作用较明显,2021年广州市限额以上批发和零售业汽车类、石油及制品类商品分别实现零售额1247.66亿元和348.27亿元,同比分别增长11.8%和30.5%。从消费支出结构看,"吃类"商品贴合市场消费需求,"穿类"商品时尚消费热度高,"用类"商品消费力度减缓。其中,2021年广州限额以上批发和零售业,"吃类"商品合计实现零售额617.08亿元,占全市社会消费品零售总额的6.0%;服装、鞋帽、针纺织品类商品实现零售额379.04亿元,占全市社会消费品零售总额的3.7%,由上年的负增长转正,同比增长5.1%;日用品类商品实现零售额299.56亿元,占全市社会消费品零售总额的3.0%,同比下降5.6%,两年同期平均增长5.6%。总体上看,广州市居民

恩格尔系数降至30%以下，参照发达国家经验，广州市消费正由改善型富裕消费进入到个性化品质消费阶段。

（三）以互联网、大数据、人工智能等数字技术为支撑的新消费提质扩容，消费场景不断延伸

在数字赋能商业的背景下，2021年广州市限额以上批发和零售业通过互联网实现的商品零售额达2209.07亿元，占全市社会消费品零售总额的21.8%；同比增长12.6%，增速高于全国实物商品网上零售额平均水平0.6个百分点，比2019年同期增长49.2%。随着网购、快递、移动支付等迅速普及，网络订餐助力缓解疫情冲击，堂食外卖并重加快餐饮业复苏步伐。2021年广州市限额以上住宿和餐饮企业通过公共网络实现的餐费收入达66.91亿元，同比增长32.8%，增速比限额以上批发和零售业实物商品网上零售额高20.2个百分点，在助力餐饮业复苏方面起到了积极作用。在新能源汽车消费方面，2021年广州市限额以上批发和零售业新能源汽车商品实现零售额达223.88亿元，同比增长1.3倍，成为消费增长新亮点。从细分领域看，智能家居、个性时尚、动漫游戏、精准医疗、高端旅游等新兴消费异军突起，成为拉动广州市消费的重要驱动力。其中，智能家居优势突出，家居定制上市企业4家，几乎占全国"半壁江山"；动漫游戏独占鳌头，市场份额占到全国的40%左右；以游艇经济、医疗旅游为代表的高端旅游，也在广州市逐步孕育兴起；在数字化、智能化生活及时尚消费热度等因素的叠加影响下，可穿戴智能设备类商品零售额实现大幅增长，同比增长83.8%。

（四）新业态、新场景、新产品、新品牌涌动不息，新型消费蓬勃发展

近年来，广州市定制匹配型消费、体验参与式消费、线上线下互动式消费、多功能集成式消费、绿色生态型消费不断创新与壮大。商旅文跨界融合集成消费成为最大热点，"广州塔·珠江黄金水段"、天河路商圈、北京路商圈已成为文商旅集成式消费重要地标，综合消费带动力冠绝全国。在饮食消费领域，餐

饮业趋向时尚化、社交化和粉丝化，网红店不断涌现，平台化特征日益凸显，以美团、饿了吗为首的平台级餐饮OTO形成了强势竞争。在旅游消费领域，假日经济效应凸显，夜间经济优势突出，高端旅游异军突起，文化游、会展游、医疗游等新业态兴起，景点旅游向全域旅游转变。在医疗消费领域，预防医疗与保健消费比重加大，对医美、体检、疫苗、口腔等服务需求强劲。数据显示，2021年广州市限额以上批发和零售业中西药品类商品实现零售额407.72亿元，占全市社会消费品零售总额的4.0%，继2020年高速增长40.1%后，2021年仍保持20%以上增速，为23.9%，拉动全市社会消费品零售总额增长0.9%。

（五）消费成为拉动广州市经济增长的第一动力，就地过年消费拉动效应显著

当前，2020年消费对广州市经济增长的贡献率达到60%。同时，消费关联百业，尤其是批发零售、住宿餐饮、居民服务、文化旅游、医疗保健等相关产业，由于这些行业多数为劳动密集型产业，吸纳就业人员高达300多万人，对广州市就业起到"稳定器"作用。值得注意的是，由于外来人口占比较高，就地过年对广州市消费影响较大，一方面拉动消费效应显著，据统计，在"留穗过年"政策带动下，2021年1~2月全市实现社会消费品零售总额1769.7亿元，同比增长33.8%，比2019年同期亦增长15.0%；另一方面带来消费新趋势，线上拜年广受欢迎，由于线上收寄水果、滋补品、地方特产等显著增加，线上消费保持高度活跃。此外，周边游、短途游、自由行等新的旅游方式广受青睐。

二 广州国际消费中心城市建设的趋势判断

（一）"互联网+零售"策略加快实施，传统消费实现线上与线下共融共生

当前，阿里、腾讯、京东等互联网巨头采用"互联网+零售"策略，即运用

互联网技术搭建全生态的智慧零售和场景体验，成为上述企业布局广州市传统零售的新动向。例如，2018年在广州天河曜一城首次开业的"盒马鲜生"就是"线上电商+线下门店"的典型案例。在这种趋势下，下一步广州要推动互联网平台企业向线下延伸，重点支持阿里、腾讯、京东、唯品会等龙头企业在广州市开设实体展示店、体验店，鼓励实体商业通过直播电子商务、社交营销开启"云逛街"等新模式，激发零售市场的消费潜能，促进新型消费蓬勃发展。

（二）体验式消费深受消费者青睐，实体商圈加速转型

目前，广州市不少实体商圈积极调整商场业态，加快向社交、时尚、文化消费中心转型。如天河路的"太古汇"汇聚超过180个国内外一线品牌精品，其中70个品牌首次登陆广州，LV、Hermès、PRADA、GUCCI、Cartier等多家国际知名品牌在此设立旗舰店、概念店。再如，珠江新城东塔的广州K11长期展示典藏的本土年轻艺术家的杰作，举办不同的艺术展览、演出和工作坊，以艺术引领消费，独一无二的零售美术馆概念引领广州体验商业的新变革。面向未来，适应场景式、体验式商业的发展趋势，如何引导天河路、北京路、珠江新城、万博等商圈进行差异化主题定位，满足消费者娱乐体验、情感体验、审美体验、文化体验，是广州市实体商圈获得竞争优势的新方向。

（三）细分化、场景化、智慧化的新商业模式不断涌现

当前，广州零售业不断向智能化方向发展。如广州首家星巴克"啡快"概念店坐落在琶洲环汇商业广场，为快节奏工作的白领提供"在线点，到店取"的啡快服务。相比起一般门店，"啡快"概念店需要提前在星巴克App上下单，并通过智能派单系统进行识别，在客流高峰时段，通过店内中央厨房分担附近门店的派送订单，提升整个商圈星巴克体验的效率与品质。新业态、新模式的日益涌现，综合运用云计算、大数据、智能搜寻、LBS（基于位置的服务）、物联网等前沿技术分析顾客消费行为，通过"情感体验"打造消费者极致体验的商业标杆，成为广州市下一步培育新消费需要关注的重要趋势。

（四）定制消费成为个性化商业需求的典型代表

当前，数据驱动的全供应链正在加快形成，使得订单化、定制化生产成为可能。2020年，广州荣膺联合国工发组织颁发的"全球定制之都"的称号，标志着广州在全国领衔打造了一个新优势业态——定制经济，这对于整个时尚产业、定制行业尤其是消费经济而言，将是一个全新的发展机遇。面向未来，广州要顺应定制化、个性化的消费新趋势，把握入选"全球定制之都"的契机，支持世界著名品牌、设计师协会、高级定制品牌落户广州，引进规模化个性定制产业链龙头企业，重点发展家居、汽车、时尚服饰、智能终端等定制产业，打造世界先进、国内领先的规模化个性定制产业创新策源地、应用示范地、消费集聚地。

（五）小众原创、时尚消费蓬勃发展成为显性趋势

作为全国的潮流先锋圣地，广州潮流消费起步较早，天河又一城、时尚天河、动漫星城等时尚商圈，成为年轻一代潮流消费者"朝拜地"，在全国潮流界赫赫有名。从线上消费来看，根据YOHO！BUY有货发布的《国民潮流消费报告》，广州位列"全国潮流指数"城市排行榜第2名，潮流消费总额位列上海、北京之后，居全国第3位。作为全国"潮文化"的发祥地，广州成为"中国最潮城市"之一，"95后""00后"群体接受潮流文化年龄较早，同时拥有130万大学生消费群体，下一步要致力于培育潮流化、个性化、时尚化消费。

（六）社区零售新消费吸引力日益彰显

从现有情况看，广州社区零售最大特点是人口密集度高、社区体量庞大，如番禺祈福新村等社区人口高达20万，吸引着众多生鲜电商平台纷纷布局。作为最早在广州布局的生鲜电商之一，每日优鲜占据了广州市35%的社区生鲜电商市场份额。叮咚买菜2020年9月在广州市开业第一周销售额突破300万元，用户订单量保持每周20%以上增速。朴朴超市采用纯线上

运营+前置仓配送模式，覆盖海珠、天河、番禺等地区。盒马鲜生采用仓店一体模式，通过接入支付宝和淘鲜达，满足广州消费者快节奏生活的需要。作为本地社区零售龙头，钱大妈以"新鲜，不卖隔夜肉"和整点阶梯式打折的销售策略，成为深受广州市民喜爱的生鲜品牌。面向未来，广州要提升社区零售覆盖率和连锁化率，支持线上线下全渠道发展的智能便利店、无人零售门店等业态进社区，推动社区零售向平台化、网络化、共享化、智能化方向转型。

（七）实物消费向服务消费不断衍生拓展

随着广州市消费结构的稳步升级，居民从物质型消费逐步转向服务型消费，服务消费对消费发展的引领作用凸显，旅游、电影、快递物流、外卖、网络虚拟（包括游戏、视频、电子书、在线音乐等）、网约车、自行车租赁（共享单车）、汽车租赁等项目成为广州市消费增长最快的领域，运动保健、家政护理等有特定消费群体的热度也逐年上升。当前，广州市拥有各级各类学校3821所、三甲医院38家，集中了全省最优质的教育医疗资源，发展教育、医疗健康、养老等服务消费基础好、潜力巨大。下一步，推动广州市服务消费向标准化、专业化、智能化方向发展，要通过推动健康、养老、育幼、文化、旅游、体育、家政等服务消费向高品质和多样化升级，在打造国际化、高品质社会服务上下功夫，引领集聚服务消费发展。

三 广州打造国际消费中心城市的路径选择

恰逢其势，正当其时。广州是"千年商都"，消费在经济发展中的地位举足轻重，在当前外部环境发生深刻变化、中美经贸摩擦升级、广州市经济面临下行压力的背景下，国务院提出国际消费中心城市的培育建设，对于当下的广州，既是机遇也是挑战，既是期望也是鞭策。因此，如何促进消费稳定增长、优化升级，对于广州而言就显得至关重要。下一步，要围绕建设国际消费中心城市，顺应消费转型升级新趋势，发挥广州市比较优势，多用改革办法扩大消费,用心做好促进消费这篇大文章,重点在激活传统消费、集聚外来消费、引领汽车消费、促进文旅消费、提升服务消费等方面聚焦发力、实现突破,以高质量消费供给引领扩大消费需求,同时也要在提高居民收入、优化人口结构等方面持续用功,逐步夯实消费需求基础,供需两侧共同发力推动消费高质量发展。

(一)深入推进全域旅游发展,打造红色旅游品牌

顺应和把握城乡居民消费升级新趋势,发挥文化资源优势,着力旅游高端供给,深化旅游供给侧结构性调整,大力发展红色旅游、文化体验、商务休闲等新型旅游产品。优化旅游产业要素市场,做长做宽文化旅游产业链条。加大对广府独特文化印记等特色旅游纪念品的开发力度。指导国家AAA级以上旅游景区、旅游集散中心的旅游商品购物店实现全覆盖。坚持文化引领和创新驱动,提升文化、旅游、办公、商业、居住、休闲等城市功能,推动建设现代服务业高端发展、商旅文深度融合发展、城市功能多元复合的"文化旅游商务区"。开展广州红色羊城历史文化游径标识系统建设,增设旅游标识指示牌,设置符合街区定位风格、具有设计美感、指引完整清晰和智慧导向的导视牌,包括导游全景图、导览图、标识牌、景物介绍牌等。在北京路、人民公园等旅游集散中心位置显眼处等增设全域全景图和全域旅游宣传标识。加快红色旅游经典景区建设布局,打造"不忘初心红色传承"广州红色旅游精品线路。研发文旅融合创意产品,串联辖内各红色革命遗址,深入开发"红色经典广州一日游"等旅游线路;整合红色文化资源,充分利用广州"中共党史上的十个第一"的资源优势,持续开展"红游广州"系列活动,联合中共三大会址、广州农民运动讲习所旧址等景区打响广州红色旅游品牌;与专业设计公司合作,结合广州特色文旅资源,开发一批兼具实用性、创新性、趣味性的红色文旅文创产品,策划相关发布和线路导赏活动,助力市民游客深入了解越秀区红色文旅。推动旅游与非遗融合发展,依托广州市历史文化和旅游资源禀赋,结合"非遗"保护和传承创新,邀请"非遗"传承人、"老字号"企业等社会力量,借助广东省非

物质文化遗产创意设计大赛等平台,联合开发具有广府文化特色、时尚便携和功能实用的文创礼品和特色手信,创新"旅游+非遗"推广模式。

(二)推动汽车、家电消费等大宗消费升级换代

推动广汽智能网联汽车产业园、恒大国能电动汽车、宝能广州新能源汽车产业园等项目加快建设,支持蔚来汽车等造车新势力和广汽等传统车企合作开发"HYCAN合创"新能源汽车品牌,支持小鹏汽车、广汽新能源等扩大产销规模,鼓励小马智行等智能网联汽车领域的企业在限定场景进行测试运行并试点小规模商业运营。研究制定氢燃料电池汽车产业发展工作方案,加快实施推广应用新能源汽车综合性补贴政策,加大新能源汽车基础设施建设力度,支持新能源汽车推广应用。延伸汽车后市场产业链,整合汽车消费、汽车体验、汽车文化、汽车服务四大主要功能,鼓励发展平行进口车、汽车融资租赁、二手车交易、维修保养、汽车金融和保险等后市场服务,促进汽车展会、汽车休闲等相关服务业同步发展。支持汽车企业挖掘用户工作、生活和娱乐等需求,创新出行和服务模式,拓展交通物流、共享出行等消费。开展"家电红包"活动,支持家电经销商通过向居民发放家电红包电子现金券,在全市指定家电销售企业购买家电产品时,按照发票金额的一定比例进行现金抵扣。鼓励家电以旧换新,开展废旧家电回收示范推广专项行动,引导供销社等大型回收企业与家电生产、销售企业开展合作,承接回收任务。鼓励家电生产企业和电商平台发放以旧换新消费券,促进农村家电下乡和城市家电升级换代消费。

(三)运用新技术、新业态、新模式改造提升传统商贸业

推动人工智能、云计算、大数据、物联网等现代信息技术和互联网平台在传统实体零售领域的广泛应用,引导购物中心、大型百货商场等探索应用智能导购、智能补货等新型零售方式,加速向智能化、多样化商业服务综合体转型,支持传统百货公司开展"百货+智慧体验"服务创新工程,培育一批辐射全国、有世界影响力的优秀平台企业。鼓励盒马鲜生、超级物种等新

零售标杆企业在广州市设立法人机构加快发展，加速培育广州海印小栈新零售等本地新零售龙头企业，支持EASYGO智能无人便利店、Webox智能货柜、正大自动售餐机器等新零售智能设备在广州市投入使用，将广州打造成"新零售"发展高地。出台实施推进专业批发市场转型疏解三年行动方案，在严格控制专业批发市场增量的同时，实施"一场一策"推动专业批发市场转型疏解，引导中大布匹市场、白云皮具贸易中心等市场向现代采购中心、现代展贸中心、品牌中心等新业态方向转型。按照"公平竞争、优胜劣汰"的原则，有条件地引导部分国企逐步退出竞争性商业领域，促进其拥有的专业批发市场等商铺资源实现市场化最优开发利用。促进国货品牌企业科学连锁发展，深入挖掘广州酒家、致美斋、陶陶居、潘高寿等知名老字号企业的文化内涵，引导老字号不断开发新产品、新工艺，促进老字号线上线下融合发展，打造网上旗舰店或专营店，建设线下展示馆，让老字号焕发新活力。重点支持具有市场影响力和品牌价值的国货企业科学连锁发展，优化租买核心店面的融资安排，助力"总店+分店"协同互助发展，加快后台生产线的升级换代。

（四）注重吸引外来消费，形成消费集聚效应

加强对国际旅客游客的宣传推介服务，吸引东南亚等地区国际游客到广州消费，释放白云国际机场144小时过境免签政策利好效应，积极争取144小时过境免签和15天邮轮旅客免签政策在南沙口岸落地，打通大型消费商圈与白云国际机场、南沙港等口岸购物退税的便利通道。推动天河路、珠江新城等有影响力的大型商圈向国际消费体验中心、休闲娱乐中心、文化时尚创意中心发展，积极引进国际一线品牌首店、旗舰店、体验店和国际知名折扣店，增设口岸免税店，探索设立市内免税店，建设国际消费城市示范区。支持北京路步行街改造提升，补齐发展短板，优化消费环境，发挥好品牌集聚、产业融合、资源整合等方面的辐射带动作用，将其打造成商旅文融合发展的亮丽名片。加快全区旅游资源开发和整合，创新培育新型旅游业态，优化旅游产品和服务供给体系，提升迎春花市、广府庙会、二沙岛户外音乐季

等精品文化活动品质，带动旅游服务发展。持续提升北京路、花果山、二沙岛等一批现代、时尚、内涵的生活地标场景，营造宜居宜业宜游的全域旅游品质空间。制定实施繁荣夜间经济促进消费政策，依托来穗人群的夜间消费需求，打造一批地标性夜间经济集聚区，打造岭南特色夜生活集聚区，开发提升珠江夜游、博物馆夜游等都市夜游项目，完善"帅府之夜"等历史实景演出的革命史迹夜间游，开展夜间节庆会展等活动，试点放宽夜间摊位管制，争取使游客在广州"多住一个晚上""多留一个小时"。

（五）共建粤港澳大湾区优质生活圈，引领集聚服务消费

创建全国智慧教育示范区，加强国际学校建设，引进世界知名大学和特色学院，加快香港科技大学（广州）和华南理工大学国际校区建设。鼓励引导社会资本进入教育培训领域，大力发展普惠性幼儿园，支持和规范民办职业教育，扩大老年教育供给。依托穗港澳国际健康产业城、南沙健康医疗大数据产业园等，建设高水平医院和国际一流临床重点专科，打造一批医疗产业集聚区。探索实施港澳等境外患者到穗就医的便利化措施，争取试点放宽外资参股医疗机构的股比限制，推动港澳医疗服务提供者在穗开办医疗机构采用港澳审批标准，积极发展医学检验中心、影像中心和健康医疗云平台等第三方服务机构，打造健康服务创新政策试验区。开展养老机构服务标准体系建设和养老机构服务质量专项行动，实施养老机构管理规范。稳妥取消养老机构设立许可，建立养老机构分类管理制度。深化家政服务和养老改革，放宽家政领域市场准入，支持家政服务企业做强做大。创新推进"家政+养老"融合试点，推动家政养老融合发展。深化与港澳合作，建设穗港澳养老产业合作开发示范基地。

（六）营造良好的消费环境，强化制度创新

积极争取国家部委支持政策突破和先试先行，推进社区商业生活服务中心建设，完善社区商业布局，创新消费支付手段，营造安心消费环境。支持具备条件的便民网点增加早餐、简餐主食制售等便民服务。开展个人消费贷

款业务，支持居民扩大消费需求。推动物联网、大数据、人工智能在消费领域的运用。加强广州市消费信用体系建设，完善个人信息保护制度。加大对价格歧视、价格欺诈等行为的查处力度，及时处理各种消费投诉举报，加强反垄断执法。落实消费者权益保护法，加强对消费者隐私权、举办权等权益保护，切实打造安心消费的消费环境。健全消费市场监管体制机制，强化部门联动，构建以综合执法、社会监督、行业自律、技术监控为主的消费市场监管体系，提高消费建设法治化水平。加大消费执法力度，维护依法经营、公平交易、诚实守信的市场秩序。加强消费领域突发事件的应急和协调处理，建立风险监测、评估、应急响应机制，完善消费大型活动和日常运行的安全保障机制。加强和完善消费产业统计指标体系和统计发布制度。加大新闻宣传、社会宣传力度，构建资源集约、结构合理、差异发展、系统高效的消费全媒体传播体系，营造浓厚舆论氛围。

参考文献

[1] 荆林波：《北京如何打造国际消费中心城市》，《商业经济研究》2022年第1期。
[2] 李燕：《新发展格局下天津打造国际消费中心城市的研究》，《天津经济》2021年第12期。
[3] 张涛：《加速培育建设国际消费中心城市》，《北京观察》2021年第12期。
[4] 林丽平：《浅议国际消费中心城市进阶之路》，《上海人大月刊》2021年第11期。
[5] 胡乔石、涂有钊：《合肥建设国际消费中心城市的"新打法"》，《决策》2021年第11期。
[6] 郭秀平、解菁楠：《郑州建设国际消费中心城市的路径探析》，《决策》2021年第11期。
[7] 赵爱玲：《北京打造国际消费中心城市要多元布局》，《中国对外贸易》2021年第10期。
[8] 国务院发展研究中心"建设国际消费中心城市的政策研究"课题组：《新阶段我国加快国际消费中心城市建设的政策研究》，《中国经济报告》2021年第5期。

经济与贸易篇

Economy and Trade

B.7
国际海运市场波动对广州出口行业发展的影响

张 昱 眭文娟[*]

摘 要： 受新冠肺炎疫情等多种因素影响，2021年国际海运市场大幅波动、主要航线运费急剧上涨，对广州出口行业造成了较大的影响，商品出口总额增速放缓，6月开始持续下降。全球经济的复苏可能带来需求快速增长，但海运运力短缺难以再快速恢复，未来一年广州出口行业仍面临国际物流通道受阻的严峻考验，短期将对出口商品的持续供给、出口企业的盈利能力形成考验，长期则可能对"广州制造"的国际竞争力形成挑战。因此，广州应进一步科学统筹运力、强抓时机大力发展亚欧班列和海铁联运等多式联运、及时收集整理和发布国际货运信息、持续深化通关便利化改革、科学统筹疫情防控与运输作业、发展航运金融衍生品市场，综合应对海运市

---

[*] 张昱，广东外语外贸大学教授；眭文娟，广东外语外贸大学讲师。

场剧烈波动带来的不利影响。

关键词： 海运市场　商品出口　海铁联运

一　2021年国际海运市场大幅波动的基本情况

2021年以来，受全球新冠肺炎疫情反复叠加苏伊士运河货轮搁浅、深圳盐田港因疫情封港以及美国港口工人停工等突发性事件的影响，全球海运市场大幅波动，集中体现为运价持续大幅上涨、国内外港口拥堵、全球供应链受阻、外贸综合运输成本上升等问题频发。

（一）干散货运价稳步下降，但出口集装箱运价仍未到达顶峰

从全球范围来看，波罗的海干散货运费指数（BDI）12月24日报收2217点，12月份均值比2020年同期涨128%，其中自2021年4月起不断上涨，9月份达到了5197点，刷新11年来的新高，BDI指数下滑，触及4月中旬以来最低水平（见图1），这与欧美圣诞节和新年假期的到来，加上我国谷物、矿石、水泥等散货大宗商品的需求放缓有一定的关系。

与此同时，我国出口集装箱运价指数在2021年整体"一路高歌"，并于第一季度和第三季度出现过两次大幅上涨，虽然在10月下旬出现过小幅回落，但很快重回上涨轨道。中国出口集装箱运价综合指数（CCFI）、上海出口集装箱运价指数（SCFI）2021年12月24日报收3300.19点、4956.02点，而且12月均值分别达到3245.70点、4847.17点（见图2、图3），相比2020年同期分别上涨118%、97.40%，相对疫情之前的2019年同期则分别上涨了282%、439.40%。

此外，海上丝绸之路指数（MRSI）之宁波出口集装箱运价指数（NCFI）2021年12月24日报收4188.38点，相比2020年12月上涨超过100%，其中，21条航线中有15条航线运费指数上涨，而"海上丝绸之路"

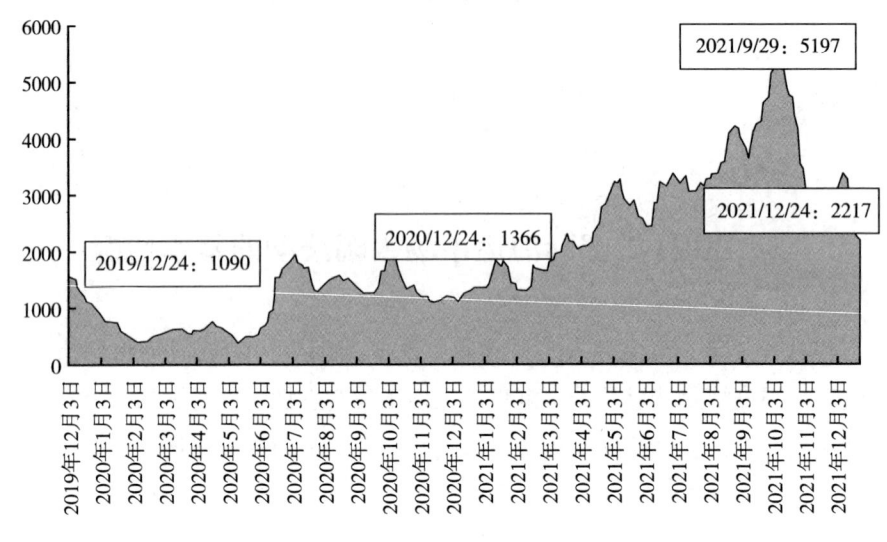

图 1　波罗的海干散货运费指数（BDI）波动：2019.12.1～2021.12.24

资料来源：根据上海航运交易所数据自行整理。

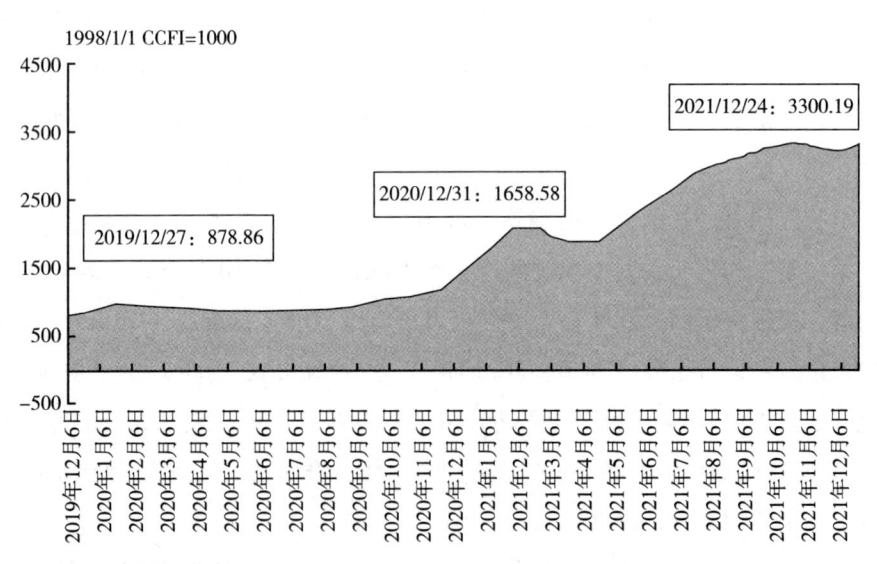

图 2　中国出口集装箱运价综合指数（CCFI）波动：2019.12.1～2021.12.24

资料来源：根据上海航运交易所数据自行整理。

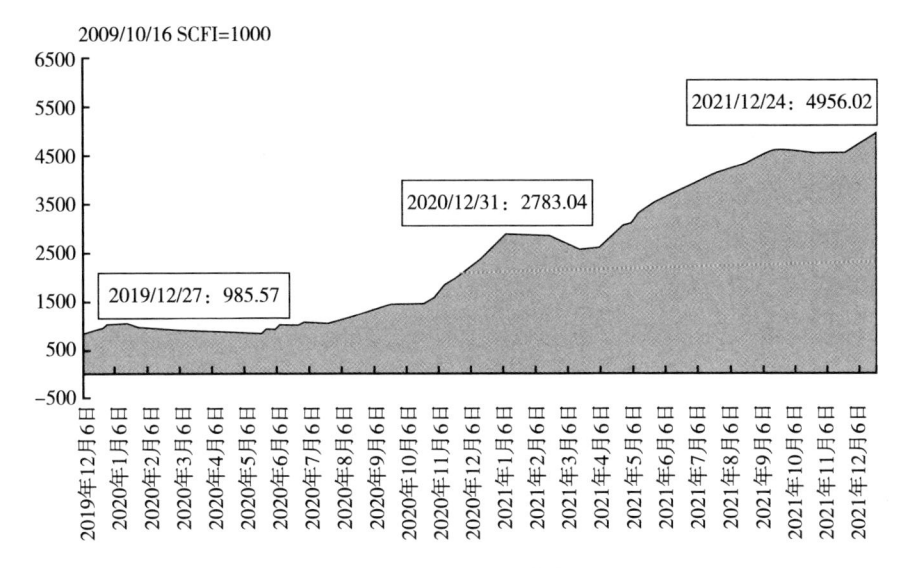

图 3　上海出口集装箱运价指数（SCFI）波动：2019.12.1~2021.12.24

资料来源：根据上海航运交易所数据自行整理。

沿线地区主要港口中，除南亚地区1个港口运价指数环比下跌和1个港口运价指数环比基本持平，其他15个港口运价指数全部上涨。结合CCFI主要航线运价指数波动来看（见图4），地中海航线、欧洲航线的涨幅最高，澳新航线、美东航行次之。其主要原因在于，2021年全年世界大部分国家未从疫情中缓和，印度、东南亚地区复苏滞后，货物的供需关系导致全球航运异常紧张，加上大量航次停航，航线处于满载状态，市场运价依旧维持高位。

（二）港口拥堵导致全球供应链紊乱，国际货物运力严重下降

新冠肺炎疫情暴发以来，集装箱港口拥堵危机一直困扰着全球供应链，根据丹麦Sea-Intelligence公司发布的全球拥堵数据，2021年1月开始美国西海岸各大港口货物处理量不断上升，拥堵从港口一直延续到内陆。6~7月份，受转运港拥堵和吉大港靠泊延迟，孟加拉国的私营内陆集装箱堆场（ICD）异常拥堵，作业濒临停止。而美国港口拥堵在9月中旬达到顶峰，虽然10月初出现短暂改善，但很快被逆转，并达到历史最高水平。12月，

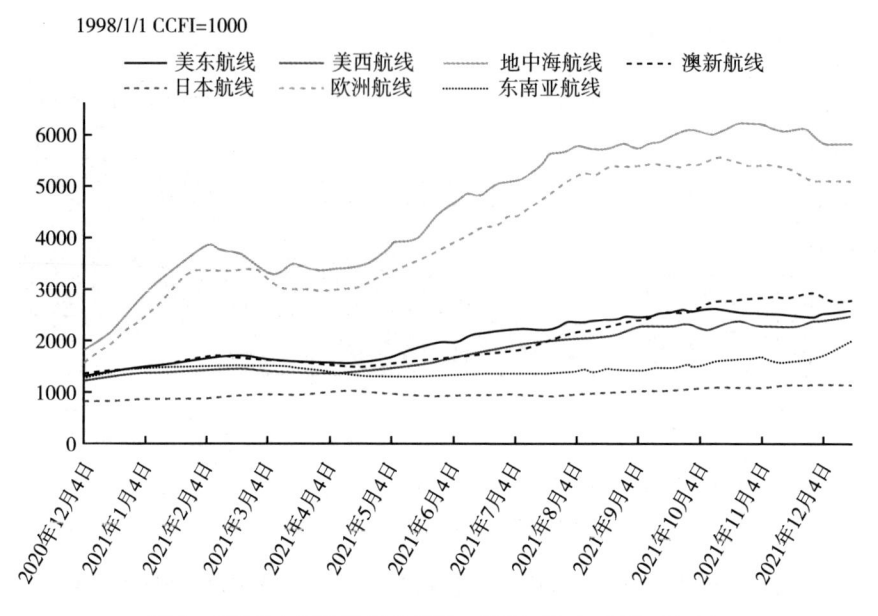

图 4　CCFI 主要航线运价波动：2020.12.4~2021.12.24

资料来源：根据海上丝绸之路指数自行整理。

拥堵从加州南部洛杉矶港和长滩港蔓延，欧洲港口拥堵问题恶化，地中海、南非海岸线和东南亚开始出现严重拥堵，全球大约有 20 个港口有不同程度的塞港问题，大量船只只能在港口旁边排队停靠，等待时间长达数周。

而受到供应链紊乱和海外疫情输入的双重影响，国内部分港口或港区暂时性停工，船只改道加剧了国内其他港口的拥堵。例如，5 月突发的新一轮疫情使承担了广东超 1/3 外贸进出口、全国对美贸易约 1/4 货量的深圳盐田港作业效率大幅降低，大量集装箱在港口积压，进出港口道路严重拥堵，并且影响到附近的深圳蛇口港和广州南沙港。而同样的现象 8 月份在宁波港再次出现。由于港口疫情的反复，叠加船期紊乱，马士基、中远海运和赫伯罗特等大型航运公司频频出现大规模船只"跳港"安排，导致其他港口的拥堵停摆继续向周边港口传递，如宁波港停摆进一步加重了上海港和青岛港本已接近满荷的压力，船舶平均仓位利用率接近满载，并造成海运运价处于历史高位。

港口堵塞导致货物运输效率下降，最直观的影响便是船舶的准班率自

2020年8月以来急剧下滑，2021年全球准班率处于2018年以来最低水平。根据上海航运交易所发布的全球集装箱班轮准班率指数，全年综合准班率仅能维持在20%左右，而深圳港、广州港班轮准班率自3月份后急剧下降，6月受到疫情影响分别降至1.47%、4.26%（见图5）。而根据航运咨询公司Sea-Intelligence报道，全局船舶平均延误时间自4月以来逐月上涨，平均延误达到7天左右。与前三年相比，2021年每个月的船舶延误时间都是最长的，例如，从东亚至欧洲航线的货轮来回用时约为85天，但目前平均延误时间已达18天，这意味着比正常航行要多花20%的时间，行业产能蚕食超过了20%。港口拥堵将导致有效运力的大规模损失，仅2021年10月因港口拥堵全球有效运力损失约12.5%，总量超过310万TEU，等同法国达飞轮船公司的运力规模。

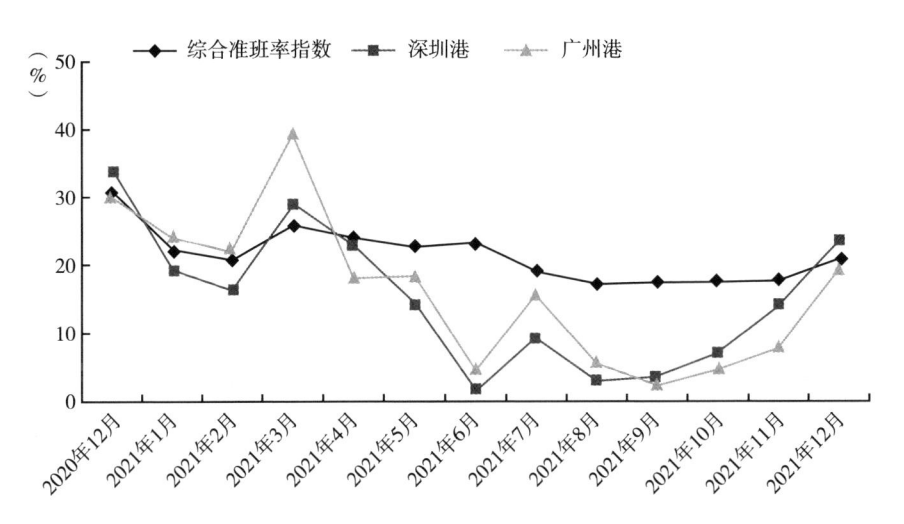

图5 全球集装箱班轮综合准班率与深圳、广州港口班轮准班率

资料来源：根据上海航运交易所数据自行整理。

（三）海运紧张与港口拥堵引发外贸综合运输成本上升

一是集装箱租赁价格提升了海运成本。海运运力的紧张和国外港口拥堵严重降低了集装箱周转效率，导致国内外贸企业面临"一舱难求""一柜难求"的市场冲击,并且不断推高集装箱等租赁成本。根据 Drewry 世界集装箱指数报道,除日韩航线较为平稳之外,中国至美欧航线上的集装箱价格大幅上涨,其中 40 英尺标准箱价格上涨到约 6000 美元,比 2020 年同期上涨 1 倍以上,由此导致将标准集装箱从中国运往美国西岸的运费在 8 月份曾一度达到了 20000 美元。为保障按时出货,除拼箱、凑箱外,一些机构直接选择"包船"的办法,以缓解货物积压带来的资金回流和仓储压力,而相比传统海运模式,"包船"模式更为直接地增加了综合运输成本(见表 1)。

表 1 2021 年欧美航线运价水平

单位:美元/TEU

航线	平均运价	最高运价	最低运价
欧洲	11870	14853	7166
美西	12954	21771	5354
美东	9754	17793	4099

资料来源:根据宁波航运交易所公开数据自行整理。

二是港口拥堵、码头作业效率下降和劳动力不足推高了进出港拖车费用、货物储存费用、货物地面运输费用、货物延误的损失等成本。例如,拖车费、储存费翻倍,6 月中旬深圳盐田港出发船只的海运费比一个月前上升了 50%,比 2020 年下半年上涨了 1 倍多。从 5 月 23 日至 6 月 26 日,华南港口超 60 万 TEU 集装箱受到盐田港疫情影响,间接导致了外贸综合运输成本的上升。

三是船期不可靠可能导致附加费和包括滞期费、滞留费等在内的各种费用飙升。例如,10 月 25 日,美国洛杉矶港发布公告宣布洛杉矶港和长滩港将从 11 月 1 日开始收取集装箱超期滞留费,试图一次减少港口集装箱积压。虽然这一措施一再被推迟,但已经引发人们对堵塞码头的空箱收费的担忧,或将最终反映到综合运输成本之中。此外,船期不可靠和海运运力紧张共同导致船员供给不足,尤其在菲律宾、印度等海员大国疫情持续蔓延等因素影响下，海员紧缺问题可能逐步凸显，海运人工成本也在持续上升。

二 海运成本上升对广州出口行业的长短影响分析

（一）广州商品出口受到海运运价波动的较大影响

面对全球新冠肺炎疫情蔓延、大宗商品价格上涨等多重困境，广州外贸虽然受到较大影响，但"千年商都"仍显示出强大发展韧性，整体出口规模连续实现同比正增长，并且开始扭转自2017年一直下滑的外贸出口态势。随着国内疫情得到有效控制，广州2021年对出口规模一直保持高速增长，创下历史同期最好水平。1~11月，全市外贸出口总额达到5802.16亿元，同比增长18%，已经超过2020年全年水平5427.67亿元。

从出口商品结构来看，截至2021年11月，机电产品在广州商品出口总额中占比上升到49.8%，高新技术产品（与机电产品有交叉）占比达到15.7%，而与生活相关的服装、纺织品、灯具、家具等产品仍是广州最主要的出口商品，其中纺织品与服装占比接近15%。从外贸市场份额来看，虽然2020年后广州的贸易伙伴排序发生了一些细微变化，但东盟、欧盟、美国、中国香港和日本仍然是位列前五的商品出口伙伴。结合出口商品主要为纺织品和服装以及机电产品，传统海运路线依旧是广州商品运往上述贸易伙伴最为常用的方式，加之商品的附加值不高，集装箱海运通常是货物出口的主要通道，持续高涨的国际海运成本可能会削弱这些出口商品的价格优势。

因此，虽然广州外贸出口整体上呈现逆势增长的趋势（见图6），但结合2021年月度数据，海运价格上涨影响逐渐显现，商品出口总额的增速自4月份开始逐步放缓，到6月份商品出口便一直持续下降，虽较上年同期有所增长，但是增速已经十分缓慢，甚至在9月出现了比上年同期增长率为负数的情况。根据往年经验，10月份欧美传统节日以及购物打折季的到来，欧美零售商通常应于9月份开始备货，疫情后甚至提前到了8月份。然而，从广州商品出口额的变化来看，世界市场需求将持续反弹也未能带动广州外贸出口的快速上升。由此可以判断，广州外贸出口行业受海运价格波动的影响较大。

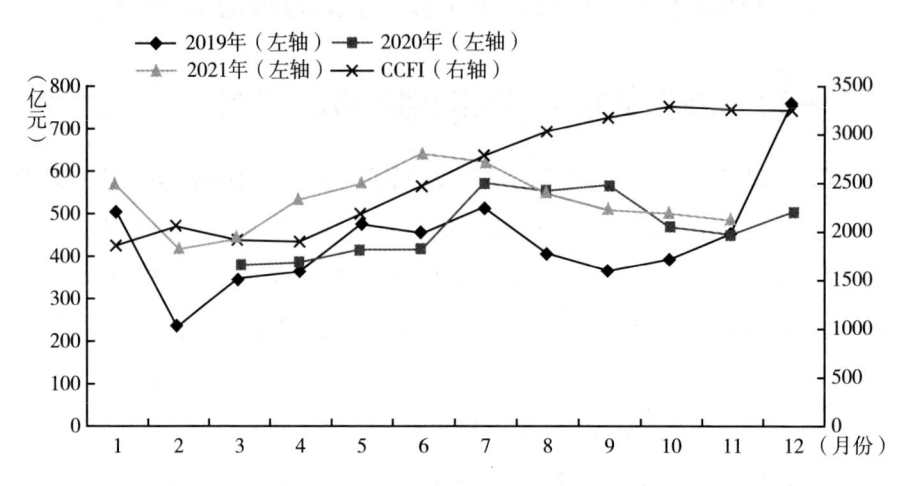

图6 2019~2021年1~12月广州商品出口总额与2021年CCFI月均数

资料来源：根据广州统计信息网数据、上海海运交易所数据自行整理。

（二）短期影响：出口的企业成本陡增，缺乏定价能力的中小型出口企业受影响更大

航线运费居高不下，由海运运价引发的商品价格上涨直接让出口厂家和外贸商家面临生死存亡的挑战，订单流失、资金回款慢等几乎成为出口企业面临的普遍问题。与此同时，港口拥堵、船舶延误引发运力不足和仓位满载，航海员工资和附加费暴涨，航运公司无法在短时间内调整。许多航运公司，尤其是部分运输货物利润相对较低的公司只能将高昂的外贸综合运输成本转嫁给客户。叠加2020年以来大宗商品普遍涨价、人民币明显升值以及6月份突发疫情对中小企业的影响，三重压力导致广州出口企业成本陡增。

得益于我国"动态清零"的疫情防控措施，广州制造业一直得以快速复工，而东南亚的疫情反扑致使许多海外加工订单回流，加上防疫物资出口

优势,一度创造了外贸出口快速增长的有利局面,外贸订单较为充裕。但随着4月份开始海运市场的大幅波动,出口企业"有订单无利润、有生产无发货、有发货无(确定)货期"的情况大量增加。对于附加价值不高的制造订单,例如家具以及纺织品、服装和皮革产品,利润很容易被急剧上升的成本所吞噬。以纺织业为例,一个标准40英寸等集装箱货柜的价值约6000美元,如果运费从5000美元涨到10000美元,将推动综合出口成本上升45%左右。

此外,对于缺乏价格主导权、采用FOB订单模式的中小企业,运费过快上涨则将导致客户减少或取消订单,其中,服装、家居、电器设备、汽车元件等行业都遭遇了订单被取消、没有新订单等情况。例如,中国纺织联合会的调查显示,有48.1%的样本企业将国际订单不足列为企业出口面临的第一问题,而有20.0%的样本企业将海运费用上涨列为企业出口面临的第一问题。因大量订单的延迟或取消,使许多中小企业面临严重亏损,不得不裁员或进行几个月的调休,许多员工面临失业,需要重新寻找工作以维持生计。

(三)中长期影响:成本推动型通货膨胀(滞胀)或将爆发,出口型企业将承受更大压力

2021年以来,反映国际市场大宗商品价格的路透商品研究局指数(CRB)从年初时180左右上涨到250左右,累计上涨幅度超过38%,相比2020年最低点涨幅超过100%,国际大宗商品价格上涨推动了国内生产成本上升。

根据国家统计局广州调查队数据,自2021年1月以来,生产者出厂价格指数(PPI)超过消费价格指数(CPI)的变动趋势快速上升,两者呈现"剪刀差"(见图7),CPI同比指数一直在101附近波动,而PPI同比指数一年内从99.4上涨到近106。PPI和CPI的背离走势反映出企业生产成本陡增而市场需求萎靡的情况,并且预示了接下来极有可能出现成本上升向消费市场传导的趋势。

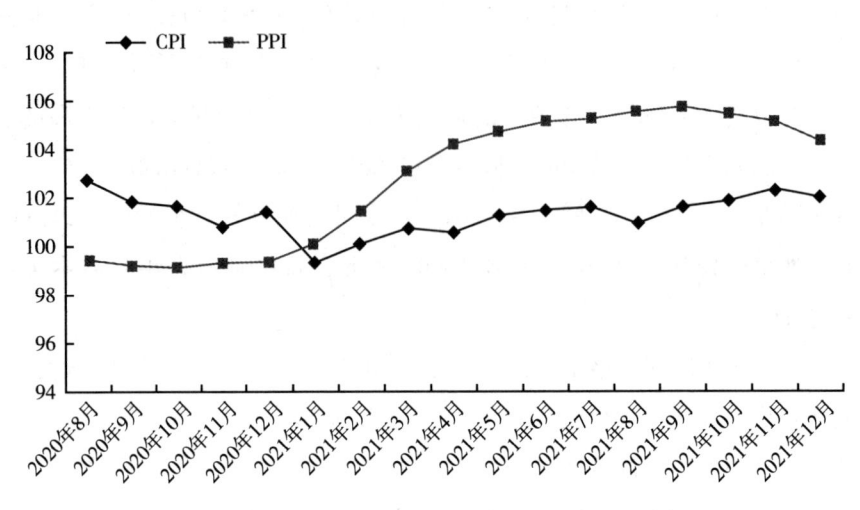

图7　2020年8月~2021年11月CPI和PPI走势

资料来源：根据国家统计局广州调查队公开数据自行整理。

此外，PPI指数在9月开始下滑，但呈现如下主要特征：一是生产资料对价格涨幅远高于生活资料涨幅；二是在调查的34个行业大类中，超六成行业大类价格普遍上涨；三是重点关注行业大类价格上涨，但在12月受需求降低影响涨幅有所回落；四是三大支柱产业中汽车制造业价格在6月后呈现下跌态势，但是石油化工制造业、电子产品制造业价格一直延续上涨态势。因此，PPI上涨主要是受国际输入的影响，加上国内主要能源和原材料供应紧张，成本不断增加，生产者不得不提高价格。这也说明，2022年区域性"滞胀"发生的概率仍在不断上升。在此趋势下，外贸企业还需承担运费成本陡增的额外压力，盈利情况将可能进一步恶化，作为开放型经济城市，必须对于可能在2022年一季度中小型出口企业出现"倒闭潮""解雇潮"的风险保持警惕。

（四）长期影响：比较优势格局调整对全球产业链产生较大冲击，或挑战"广州制造"的国际竞争力

在疫情的冲击和出口成本大幅上涨的情况下，出口行业的利润不断降低。

"运输难"若不能尽快出现转机,有可能对全球产业分工造成长期影响,挑战广州出口行业的国际竞争力。近10年间,随着土地、劳动力等要素成本以及国家环保要求的提高,部分低附加值的成本优势已经不断被东南亚等国家和地区赶超,以轻工、纺织等为代表的部分劳动密集型出口产业出现外流。

一方面,新冠肺炎疫情暴发使以美国、日本为代表的部分西方国家基于产业战略安全的考虑,加快了本国产业链集群系统构建,虽然受疫情影响生产不能马上恢复,反而加重了对中国出口产品的依赖,但随着未来疫情的逐步缓解,可能会出台更多保护本地产业、吸引产业回流的政策。当前海运市场的剧烈波动,叠加人民币快速升值,加快了国际比较优势格局的变动趋势,使得服装、纺织品、塑料制品、显示板等部分广州传统出口行业的成本优势被进一步削弱,相较其他东南亚国家和地区,中国劳动力成本优势正逐步消退,部分劳动导向型企业向其他国家和地区转移,并使广州部分本已进入国际分工的产业向本土回归。

另一方面,在海运市场混乱的情况下,采取CIF订单模式的中小型出口企业不得不承担上涨的运费,以提高产品价格或者降低利润率的方式来减少库存,而FOB订单模式的中小型出口企业则会面临客户因运费高昂、货期不确定、改变运输方式而减少订单、推迟出货或者取消订单的情况。这种情况一旦形成趋势,对产业链的影响有可能是长期的,将对"广州制造"形成较为严峻的挑战。

三 对未来国际海运市场波动趋势的预测

疫情反弹再次影响到航运业,对全球供应链的复苏与区域贸易造成影响。结合供给端和需求的分析来看,2022年上半年国际海运市场的紧张局面缓和的可能性较小,反而可能会进一步延长。

(一)海运运力供给短缺及衍生影响短期内难以明显改善

从供求关系的角度来看,在未来较长的一段时间内,市场基本不会发生根本性变化，预计2022年海运市场尤其是集装箱运输市场将仍处于运力供给短缺的状态。

一是在需求侧方面，目前高昂的海运费和严格的防疫管控抑制了部分出口需求，联合国贸易和发展会议预计，2022~2026年海运贸易的年增长率将放缓至2.4%，将低于过去20年2.9%的平均年增长率。但是，由于奥密克戎变异毒株蔓延造成的影响以及能源与大宗商品价格走高造成的局限，海运市场整体需求会维持在高位。根据Drewry的预计，全球集装箱市场货量2022年将达到2.6亿TEU，仍呈现稳中有进的积极态势。随着RCEP协定的正式生效，东南亚市场可能成为全球航运的新热点，也会继续推动我国沿海港口到日本、韩国、东盟和澳新等国家和地区的航线需求增加。

二是在供给侧方面，航运面临新增运力总量有限的制约，根据Alphaliner统计，2022年预计新增船舶175艘，新增运力约105.5万TEU（见表2），虽然RCEP协定的生效也将推进亚太区域内的运力总规模进一步提升，但海运市场仍面临供不应求的局面。供应链各环节的问题继续放大，例如天津和深圳两大港口城市，疫情输入造成供应链中断和停航风险仍然很高。此外，由于海洋运输的时间长、船只流动性大、空间相对封闭、人员接触频繁，运输船只及码头是病毒传播的高风险场所，港口码头和从事海洋运输的作业人员是疫情防控的重点对象。在病毒不断变异的情况下，严格的防疫措施将在较长时间内对有效运力产生较大影响。

表2 2020~2022年全球船舶运力投入情况

单位：艘，万TEU

2020年		2021年		2022年	
船舶数量	装载量	船舶数量	装载量	船舶数量	装载量
5372	2389.7	5516	2501.5	5691	2607

资料来源：根据Alphaliner公开数据整理。

三是海运运价波动将导致航空货运和陆运成本的快速上涨。为解决集装箱运输成本提高问题，外贸企业通过"拼箱""包船""改进集装袋"等方式降低成本。例如，可口可乐公司将产品从集装箱改为集装袋运输，维持公司运转。此外，面临海运极度爆仓和价格暴涨，航空货运的相对价格将持续下降，一些易腐品和高价值商品的代理商选择用航空运输来弥补海运增加的时间成本。而欧洲航线的企业将可能转向运费较低的铁路运输，目前已有大量的订单转向欧洲班列运输，根据海关总署统计，2021年全国开行中欧班列1.5万列，而广东开行426列，同比增加近6成，未来也可能出现铁路舱位紧缺、沿线口岸拥堵的问题，而班列时效也会受到一定的挑战。

（二）长鞭效应和突击性需求将全面释放

随着各国尤其是发达国家疫苗接种提速、大规模的财政货币政策刺激延续，以及经济活动对疫情冲击更具韧性，全球经济复苏步伐正在加速，海外需求恢复的长鞭效应将继续支撑广州的货物出口。

一是新冠肺炎疫情对全球供应链持续扰动。由于信息不对称，需求可能进一步放大，支撑对中国商品尤其是消耗品的需求，而恐慌情绪带来的囤积性需求也会给外贸出口带来额外支撑。虽然目前联合国、世界银行、国际货币基金组织等多个国际组织调低了对全球经济增长的预期，根据最新报告，世界银行预测2022年全球经济平均增长4.1%，而中国经济增长5.1%，高于发达经济体的3.8%以及新兴市场和发展中经济体的4.6%（见表3）。但是，当前主要经济体债券利率水平和全球商品价格均已反弹至疫前水平，反映了日益强化的复苏预期。受抑制的需求因素将在2022年新年逐步释放，受疫情冲击较大的零售业、接触型和聚集型服务业可能出现恢复高峰，将对商品流出产生正向刺激。

表3 国际组织预测的全球不同经济体增速

单位：%

机构名称	经济体	2021e	2022f	2023f
联合国	全球经济	5.5	4	3.5
世界银行	全球经济	5.5	4.1	3.2
	发达经济体	5.0	3.8	2.3
	新兴市场和发展中经济体	6.3	4.6	4.4
	中国	8.0	5.1	5.3
国际货币基金组织	世界产出	5.9	4.9	—
	发达经济体	5.2	4.5	—
	新兴市场和发展中经济体	6.4	5.1	—
	中国	8.0	5.6	—

资料来源：根据联合国《2022年世界经济形势与展望》、世界银行2022年1月期《全球经济展望》、国际货币基金组织2021年10月《世界经济展望》等公开数据自行整理。

二是疫情压制其他国家供给能力从而给中国带来转移订单需求。一方面新冠肺炎疫情对东南亚地区的供给能力产生了较大影响，使得中国出口份额在2020年8月、9月连续上升，由于东南亚等地出口下降造成了中国份额上升；另一方面显示了订单转移的影响，即中国出口对东南亚出口形成了替代。这种替代效应可能更体现在部分劳动力密集型产品上，中国和越南的鞋靴出口呈现一定的替代关系。根据世界银行的预测，到2022年，东南亚地区多数经济体的疫苗接种率将超过70%，经济将有所回升，但增幅不高，但奥密克戎或其他变异毒株仍有可能对该地区造成伤害，经济前景面临较大下行风险，这也促使国际客户改变原有下单思路，至少在短期内更倾向于选择具有完备工业体系和稳定供应链的中国制造。

四 应对国际海运市场持续波动的建议

（一）抢抓时机发展亚欧班列，巩固广州在"一带一路"上的枢纽地位

铁路运输运期短、到货时间确定、人员接触少、运量增长空间极大，

在国际货运航线停飞、海运价格飙升等情况下，中欧班列在亚欧商品进出口中的重要性正在不断上升。2021年广东中欧班列开行数量激增，目前广州中欧班列（大朗）开行进出口班列128列，发运标箱12768个，货重6.74万吨，同比分别增加15.32%、22.23%、22.99%，各项数据均创运营以来新高，但无论广州还是广东全省的中欧班列数量在全国1.5万列中占比均不高。在未来全球需求复苏、海运运力依旧短缺的大背景下，预计将有更多的亚欧进出口商品将向铁路运输转移，对中欧班列的需求还将进一步增加。应抓住这一时机，争取增设班列节点，不断开辟东盟、远东、欧洲等新的出入境线路，大力增发班列次数，着力增强广州在陆上丝绸之路上的枢纽作用。

（二）发挥交通枢纽城市功能和基础设施优势，大力发展海铁水陆空多式联运

据报，2021年广州港已经实现将中欧班列在大朗车站的运作延伸至港区码头，并在4月29日运行了首班"韩国—广州港—阿拉山口—波兰"班列，开创了海铁联运中欧班列新局面。应充分利用粤港澳大湾区港口群发达，铁路、公路运输网密布的优势，大力增强海港、路港与公路网的联通性，积极拓展海铁联运等多式联运模式，支持中欧班列将物流链条延伸至珠三角更多地区。支持企业充分利用公路、铁路、海运、区间流转等多种方式集货集柜、集拼集运，助力珠三角传统商品、特色商品、优势商品出口。通过业态叠加和监管模式创新，为中欧班列持续稳定开行提供监管通关保证。预计未来5年，大湾区集装箱海铁联运增长空间巨大，到2025年，预计货运发送达到1.95亿吨，其中海铁联运量达到4500万吨，集装箱发送量达到160万标准箱，跨区域多式联运发展空间巨大。

（三）及时收集、整理和发布国际货运信息，尽可能降低企业决策的不确定性

当前，出口企业不仅面临运输成本大幅上升的压力，还要面对轮班不稳

定、仓位和货柜短缺、价格信息混乱等困难，对中欧班列的班次、线路和费用等也缺乏了解。相关部门应组织集中收集、整理海运市场变化的相关信息，通过港口信息发布平台、移动App等通道及时对外发布，并定期发布权威机构对国际海运情况的预测，帮助企业，特别是中小企业掌握港口、船只、航线变动的实时状况和变动趋势，降低企业决策中的不确定性。同时，针对广州和广东中欧（亚欧）班列的口岸、班次、目的地口岸信息、联运中转方式等，进行及时准确的信息发布，帮助进出口企业更便利地获得替代性运输方案。

（四）持续深化通关便利化改革，加大港口建设和监管创新力度，不断提升通关效率

进一步深化海关和口岸通关的电子化、便利化改革，积极推广应用"互联网+海关"，充分利用"单一窗口"，采取线上申报、审批、放行的通关方式，减少通关、运输中的人-人接触，尽可能将因疫情防控需求带来的时间延误、效率下降、成本增加降到最低。加强针对海铁联运、多式联运等新型运输方式的监管创新，如推进集装箱施封流程改革等。加大港口铁路、无人自动化码头、国际物流中心、冷鲜仓储等硬件设施建设力度，提高港口作业效率与作业能力。

（五）加强研究、科学统筹疫情防控与运输作业

根据疫情防控需要改进港口作业方式，如提高港口设施电子化、智能化水平，增加自动化、机械化作业和电子化流程的比例，尽量减少不必要人员接触，同步加强港口作业人员生活区域的防控措施和生活物资配给，减少因疫情防控措施造成的不必要减员。增强粤港澳大湾区港口群乃至周边港口群在作业能力、运单、人员等方面的统筹与合作，制定应急运输方案，尽量减少突发情况造成的局部运力瘫痪。针对码头、港口和不同运输方式的作业特点，科学合理地制定疫情防控措施，尽量做到精准施策，避免一刀切，增加防疫物资供给，将防疫要求对生产造成的影响降到最低。

B.8
广州内外贸高质量发展现状及对策研究

朱丽丽 陈 和[*]

摘 要： "十四五"开局之年，广州在统筹疫情防控和商贸经济高质量发展上双向发力，同频共振，商贸经济高质量发展成果不断巩固，彰显极强韧性。内贸发展出新出彩，千年商都焕发新活力，外贸发展回暖向好，外贸强市迈上新台阶，广州内外贸高质量发展步伐稳健，率先紧握实现万亿双跨越历史机遇。但基于新冠肺炎疫情防控常态化与商贸经济发展内外部复杂形势，广州内外贸高质量发展潜力仍待激发，发展后劲亟待提升。因此，广州应紧紧锚定国际消费中心城市建设契机，抢抓区域全面经济伙伴关系协定（RCEP）签订机遇，顺应国家数字经济与数字贸易发展趋势，在内贸上积极发挥新业态优势，释放内贸发展新潜力，在外贸上发力创新驱动，创造外贸发展新动力，推动广州内外贸高质量发展工作不断走深走实，为服务构建新发展格局战略支点提供广州支撑。

关键词： 商贸经济 内外贸发展 广州

一 背景

2020年，面对复杂的国内外经贸形势特别是新冠肺炎疫情的严重冲击，广州以稳中求进的工作基调，坚持底线思维，保持战略定力，聚焦"六

---

[*] 朱丽丽，广州商学院专任教师；陈和，广东外语外贸大学国际服务经济研究院副院长。

稳"，落实"六保"，缓解需求收缩、供给冲击、预期转弱"三重压力"。"十四五"开局之年，广州以在全省打造新发展格局战略支点中发挥重要支撑作用为目标，在统筹疫情防控和商贸经济高质量发展上双向发力，同频共振。2021年，广州锚定国际消费中心城市建设契机，紧抓区域全面经济伙伴关系协定（RCEP）签订机遇，顺应国家数字经济与数字贸易发展趋势，创新求变，锐意进取，推动商贸经济出新出彩。内贸方面，社会消费品零售总额稳居全国前列，直播电商与夜间经济发展跃上新水平，千年商都焕发新活力；外贸方面，进出口贸易克服疫情再创佳绩，市场采购拓区扩品，跨境电商领跑全国，外贸强市迈上新台阶。广州内外贸工作谋定而后动，于变局中开新局，为万亿双跨越创造历史性机遇，为广东打造新发展格局战略支点提供有力支撑，也为粤港澳大湾区打造贸易数字化领航区贡献广州智慧。

二　广州内外贸高质量发展现状

（一）内贸发展出新出彩

1. 消费品市场逐步回暖

2010~2019年，广州内贸整体规模稳步扩大，社会消费品零售总额从2010年的3809.04亿元增长到2019年的9551.57亿元，年均增长10.75%。受新冠肺炎疫情影响，2020年广州实现社会消费品零售总额9218.66亿元，较上年下降3.5%，但降幅小于广东省（-6.4%）和全国（-3.9%）。2021年以来，在培育建设国际消费中心城市各项措施助推下，广州消费市场企稳回暖，广州实现社会消费品零售总额10122.56亿元，率先突破万亿目标（见图1）。从广州社会消费品零售的月度指标来看，2021年1~12月累计增速与2020年受疫情影响的"前低后高"的运行特点有所不同，2021年累计增速整体呈现"前高后低"的态势运行，走势从年初的高位逐步窄幅下行，但1~11月社会消费品零售总额均保持两位数增长，12月累计增速有所下行，达到9.8%。2021年月度增速在6月触底反弹之后总体上行，呈现

"M"形发展规律,广州消费品市场总体保持恢复态势(见图2)。其中,新型消费持续升温。2021年,广州限上批发和零售业通过互联网实现商品零售额达2209.07亿元,同比增长12.6%,占社会消费品零售总额的比重为21.8%,拉动社会消费品零售总额增长2.7个百分点①。

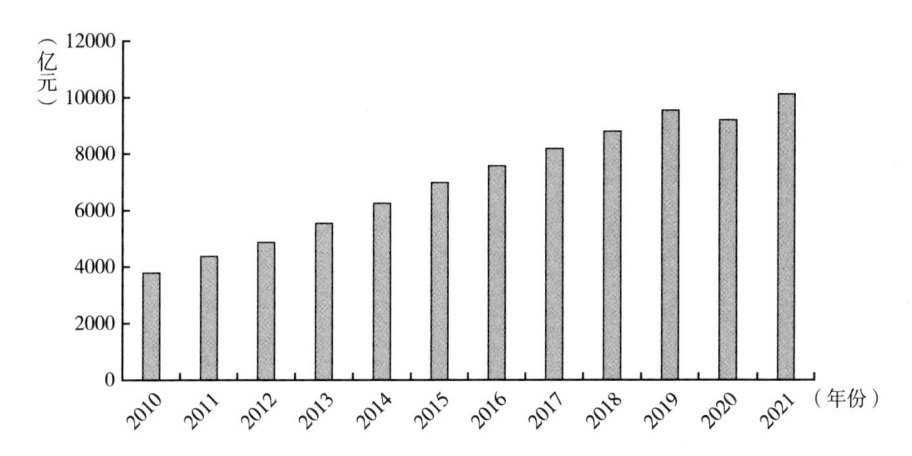

图1 2010~2021年广州社会消费品零售总额

资料来源:根据广州统计信息网年度报表数据整理。

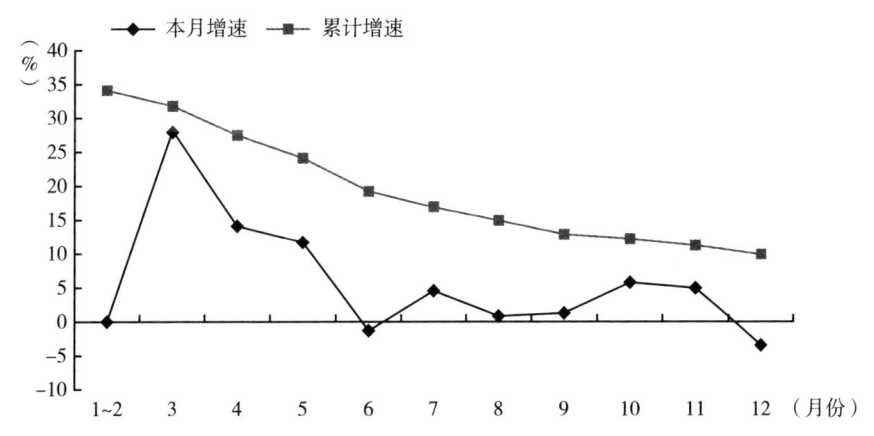

图2 2021年1~12月广州社会消费品零售总额各月同比增速及累计增速

资料来源:根据广州统计信息网进度报表数据整理。

---

① 资料来源:广州市统计局。

2. 与其他经济强市相比：整体优势明显

广州社会消费品零售总额与全国其他经济强市相比整体优势明显，成为继北京、上海和重庆之后全国第4个社会消费品零售总额突破万亿元城市。2021年，广州实现社会消费品零售规模首次迈上万亿新台阶，实现总额达10122.56亿元，规模超深圳、苏州、杭州、天津等经济强市，领先深圳（9498.12亿元）超6%，领先苏州（9031.3亿元）超12%，是杭州（6744亿元）的1.5倍，是天津（3787.13亿元）的2.67倍（见图3）。可以发现，深厚基础为广州内贸定心定力发展创造优势，而在新发展格局下，广州将加速铺展内贸高质量发展"施工图"。

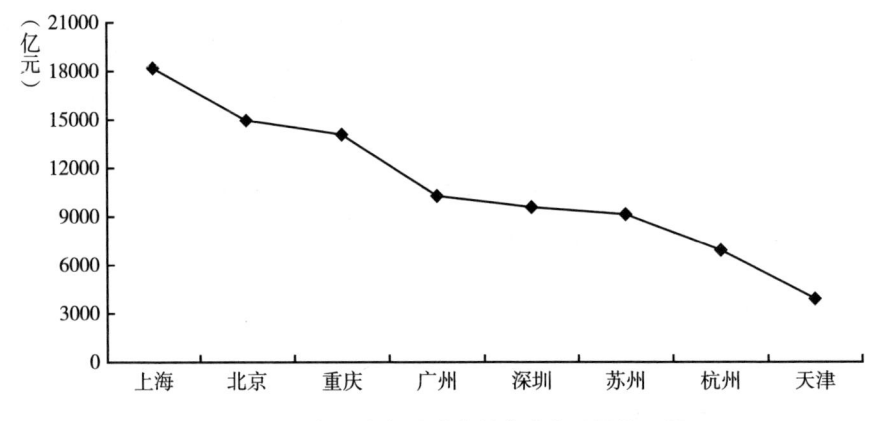

图3 2021年国内部分城市社会消费品零售总额

资料来源：各城市统计局。其中2021天津社会消费品零售总额=2020天津社会消费品零售总额×（1+2020天津社会消费品零售同比增速），2020天津社会消费品零售总额数据来源于国家统计局，2021年社会消费品零售总额同比增速来源于天津市统计局。

（二）广州外贸发展势头稳健

1. 广州外贸彰显较强韧性

2015~2021年，广州外贸增长总体稳健，进出口总值从2015年的8306.28亿元增长到2021年的10825.88亿元，年均增长4.55%。2019年，广州实现进出口总值10001.04亿元，首次突破万亿元大关，但受中美贸易摩擦和新冠肺炎疫情等复杂因素影响,2020年,广州外贸呈下跌态势,实现进出口总值9530.06亿元,较上年下跌4.71%(见图4),其中,实现出口总值5427.67亿元,实现逆势增长,较上年增长3.22%。2021年,广州外贸发展成绩亮眼,进出口总值再次迈上万亿元台阶,达到10825.88亿元,较上年增长13.5%。从广州进出口总值的月度指标来看,累计增速呈现年初低位逐步攀升后年底回落的"抛物线"运行态势,依旧保持两位数增长,其中,第二季度外贸一路上扬,呈现高增长态势,6月份达到峰值,进出口累计增速为25.8%。单月增速在9月触底后反弹,至11月呈现上涨态势,实现了止跌回升(见图5),展现出广州强大的经济韧性和市场活力。

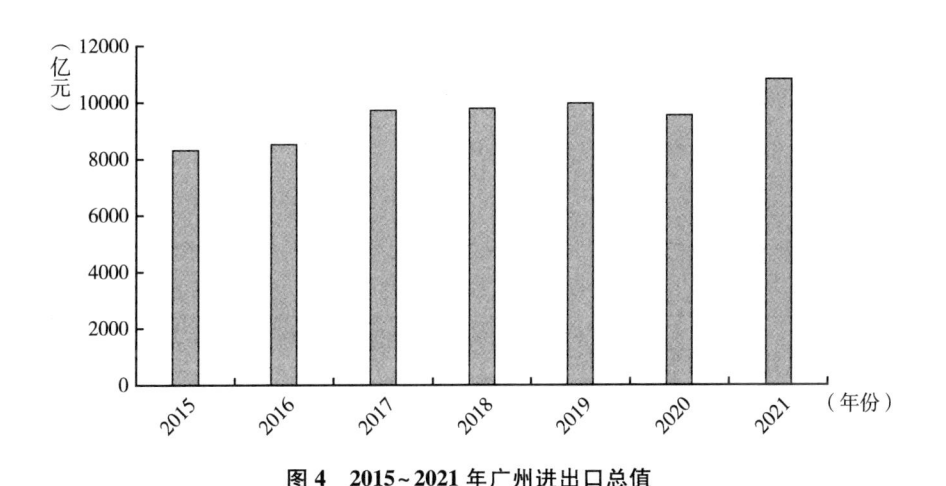

图4 2015~2021年广州进出口总值

资料来源:《广州统计年鉴》(2016~2021年),2021年数据来源于广州市统计信息网。

2.贸易方式持续优化

一般贸易稳中有升,占比持续提高,贸易方式持续优化。2015~2021年,广州一般贸易进出口总值实现平稳增长,规模从2015年的3628.88亿元逐步增长至2021年的5969.69亿元,与加工贸易占比逐步下降不同,一般贸易占比持续扩大,从2015年的44%提高至2021年的55%(见表1)。产业链条更长、附加价值更高的一般贸易占比的不断提高表明了广州外贸正

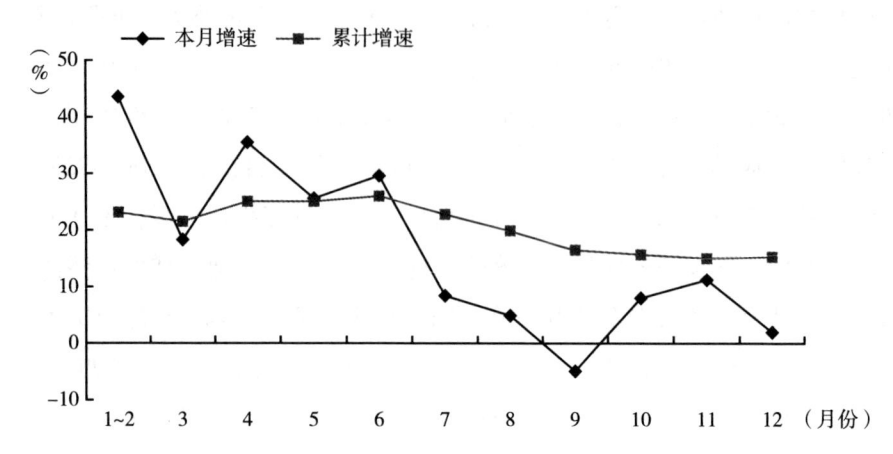

图 5 2021年1~12月年广州进出口总值各月同比增速及累计增速

资料来源：根据广州统计信息网进度报表数据整理。

从高速增长到高质量发展方向逐步转变，同时也彰显了广州贸易结构更趋优化，发展内生动力不断增强。

表1 2015~2021年广州不同贸易方式总值、增速以及占比情况

单位：亿元，%

年份	一般贸易			加工贸易		
	总值	同比增长	占比	总值	同比增长	占比
2015	3628.88	3.55	44	2891.66	-3.41	35
2016	3749.36	3.34	44	2757.30	-4.65	32
2017	4390.52	17.01	45	2738.34	-0.75	28
2018	4594.24	4.60	47	2654.45	-3.10	27
2019	4893.15	6.60	49	2492.02	-6.10	25
2020	4893.72	0.00	51	1938.81	-22.20	20
2021	5969.69	22.08	55	2280.37	17.62	21

资料来源：根据广州海关统计的2015~2021年广州地区进出口简报整理。

3. 外贸市场结构更趋多元

国际市场布局持续优化，市场多元化成效显著。2021年1~10月，

除日本外，广州对主要贸易伙伴进出口保持较快增长。东盟市场继续占据广州外贸市场规模首位，进出口总值达1479.70亿元，较上年同期增长17.1%，占广州进出口总值的16.43%，其中，进口515.30亿元，较上年同期增长8.85%，出口964.37亿元，较上年同期增长22%。对欧盟、美国、日本和非洲的进出口总值分别为1345.60亿元、981.50亿元、804.40亿元、763.80亿元，较上年同期分别增长22.80%、12.80%、-2.30%、8.50%（见图6）。对前五大贸易伙伴实现进出口总值共计5375亿元，合计占比为59.68%，较上年同期的60.77%下降1.09个百分点（见图7）。对"一带一路"沿线国家（地区）进出口2557.6亿元，较上年同期增长19.3%，超过广州进出口增速4个百分点。对RCEP成员国进出口3049.4亿元，较上年同期增长8.9%。值得注意的是，根据广州海关数据统计，2020年与2021年1~10月广州对非洲的进出口总值均超过香港，非洲取代香港成为广州前五大贸易伙伴之一，由此可见，广州与非洲的经贸合作日益密切，而香港由于贸易环境和优势的逐渐弱化，其贸易份额也呈现逐年下降态势。

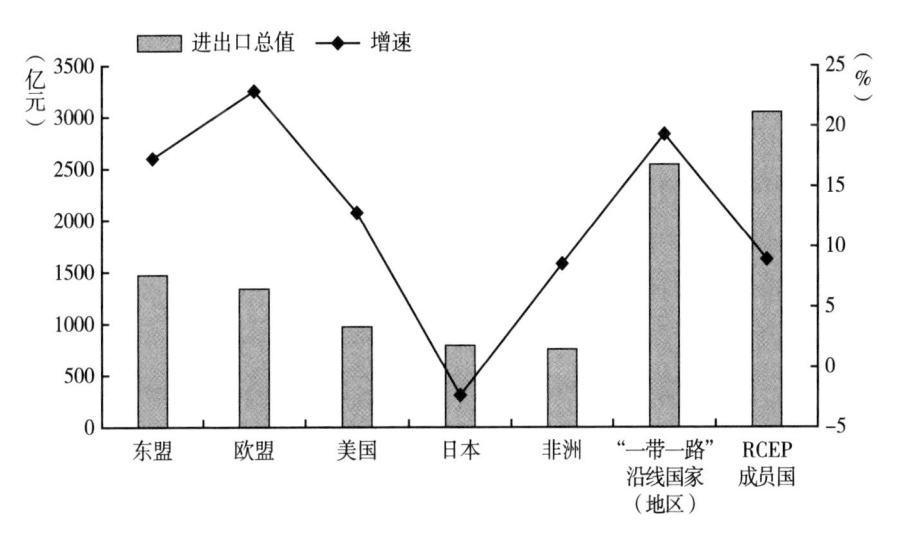

图6　2021年1~10月广州对主要外贸市场进出口总值及增速

资料来源：广州海关统计分析。

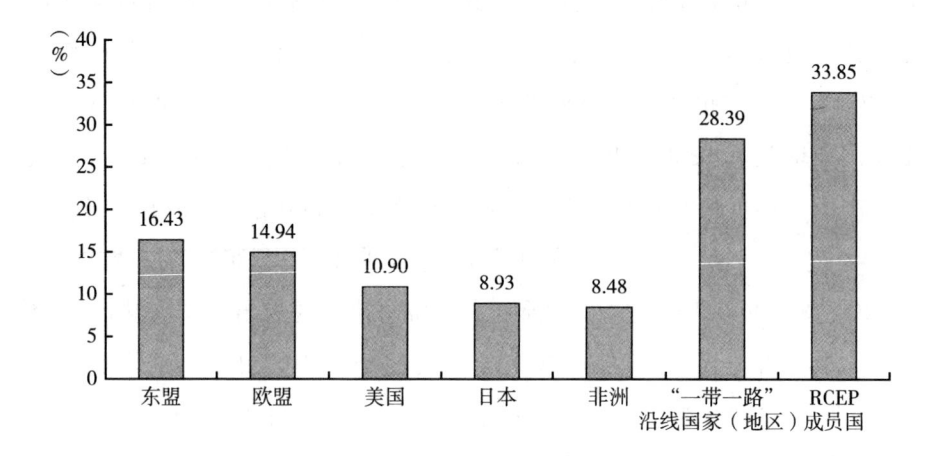

图7 2021年1~10月广州对主要外贸市场进出口占比

注：因"一带一路"沿线国家（地区）、RCEP成员国等主要外贸市场有重合，所以加总超100%。

三 广州内外贸高质量发展存在的问题

（一）内贸潜力待激发

1. 广州消费发展潜力仍待激发

2010~2019年，广州社会消费品零售实现总额呈现较为平稳的增长态势，但增长速度整体呈现稳中趋缓的态势，发展潜力仍待进一步激发。2010~2015年，社会消费品零售总额保持高速增长，年均增速达到14.13%，2016年及以后，广州实现的社会消费品零售总额增速跌落至个位数，年均增速降至8.1%（见图8）。作为千年商都，受传统商业增长乏力、直播电商竞争激烈叠加新冠肺炎疫情突发等因素冲击，2020年广州社会消费品零售总额负增长，增速为-3.5%，而重庆后来居上，2020年，重庆社会消费品零售总额突破万亿元大关，规模达11787.20亿元，超过广州（9218.66亿元）2568.54亿元，继上海、北京成为全国第3个社会消费品零售总额突破万亿元的城市。2021年重庆实现社会消费品零售总额13967.67亿元，继续超过广州（10122.56亿元）3845.11亿元，增速也高出广州8.7个百分点，直接加剧了广州内贸高质量发展的压力。

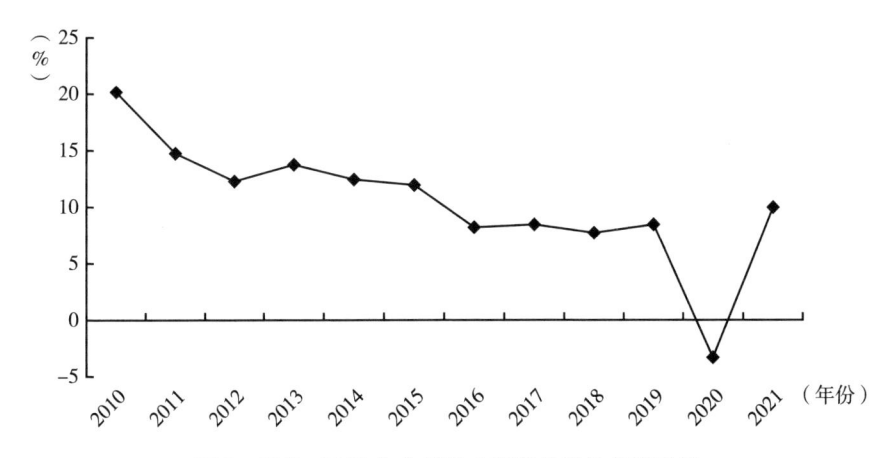

图8 2010~2021年广州社会消费品零售总额增速

资料来源：根据广州统计信息网年度报表数据整理。

2. 与其他经济强市相比：增长压力持续加剧

广州社会消费品零售总额虽位居全国前列，但与京津沪渝深苏杭七大城市相比，增速处于低位，内贸发展压力持续加剧。2021年，广州的社会消费品零售总额同比增速为9.8%，低于重庆（18.5%）、苏州（17.3%）、上海（13.5%）和杭州（11.4%），仅高于深圳（9.6%）0.2个百分点，同时也落后广东省（9.9%）和全国（12.5%）（见图9）。因此，尽管2021年深圳、苏州和杭州实现的社会消费品零售总额不及广州，但强劲的发展增势使其极易在短期内实现弯道超车。同时，作为人口密度大、流动性强的国际商贸中心城市，新冠肺炎疫情防控常态化可能导致会展、文旅等广州重点商贸服务业需求在短期时间内仍呈现下行趋势，这也直接加剧广州内贸高质量发展的压力和挑战。

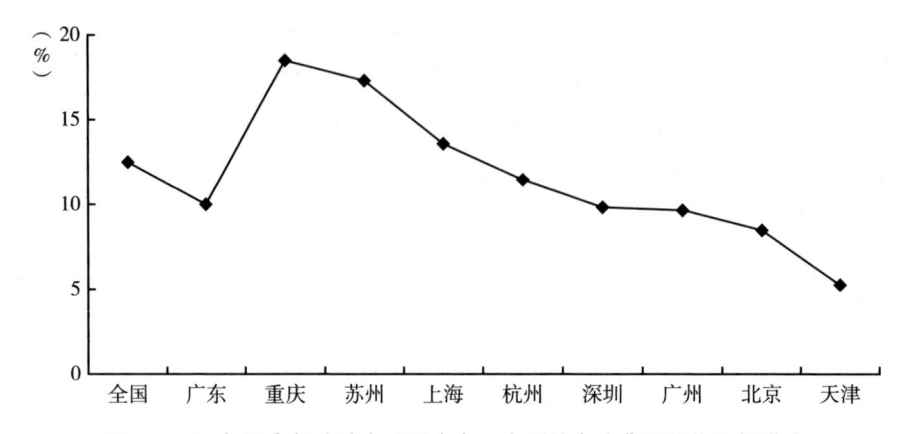

图9 2021年国内部分城市以及广东、全国社会消费品零售总额增速

资料来源：根据各城市统计局、广东省统计局以及国家统计局进度报表数据整理。

（二）广州外贸后劲待提升

1. 发展后劲亟待提升

一方面，外贸整体增长态势趋于弱化，进口贸易深度下滑。近几年，广州外贸整体规模增幅逐步收窄，增长态势趋于弱化，2015～2021年广州进出口总值增速跌宕起伏，波动频繁，增速整体呈现"前低后高"的发展态势。2016年、2018年和2020年广州进出口总值跌入波谷，其中，在贸易保护主义持续盛行和中美贸易摩擦加剧的影响下，2018～2019年广州外贸增长乏力，进出口贸易总体规模分别较上年增长0.99%和1.93%，而增速均低于上年（13.75%）超10个百分点，在出口方面更是出现两年连续负增长，出口总值分别较上年降低3.19%和6.23%（见表2）。同时，新冠肺炎疫情也导致2020年广州进口出现深度下滑，进口总值较上年降低13.50%。由此可见，日趋复杂的经贸形势为广州进出口贸易带来较为严峻的外部挑战。另一方面，广州外贸发展后劲亟待提升。与京津沪渝深苏杭七大城市相比，首先，从进出口总体规模看，2020年，广州货物进出口总值为9530.06亿元，仅为上海（34828.47亿元）的27.36%、深圳（30502.53亿元）的31.24%、北京（23215.90亿元）的41.05%、苏州（22321.43亿元）的

42.69%。2021 年，广州实现货物进出口规模 10825.88 亿元，为上海（40610.35 亿元）的 26.66%、深圳（35435.57 亿元）的 30.55%、北京（30438.37 亿元）的 35.57%、苏州（25332.00 亿元）的 42.74%（见表3）。可以发现，2020 年与 2021 年广州实现货物进出口规模占北京、上海、深圳、苏州总额均不足五成，整体增长态势与北京、上海、深圳和苏州相比仍有较大差距。其次，从进出口贸易增速看，在京津沪渝广深苏杭八大城市中，2020 年广州进出口总值增速仅高于北京（-19.1%），而 2021 年广州进出口总值增速为八大城市末位，仅与苏州（13.5%）持平，且两年增速均低于广东和全国水平。因此，广州外贸高质量发展仍存在较大压力，亟待锤炼外贸竞争新优势，增强外贸发展后劲。

表 2　2015~2021 年广州进出口总值及增速变化情况

单位：亿元，%

年份	进出口 总值	进出口 增速	进口 总值	进口 增速	出口 总值	出口 增速
2015	8306.28	3.53	3271.71	-7.97	5034.57	12.69
2016	8541.02	2.83	3382.26	3.38	5158.77	2.47
2017	9715.52	13.75	3923.09	15.99	5792.43	12.28
2018	9811.59	0.99	4204.09	7.16	5607.50	-3.19
2019	10001.04	1.93	4742.68	12.81	5258.36	-6.23
2020	9530.06	-4.71	4102.39	-13.50	5427.67	3.22
2021	10825.88	13.50	4513.71	9.60	6312.17	16.40

资料来源：广州统计年鉴（2016~2021），2021 年数据来源于广州统计信息网进度报表。

表 3　2020~2021 年国内部分城市以及广东、全国进出口情况

单位：亿元，%

城市	2020 年 总值	2020 年 增速	2020 年 广州占比	2021 年 总值	2021 年 增速	2021 年 广州占比
广州	9530.06	-4.71	—	10825.88	13.5	—
上海	34828.47	2.30	27.36	40610.35	16.5	26.66

157

续表

城市	2020年 总值	2020年 增速	2020年 广州占比	2021年 总值	2021年 增速	2021年 广州占比
深圳	30502.53	2.40	31.24	35435.57	16.2	30.55
北京	23215.90	-19.1	41.05	30438.37	30.56	35.57
苏州	22321.43	1.00	42.69	25332.00	13.5	42.74
天津	7340.66	-0.10	—	8567.42	16.28	—
重庆	6313.36	12.5	—	8000.59	22.8	—
杭州	5934	5.9	—	7368.97	23.68	—
广东	70844.82	-0.9	13.45	82680.3	16.7	13.09
全国	321557	1.9	2.96	391009	21.4	2.77

资料来源：2020年广州、上海、深圳、北京、苏州、天津、杭州数据来源于各市2020年国民经济和社会发展统计公报，重庆、广东与全国的数据来源于各统计年鉴（2021）；2021年数据根据各个城市统计局和海关、广东统计局、国家统计局进度报表数据整理。

2. 产品结构优化趋缓

新冠肺炎疫情导致广州外贸增长乏力，其中产生较为严重影响方面体现在进出口产品结构优化趋势的减缓。从产品结构来看，相较于农产品，广州机电产品和高新技术产品占进出口总值比重虽然较高，但2015~2021年进出口占比整体趋势下滑，呈现逆向调整态势。从进口产品来看，2021年农产品在进口总值中占比为12.30%，较上年提高0.42个百分点；机电产品占比为37.41%，较上年降低5.01个百分点；高新技术产品占比为22.85%，较上年降低3.31个百分点。从出口产品来看，农产品在进口总值中占比为1.14%，较上年降低0.17个百分点；2021年机电产品与高新技术产品出口占比较上年有所提高，机电产品占比为49.80%，较上年提高0.04个百分点，高新技术产品占比为15.81%，较上年提高1.44个百分点（见表4），但与前几年相比，机电产品与高新技术产品出口占比仍然处于下滑态势。

表4 2015~2021年广州进出口商品结构变化情况

单位：亿元，%

年份	进口 总值	占比 农产品	占比 机电产品	占比 高新技术产品	出口 总值	占比 农产品	占比 机电产品	占比 高新技术产品
2015	3271.74	11.48	45.24	28.80	5034.66	0.91	50.73	16.97
2016	3379.87	11.86	43.38	26.86	5187.05	0.92	51.90	17.91
2017	3922.21	10.36	43.87	27.38	5792.15	0.91	51.50	17.15
2018	4202.57	9.22	47.11	28.33	5607.58	1.10	50.30	15.40
2019	4737.83	8.84	48.65	31.55	5257.98	1.26	51.33	15.83
2020	4102.39	11.88	42.42	26.16	5427.66	1.31	49.76	14.37
2021	4513.71	12.30	37.41	22.85	6312.18	1.14	49.80	15.81

资料来源：根据广州海关统计的2015~2021年广州地区进出口简报整理。

四 推动内外贸高质量发展的对策建议

（一）从内贸上看，广州应发挥新业态优势，高标准建设国际消费中心城市

1. 推进传统商贸数字化转型

第一，继续发挥直播电商引领作用。以线上线下两大平台为载体，以政策支撑体系、主体培育体系、资源对接体系、人才培养体系四大服务体系为架构，依托广州千年商都的商贸基因，发挥广州信息消费优势，紧密结合商贸和专业市场等领域特色，继续推进实施直播电商"个十百千万"工程，推动以直播电商、社交电商等新业态引领广州新型消费加速发展。第二，加快推进传统商贸企业数字化转型。支持"数字化+"发展模式，推动广州传统商贸业态线上数字化转型与互联网平台企业线下拓展延伸双向加速，实现线上线下企业协同联动、消费高效融合新局面。鼓励广州实体企业创新开发数字化产品与服务，引导传统商贸企业、专业批发市场与电子商务、社交营

销融合发展，打造广州内贸发展新模式。第三，积极培育消费新业态新模式。一是加快组建"定制之都"产业联盟，持续办好广州天河路商圈、上下九步行街、北京路步行街等标志性商业场所"定制之都"展示中心和消费体验中心，创新推出家居、服饰、汽车、智能终端等多领域个性化定制产品，培育广州定制消费新型模式。二是支持打造智慧社区消费模式，深入挖掘社区资源，充分利用新信息技术，构建智慧社区示范点，支持品牌企业在社区打造购物、餐饮、物流等生活服务商业网店，提供智慧社区"一站式"服务，进一步提升社区消费和服务智慧化、便捷化。三是积极推动免税新业态发展，加快在南沙邮轮母港、白云国际机场和广州东站等地设立或完善口岸免税店，扩大退税商店规模，努力探索小额"即买即退"试点，同时争取设立市内免税店，引导消费回流，释放广州免税新业态消费潜力。

2. 加快数字商务新基建步伐

第一，深化一流商圈建设。以广州"一脉三区、一核一极、多点支撑、网络布局"的空间发展结构为引领，以标志性商业综合体分布、轨道交通网络、人口分布等要素为依托，以物联网、人工智能等数字技术为手段，以高端化、智慧化、差异化发展为目标，加速升级北京路、天河路等重点传统商街基础设施建设智能化水平，合理布局大型智慧零售网点，构建"5+2+4"国际商圈体系，以高标准高水平建设广州塔-琶洲、天河路-珠江新城、长隆-万博等5个世界级商圈，打造广府活力区和大西关2个岭南特色商圈，培育广州南站、广州北站-白云机场等4个枢纽型国际商圈。第二，打造会展生态集聚区。继续推进广交会展馆四期建设，以数字化手段推动广交会线上线下双向联动，实现功能性升级。积极谋划举办具有影响力的国内、国际大型会展，加速推进广州空港会展中心建设，持续办好广州白云机场商务航空展、广州建博会、广州家博会等行业领先展会，做强家电、建材、汽车等传统消费型展会，培育潮玩、手游、定制服务等新型消费类展会，塑造广州"会展之都"长期形象，筑牢"买全球、卖全球"的开放平台，为广州内贸高质量发展打造支撑平台。

3.紧抓国际消费中心建设契机

第一，持续增强国际商贸中心功能。依托广州国际商贸中心良好基础，充分挖掘广州消费优势，汇聚湾区新型消费创新资源，积极培育壮大各类消费新业态新模式，打通消费堵点，链接消费断点，助力焕发广州"千年商都"新活力，率先打造广州建设高标准高质量国际一流消费中心城市。第二，深入实施"五大工程"。瞄准"中心"关键定位，紧扣"消费"核心功能，深入实施"尚品、提质、强能、通达、美誉"五大工程，将广州打造成为全球消费创新策源地、消费资源集聚地、消费潮流引领地和世界消费目的地。第三，完善构建两大体系。一是构建共建共享体系，紧抓粤港澳大湾区和横琴粤澳深度合作区、前海深港现代服务业合作区建设重大战略机遇，深化广深双城联动和穗港澳合作，深入对接汇聚区域消费优质资源，打造湾区城市群消费联动发展新格局。二是完善政策制度体系，持续优化广州在商品进出口、跨境消费服务、自由贸易等政策环境，以完善的政策支持环境为引领，对接国际通行标准，率先将广州建设成为"万商云集、近悦远来"的国际消费中心城市。

（二）从外贸上看，广州应发力外贸数字驱动，争当粤港澳大湾区贸易数字化领航区建设排头兵

1.加速实现外贸优化升级

第一，促进跨境电商持续健康发展。一是立足粤港澳大湾区和自由贸易试验区独特优势，扎实推进跨境电商综合试验区高质量建设。加速建设广州跨境电商枢纽港，形成"海港、空港、陆港、信息港"四港联动的交通体系，打造更具影响力的跨境电商国际枢纽城市。二是进一步落实广州跨境电商高质量发展配套政策，鼓励有条件的跨境电商企业构筑要素集聚、坚固灵活的供应链，建立线上线下融合、境内境外联动的双向营销体系，同时鼓励外贸企业运用物联网、区块链等技术手段积极探索打通跨境电商交易全链条的智能化创新模式，释放广州跨境电商发展动能，打造广州外贸高质量发展新格局。第二，稳固外贸产品竞争优势。加速推进广州创新驱动出口战略实

施，鼓励广州外贸企业紧抓新一轮科技革命机遇，以产品高端化、数字化为发展方向，深耕产品研发创新，突破关键技术、材料等方面瓶颈，提升核心技术攻关成果转化能力，引导外贸企业向全球价值链中高端位置跃升，稳固外贸高质量发展内核，培育广州外贸竞争综合优势。第三，优化进出口商品结构。积极增加优质商品进口，鼓励战略性新型产业发展所需的关键零部件、重要设备等高技术产品以及能源资源型、紧缺型农产品进口。着力扩大优势产品出口。提高智能家电、智能机器人、高端装备、新材料等机电产品和高新技术产品出口比重，稳定纺织服装、塑料制品、家具、玩具等广州传统优势产品出口比重，持续优化进出口产品结构，推动广州外贸量稳质升。

2. 锚定数字贸易发展任务

第一，搭建数字服务贸易支撑平台。以天河中央商务区国家数字服务出口基地建设为契机，协同天河智慧城、广州人工智能与数字经济试验区等数字集聚区，充分发挥辐射引领和功能导向作用，引导广州传统制造企业率先实现数字化转型，延伸产业链条。加快打造国家级广州数字贸易支撑平台，扩大数字贸易行业对外开放，强化数字服务贸易出口优势，推动发展"数字+"贸易新业态，激活广州外贸高质量发展新动能。第二，提升外贸企业数字化水平。支持广州数字外贸企业协同攻关关键核心技术，探索开放数字化应用场景，推动数字技术产品与服务广泛应用。统筹财政专项资金与引导基金，拓宽广州数字贸易企业投融资渠道，通过财税扶持等方法降低广州数字贸易企业发展和传统外贸企业数字化转型的成本与风险。第三，探索数字贸易发展广州经验。顺应国家数字经济和数字贸易发展新趋势，紧抓粤港澳大湾区建设贸易数字化领航区契机，叠加横琴粤澳深度合作区、前海深港现代服务业合作区建设重大战略机遇，积极探索数据服务市场准入、数据跨境流动、数据分级分类监管等管理机制，推广辐射广州先进和成功的经验做法，为粤港澳大湾区建设贸易数字化领航区打造"广州模版"。

3. 抢抓 RCEP 协议签订机遇

紧抓 RCEP 机遇，培育面向 RCEP 成员国的外贸新优势。持续深化与发达经济体贸易合作，积极拓展与"一带一路"沿线国家（地区）等新兴市场的贸易合作，尤其抢抓 RCEP 签订机遇，激活广州与 RCEP 成员国贸易的战略布局，创造外贸新增长点，拓展广州外贸高质量发展新空间。一是瞄准 RCEP 规则，加强 RCEP 专题研究，切实将 RCEP 机遇转化为广州外经贸竞争力，塑造广州外贸高质量发展新增长点。加强对 RCEP 成员国重点领域、重点产业的互补性研究，梳理精准到国别、到产品的产品减税名录，助力广州外贸企业享受更大政策红利。二是加强引导广州外贸企业深入理解和掌握 RCRP 规则，用足用好原产地累积规则和减让政策，加强与 RCEP 成员国跨境贸易合作，挖掘产品贸易机遇，率先在 RCEP 成员国范围内配置产业链环节，优化产业链布局，实现广州与 RCEP 成员国贸易发展同频共振、同向聚合。

B.9
把握RCEP机遇实现广州经济高质量发展研究

朱科冲[*]

摘　要： 2022年1月1日，RCEP对中国等10个成员国率先生效实施，韩国等其他成员国将待国内批准后陆续实施。本文阐述了RCEP的实施对中国及世界的意义，尤其是实现了中日和日韩之间的自贸关系，将为世界贸易投资自由化提供巨大的动力。本文进一步分析了RCEP将给广州带来的诸多机遇和挑战，认为广州外向型偏低、出口产品附加值低、消费增长乏力等缺陷，在开放环境下将面临进一步放大的风险；本文还提出了广州积极迎接挑战、抓住机遇、实现高质量发展的对策建议。

关键词： RCEP　高质量发展　广州

一　RCEP基本情况及对中国的意义

2020年11月15日，东盟十国和中国、日本、韩国、澳大利亚、新西兰五国正式签署《区域全面经济伙伴关系协定》（下称RCEP），标志着全球最大自贸区诞生；2022年1月1日，RCEP对文莱、柬埔寨、老挝、新加坡、泰国、越南6个东盟成员国和中国、日本、新西兰、澳大利亚4个非东盟成员国正式生效实施。RCEP的实施，对中国加速改革开放、加快构建新

---

[*] 朱科冲，广州市商务局。

发展格局、进一步融入世界经济具有重要而深远的意义，不啻于第二次入世，其对世界经济格局的影响也非常深远。

RCEP整合并拓展了15国间多个自由贸易协定，削减了关税和非关税壁垒，统一了区域内规则，推动了亚太一体化发展。RCEP共有20个章节，涵盖货物贸易、服务贸易、投资和自然人临时移动四方面的市场开放，纳入知识产权、电子商务、竞争等现代化议题。RCEP核心在于增强货物贸易、服务贸易、投资以及人员流动方面的市场开放，尤其在关税上取得了重大突破，给予"渐进式"零关税政策。

RCEP的签署和顺利实施，是我国自由贸易区战略的阶段性重大胜利，也是我国加速融入世界经济、突破以美国为首的西方国家经济霸权的关键一招。

（一）我国加入自由贸易区的历史回顾

2001年加入多边的世贸组织以后，我国也非常重视建立双边自由贸易关系。2003年，内地与香港、澳门特区政府分别签署了内地与香港、澳门《关于建立更紧密经贸关系的安排》（以下简称"CEPA"），2004年、2005年、2006年又分别签署了3个《补充协议》。随后，中国-东盟、中国-巴基斯坦、中国-瑞士、中国-韩国等19个自贸协定陆续签订。通过一系列的双边自贸协定安排，进一步加大了开放力度，倒逼内部改革，助力我国经济加速融入世界经济体系，充分利用国内国际两个市场、两种资源，实现了更广泛共赢。

2020年11月15日，历经8年谈判后，《区域全面经济伙伴关系协定》（RCEP）签署，全球最大的自由贸易区宣告诞生，成为东亚经济一体化建设近20年来最重要的成果，宣告了多边主义和自由贸易的胜利。2021年3月，中国率先批准RCEP，随后新加坡等东盟六国和日本等国也陆续批准，2022年1月1日起，RCEP达到生效条件，正式实施。

（二）RCEP签署对中国和世界的意义

近年来，我国经济实现平稳较快发展，2020年GDP已突破100万亿元人民币，接近美国GDP的70%；2021年GDP达114.37万亿元人民币，同比增长8.1%，按平均汇率计算，为17.73万亿美元，相当于美国GDP的77%（美国2021年GDP为23.02万亿美元，同比增长5.6%）；且我国经济产业结构逐年升级，日益向研发、设计、高精尖制造等利润微笑曲线两端延伸，引起了美国右翼政客的警觉和过激反应，并接连出台对中国企业的制裁措施，谋求通过加征关税、限制高新技术出口等脱钩措施，卡住我国外贸产业和高新技术产业发展的脖子。

面对美国政府的极限施压，我国保持战略定力，坚持办好自己的事，不但没有如美国右翼集团所愿放任民族主义发展而闭关锁国与世界经济脱轨，反而积极推动了全球最大自贸协定RCEP的签署。RCEP囊括了东亚地区主要国家，将为区域和全球经济增长注入强劲动力。据国际知名智库测算，到2025年，RCEP可望带动成员国出口、对外投资存量、GDP分别比基线多增长10.4%、2.6%、1.8%。

尤其值得一提的是，受历史遗留问题和域外大国"适时"的干扰，中日、日韩之间一直未能签署双边自贸协定。日本是区域内最大的发达国家，资本充足，技术先进，市场经济发展成熟；中国是全球最大的发展中国家，人口众多，市场巨大，发展潜力巨大。中日两国文化相通，经济互补性强，两国签署自由贸易协定对双方经济社会发展都有极大的促进作用。但每当中日自贸协定谈判接近成功之时，域外大国出于战略考虑，总能利用中日间的历史恩怨挑动两国人民敏感的神经，使双方的自贸协议功亏一篑。基于类似的原因，经济互补性同样很强的日韩之间也一直未能签署自贸协定。此次通过RCEP的签署，原本并没有自贸协定的中日、日韩之间也建立起新的自贸伙伴关系，区域内自由贸易程度进一步提升。

根据协定，中国和日本首次达成双边关税减让安排，中日两国都将在协定框架下分阶段撤销对大约90%工业制品的关税。未来日本汽车零部件产品、牛肉、海鲜、酒类等出口到中国也将享受零关税。而日本将对来自中国、韩国的大约五成农产品逐步撤销关税。下一步，若中日、日韩之间通过RCEP自贸安排，加强经贸联系，促进共同高质量发展，则不仅有利于提升各自经济发展水平、提升人民生活福利,而且有利于促使签约各方增强政治互信、经济互补、文化互通、安全互助,结成紧密的命运共同体,有利于东亚-太平洋地区的长治久安和长久繁荣。

中国在改革开放40周年、加入世贸20周年之后,已由一个贫穷落后的大国、弱国,发展成为经济总量位居全球第二的经济强国。但我国人口多、底子薄,人均资源占有量少,国民平均受教育程度低;在世界百年未有之大变局和新冠肺炎疫情的交织影响下,中国经济隐忧不少,不进则退。国家审时度势,通过加入RCEP,一举将中国经济发展的快车与区域稳定的大车捆绑在一起,既可让签约成员国享受中国快速增长的红利,也有利于中国充分利用国内国际两个市场、两种资源促进自身的长远、高质量发展,更有利于分化瓦解以美国为首的西方集团,破解美国对中国经济政治的全方位围堵打压。

二 广州经济发展基本情况及面临的挑战

2021年,广州地区生产总值达到2.82万亿元,5年年均增长6.1%。作为华南地区唯一的国家中心城市、国际消费中心城市、国际商贸中心、综合交通枢纽,广州的经济社会发展蹄疾步稳、前景广阔;但是,相较于上海、北京、深圳、重庆等兄弟城市,广州还存在许多短板和挑战。

(一)广州经济外向型偏低

用进出口额与GDP的比值作为城市外向型指标,苏州、深圳比值均超过100,上海约为94.6,北京为75.2,广州以37.1在全国前7位城市中排倒数第2位,相比上海、北京、深圳等标兵,外向型指数严重偏低,仅略高于山城重庆(见表1)。且不同于内陆城市重庆、成都的是,有千年商都之称的广州是沿海大都市,曾经是海上丝绸之路发祥地、改革开放前沿地,清朝"一口通商"政策以来,还一度是全国唯一的对外贸易的窗口。

表1　2021年中国主要城市经济指标一览

单位：亿元

城市	GDP	进出口	进出口/GDP
上海	42927	40610.4	94.60
北京	40502	30438.4	75.15
深圳	30299	35435.6	116.95
广州	29156	10825.9	37.13
重庆	28500	8000.6	28.07
苏州	23108	35332	152.90
成都	20001	8212.8	41.06

注：表中数据是各城市政府工作报告公布的数据，与统计公报数据可能会有差异。

经济外向型既是全球化时代一个城市融入世界经济版图的标志，也是在激烈竞争时代城市发展后劲的重要体现，唯有能够充分利用国内国际两个市场、两种资源，才能有更加广阔的发展前景和发展潜力。

（二）出口产品附加值偏低

广州的出口产品主要以附加值较低的劳动密集型产品（如服装、鞋帽、箱包等）为主，机电产品和高新技术产品出口占比较低，出口结构有待进一步优化。2021年机电产品出口占全市出口总值的49.5%，低于全国、全省、上海、深圳、重庆；高新技术产品出口仅占全市出口总值的15.3%，低于全国、上海、深圳、重庆。进口方面，2021年广州机电产品进口1688.4亿元，占同期广州市外贸进口总值的37.4%；高新技术产品进口1031.5亿元，占22.9%。

出口结构低端化，源于产业结构的错配。广州2020年工业增加值为5722.52亿元，比上年增长2.6%，其中规模以上汽车制造业、电子产品制造业和石油化工制造业三大支柱产业工业总产值为2941.38亿元，增长3.7%，占全市规模以上工业总产值的比重为51.4%。其中，汽车制造业增长3.8%，电子产品制造业增长3.6%，石油化工制造业增长3.4%。广州三大支柱产业（汽车、石化、电子）在国际市场竞争力偏弱，均是以国内市场为主。

（三）消费增长乏力

传统商超百货、批零、住餐、物流龙头企业较少。与北京、上海等先进城市相比，广州内贸企业存在着体量小、竞争力和创新意识不强、商圈布局不均衡、高端消费载体供给不足、消费应用场景有待延伸拓展等问题。受疫情影响，汽车消费支撑不足，汽车消费在广州限额以上批发零售业零售额中占比25%，汽车芯片一段时间内还面临供给紧张局面。传统餐饮业普遍反映客流下降较大，住餐企业恢复缓慢，广州市住宿餐饮零售额两年平均下降3.6%，降幅高于全国、全省。2021年全年广州实现社会消费品零售总额10122.56亿元，增长9.8%，总量和增速均低于上海、北京和重庆。

由于RCEP是一个自由贸易协定，对外向型经济的促进作用将更加明显。上海、深圳、苏州等地由于经济外向度高、产业结构升级较早，对东盟等国的经济结构形成了良好的互补，因而上海、深圳等地相对广州的优势将更加明显：东盟发展劳动密集型产业，上海、深圳、苏州等地可发展附加值高的先进制造产业，而广州则可能要与东盟等国陷入劳动密集型产业的恶性竞争中。因此，RCEP实施后，广州面临的挑战将更加严峻。

要战胜以上挑战，广州必须坚定不移扩大开放，持续深化要素流动型开放，稳步拓展制度型开放，依托国内经济循环枢纽，形成对全球要素拥有强大吸引力的开放型平台；特别是要将RCEP在2022年1月1日开始生效实施，作为稳外贸、促消费的重要抓手，用足用好市场开放承诺和规则，促进广州外贸转型升级、高质量发展。

三 RCEP的实施也将为广州开放型经济的高质量发展带来巨大机遇

RCEP的签署将为促进地区的发展繁荣增添新的动能，RCEP成员国相互实施关税减让、开放市场准入、取消影响贸易的壁垒、简化海关通关程序等，将进一步降低RCEP区域内的贸易成本，推进贸易便利化，将有利于促进区域各国贸易投资增长,有利于稳定我国对区域各国的出口,有利于我国扩大先进技术、设备和零部件进口以及国内有需求的资源性商品进口。此外,RCEP还有利于企业在区域内布局,更好在区域内配置要素资源,进一步增强区域内产业链、供应链的韧性,减少对美国市场和投资的依赖。而RCEP对中国的重大利好,广州享有天然的优势。

广州是中国南部唯一的国家中心城市,是粤港澳大湾区的核心城市,正全力建设国际消费中心城市,全力打造国际航空枢纽、国际航运枢纽。历史上,广州是千年商都,是海上丝绸之路的发祥地,RCEP成员国如日本、韩国等,均是广州传统的重要经贸伙伴,经贸往来密切,合作基础良好;广州还处于RCEP各成员国的几何中心,东盟十国、日、韩、澳、新均处于以广州为圆心的4小时航行圈内。乘RCEP实施生效的东风,加大开放力度,加快融入全球经济产业链和供应链,是广州实现高质量发展、构建新发展格局的关键一步。

(一)有利于广州做大对外贸易总量

据海关统计,2021年广州外贸进出口10825.88亿元,同比增长13.5%,在全国排名第7。对比其他全国前10位的主要外贸城市,广州与苏州(13.5%)的增速并列垫底,低于全国的21.4%,也低于广东省的16.7%(见表2)。

表2 2021年全国主要城市进出口数据一览

单位:亿元,%

城市	进出口 金额	进出口 同比	出口 金额	出口 同比	进口 金额	进口 同比
广东省	82680.28	16.7	50528.72	16.2	32151.57	17.4
上海市	40610.35	16.5	15718.67	14.6	24891.68	17.7
深圳市	35435.57	16.2	19263.41	13.5	16172.16	19.5
北京市	30438.37	30.6	6118.47	31.2	24319.90	30.4
苏州市	25332.00	13.5	14875.76	15.0	10456.24	11.3
东莞市	15247.03	14.6	9559.82	15.4	5687.22	13.2
宁波市	11926.12	21.6	7624.32	19.0	4301.80	26.3

续表

城市	进出口		出口		进口	
	金额	同比	金额	同比	金额	同比
广州市	10825.89	13.5	6312.18	16.4	4513.71	9.6
厦门市	8876.52	27.7	4307.30	20.6	4569.22	35.3
天津市	8567.42	16.3	3875.61	26.1	4691.82	9.3
青岛市	8498.43	32.4	4921.28	27.0	3577.16	40.7
全国	391008.54	21.4	217347.60	21.2	173660.94	21.5

资料来源：海关总署网站公布数据。

广州与RCEP成员国间传统经贸关系紧密。东盟十国及日、韩、澳、新等国均是广州传统的重要经贸伙伴，经贸往来密切且稳步增长。2018年广州与RCEP成员国间进出口3215亿元，占广州进出口总额的32.77%；2019年增长到3472亿元，占广州进出口总额的34.74%，高于全国占比3.54个百分点；2020年广州与RCEP成员国间进出口总额为3384.4亿元，占广州进出口总额的35.51%。2021年，广州与14个RCEP成员国的贸易额总计3655.2亿元，占广州对外贸易总额的33.8%；对其出口额总计1592.7亿元，占比25.2%；进口额总计2062.6亿元，占比45.7%。预计RCEP降税完全实施后，将为广州带来进出口增量600亿元，届时约占当年进出口规模4%的增长。其中，进口与出口增量分别为400亿元和200亿元。

（二）有利于对日韩等发达国家开展招商引资

RCEP的人员流动条款简化了相关手续，对人员在成员国间流动提供了非常便利的政策。RCEP的人员流动条款允许成员国人员临时入境或延长入境居住时间，并简化申请程序，保证费用合理。RCEP各成员国分别在RCEP附件四《自然人临时移动具体承诺表》中列明了允许临时入境的自然人的类别、资质要求及移民手续。长期以来，我国对发达国家头部企业招商的一个难点是企业高管习惯了在原来国度的生活，不愿意远离家庭住在异国他乡管理分、子公司；因此人员流动的便利性就成为招商引资的一大重要影

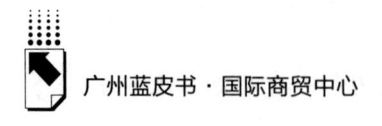

响因素。RCEP 实施后，人员流动便利，破解了企业高管的后顾之忧，有利于我国对发达国家头部企业开展招商。

（三）有利于深化区域产业链供应链合作

2008 年国际金融危机以后十余年来，亚洲已经发展成为全球最大的区域可选消费市场，如汽车、医药器械、家电家具等行业，RCEP 的实施将汽车零部件关税降低，进一步释放本土汽车企业在产业链方面的优势。原材料方面，广州市工业依存度较大的铁矿石、橡胶、PX 等商品进口成本进一步压缩，长远来看有助于提高相关产业链供应链的稳定性和竞争力。

（四）有利于广州产业结构转型升级

汽车是广州最大的支柱产业，本田、丰田、日产三大日系整车厂以及其产业链上下游企业，对广州制造业发展起着举足轻重的作用，为广州制造业发展带来了丰富的技术和管理经验。随着产业结构升级、中高端制造业实力提升，广州产业必将加速从微笑曲线中端走向前后端的高科技、高附加值环节。之前，由于中日之间未能签署自贸协定，双边贸易和投资便利化受到一定阻碍；RCEP 签署后，中日之间形成了多边自贸关系，为双方开展经贸合作提供了广阔的舞台，广州可利用此契机加大对日招商引资及进口高新技术产品力度，进而有利于广州产业链延伸与价值链提升。

（五）有利于广州培育国际消费中心城市

RCEP 的签署，一方面有利于促进广州进口的多元化，激发进口潜力，优化进口结构，提升广州城市消费供给质量和水平，推动"千年商都"实现新的高质量发展。另一方面，RCEP 不仅仅是一个货物贸易协定，还对成员国间人员流动方面的市场开放也做了相应安排，有利于促进成员国间人员更加自由便捷地流动，为强力推动广州消费升级，为广州市培育国际消费中心城市，加快构建以国内大循环为主体、国内国际双循环相互促进的新发展格局奠定坚实的基础。

四 抢抓RCEP机遇促进广州经济高质量发展的对策建议

（一）打造RCEP服务平台，提升外贸企业国际竞争力

建立和完善RCEP综合服务平台，切实推进实施RCEP多维度服务，组织政策培训会、线上境外品牌展会、RCEP成员国系列推介会等活动，全面拓展和深化与RCEP成员国的经贸合作，实现要素流动更加自由、资源配置更加高效、市场融合更加深入、合作平台更加广阔、营商环境更加良好，积极将广州打造成为RCEP高水平开放合作示范区。

（二）加大招商引资引技引智力度，推动产业结构升级

一是要发挥RCEP投资便利化的各项协定，以及广州市在RCEP合作地理中心节点优势，加大重点领域重大项目招商力度，推动广州市新能源汽车、新一代信息技术等产业实现弯道超车，向高端升级。聚焦日本高等教育、先进制造、人工智能、数字经济、生物医药、新能源等领域，韩国生物医药、先进制造、电子信息、美容等领域，新加坡电子信息、精密制造、医疗服务、化学化工、航空航运等领域，大力开展产业链招商，着力引进一批百亿级的资金密集型、技术密集型项目。二是要出台政策，鼓励电子信息企业引进日本、韩国先进技术，重点推动手机等智能终端、新型显示、声学光学电子元器件以及第五代移动通信技术（5G）设备等产业发展，将符合条件的项目优先列为产业项目予以支持。重点推动机械、汽车、电子信息、建材、化工、生物医药、中药等优势重点行业企业不断扩大在RCEP其他成员国的市场份额。加强与日本、韩国、新加坡等成员国在高端装备、关键零部件、精密制造等方面深化技术合作。

（三）利用保税燃油契机，打造东方大港

充分利用RCEP的实施和南沙获批开展国际航行船舶保税加油业务的契

机，借鉴新加坡和舟山的发展经验，探索在南沙区以国际保税燃油加注服务为抓手，带动国际航行船舶供应、维修、进口船舶融资租赁、保税燃油期货交割等相关产业协同发展，制定一系列优化港口资源、有利于促进国际航行船舶保税加油业务的措施和办法，完善服务配套，将广州打造成为与新加坡、中国香港相媲美的东方大港、粤港澳大湾区明珠，并以保税燃油加注为出发点，推动免税经济、保税经济在全市全面发展。

（四）促进高质量进口，培育国际消费中心城市

利用RCEP实施契机，促进高质量进口。因地制宜布局建设一批服务全国的进口贸易平台，打造联接国外、辐射全国的进口贸易枢纽。推动全球优品分拨、美食美酒分拨、国际冷链分拨、大湾区粮食分拨、国际艺术品保税、汽车贸易综合服务枢纽等一批进口平台建设，满足人民群众高水平消费需求。探索在重点商圈、重要交通枢纽等消费节点地域开展市内免税店经营业务试点，支持南沙国际邮轮母港开展口岸免税店业务，扩大白云国际机场等口岸免税店经营规模，支持国潮国货进驻免税店。发展保税展销体验消费及境外旅客购物离境退税服务，实施离境退税商店倍增计划，优化退税流程，培育打造离境退税示范街区，不断带动和扩大境外人群消费规模，强化广州"买全球、卖全球"的商业贸易功能。

（五）鼓励企业加强自主研发，确保外贸产业链供应链稳定畅通

一方面，要针对国际物流不畅的痛点堵点，出台措施鼓励企业加强产品竞争力，加强产业链供应链的建设，确保广州市机电产业、高新技术产业等产业链供应链的稳定畅通。另一方面，要着眼长远，鼓励企业通过加强自动化生产、打造自主品牌等方式，大力提升纺织服装、皮具箱包等劳动密集型产业，通过管理运营、设计创新、新品发布、时尚展示、营销营收等措施增加产品附加值。抓住RCEP发展机遇，鼓励企业走自主研发、自主创新、自主品牌的道路，保持"广州制造""广州创造"在全球的竞争力、影响力，提高市场占有份额和品牌知名度。

（六）发展外贸新业态，做大广州外贸蛋糕

争取将市场采购贸易相关政策试点范围扩展至全市主要外向型商品交易市场，将大湾区产品更便利地销往全球。加强跨境电商产业园区建设，培育引进跨境电商龙头企业，聚焦广州优势产业集群，积极开展"产业集群+跨境电商"试点，以跨境电商带动产业提质增效；支持企业在 RCEP 成员国开展国际营销网络和仓储物流体系建设。鼓励番禺钻石珠宝走向世界，争取把广州钻石交易中心、广东省珠宝玉石交易中心打造成为国家级交易平台，开展钻石、珠宝玉石进出口一般贸易业务，赋予税收优惠和消费税后移办理政策。

B.10
新发展格局下推进广州供应链体系建设全面上水平的对策建议

肖翊 李箭飞 李恩泉 张晓霞*

摘 要： 习近平总书记强调，产业链、供应链在关键时刻不能掉链子，是大国经济必须具备的重要特征。国家"十四五"规划纲要提出，"提升产业链供应链现代化水平，坚持经济性和安全性相结合，补齐短板、锻造长板，分行业做好供应链战略设计和精准施策，形成具有更强创新力、更高附加值、更安全可靠的产业链供应链"。构建安全稳定、高质高效的产业链供应链，是应对当前国内国际发展形势、构建新发展格局的关键路径，也是打造广州国内大循环中心节点城市和国内国际双循环战略链接城市的重要支撑。结合供应链体系建设的内在要求和广州的优势与短板，借鉴国内其他城市供应链体系建设的经验，广州应强化供应链特色优势，培育供应链市场主体，优化供应链空间载体，推动城市供应链体系向更高水平发展，发挥在区域、国家乃至全球供应链组织管理中的枢纽作用。

关键词： 供应链体系建设 供应链空间布局 广州

---

* 肖翊，广州市城市规划勘测设计研究院高级工程师；李箭飞，广州市城市规划勘测设计研究院教授级高级工程师；李恩泉，广州市商务局市场与规划建设处处长；张晓霞，广州市商务局市场与规划建设处一级主任科员。

新发展格局下推进广州供应链体系建设全面上水平的对策建议

一 广州供应链体系建设的优势

广州在物流业、商贸业、制造业、服务业等供应链相关领域已具备全国领先水平,同时也是全国较早开展供应链组织管理的城市,拥有较好的供应链体系建设基础。

(一)物流规模与水平在全国领先

物流是供应链运转的实体纽带,广州具备良好的物流区位和设施。广州处于珠江三角洲以及广东省的中心位置,毗邻港澳,临近东南亚,处在海上丝绸之路的核心区域,随着"一带一路"和"双循环"战略的实施,已成为连接国内国际"两种资源、两个市场"的重要节点和战略通道。同时,广州是集公路、铁路、航空、水运枢纽于一体的国际综合枢纽城市,物流规模全国领先。2020年广州社会货运量9.25亿吨,排名全国第3,其中白云机场货物吞吐量175.95万吨,位居全国第2;港口货物吞吐量、铁路货运量、公路货运量、快递业务量均位居全国前列。2020年广州市社会物流总额60653.46亿元,同比增长3.31%,物流产业规模持续壮大。

(二)供应链采销环节优势突出

广州作为国际商贸中心,2020年全市社会消费品零售总额达到9218.66亿元,批发零售业商品销售总量位居全省第1、全国前列。广州供应商集群数量众多、种类齐全。截至2020年底,全市共有596个专业批发市场,商户超过17万户,供应商规模庞大;交易额亿元以上商品交易市场108家,在美妆、花卉、茶饮、箱包、珠宝、服装等多个领域形成辐射全球的供应链采购枢纽。外贸供应链采销环节优势突出,在全国率先推出跨境贸易电子商务零售进出口信息化系统、"微警认证"系统、进口商品溯源"真知码"、退货合并打包、"空铁联运"五大创新举措,有效破解数据应用对接、消费者身份信息核验、质量安全追溯、消费者退换货、跨国运输等难题。打造跨境电商地方公共服务平台，进口商品基本覆盖所有省市，出口货物覆盖208个国家和地区。

（三）供应链模式不断创新

广州是华南地区工业门类最齐全的城市，拥有全国41个工业大类中的35个，工业综合实力位居全国前列，在一线城市中率先获批"中国制造2025"试点示范城市、国家服务型制造示范城市，也是中国软件名城和全球定制之都。汽车制造、电子产品制造、石油化工制造支柱作用明显，已形成六大产值超千亿元的先进制造业集群。城市区域间，广佛惠超高清视频和智能家电、智能网联汽车、广深佛莞智能装备、深广高端医疗器械4个跨区域产业集群入选国家先进制造业集群首批培育对象。广州制造业供应链模式不断创新，如广汽乘用车针对338家供应商，建立以质量、供应、成本三大领域为框架的供应链管控模式，整合优化供应链各个环节，实现资源高效分配以及生产效率快速提升；嘉诚物流、原尚物流通过原材料物流、生产物流、成品配销物流、逆物流等多个功能模块，为汽车等大型制造业企业提供嵌入式全程供应链一体化物流服务。

（四）供应链服务不断提升

在供应链金融服务方面，广州成立了广州金融发展服务中心、广州市数字金融协会。广州金融发展服务中心作为推动供应链金融创新发展的地方公共服务平台，为企业提供全方位、更优质的供应链金融服务；广州市数字金融协会下设供应链金融专业委员会，研究发布供应链金融专业标准和指南，加强金融、科技、产业之间的跨领域专业研究和交流合作，为供应链金融高质量发展提供专业支撑。在供应链信息服务方面，广州是我国三大信息枢纽之一，天河二号超算中心的计算能力全球领先。近年来，广州先后引进浪潮广东、亚信全球数据总部、阿里工业云总部等一批具有较大影响力的工业互联网平台。在供应链组织保障方面，成立了广州市物流发展和供应链建设领导小组，统筹调度部署、协调解决现代物流发展和供应链建设的重大项目建设、重大事项、重大问题。同时，广州加强供应链体系建设的政策支持，出台了《广州市精准支持现代物流高质量发展若干措施》《广州市重点供应链服务企业认定办法》等地方支持政策；正在制定《广州市精准支持现代物流高质量发展资金管理办法》等文件，为供应链体系建设提供良好的发展环境。

二 广州供应链体系建设的短板

（一）供应链环节在价值链中的地位不高

广州供应链对研发设计、信息整合、交易结算、市场营销等附加值高的重点环节投入力度不足，对供应链上、中、下游的协同与拓展的关注度较低，未能形成强大的供应链价值集聚效应。2020年全国物流50强企业业务收入排名中，广州仅排24名；2020年全国海关特殊监管区进出口总值排名中，广州未能进入前10名。

（二）部分供应链环节存在风险短板

部分制造业供应链关键环节存在技术瓶颈。广州汽车产业、高端装备、电子信息等制造业关键零部件国产化比例偏低，受海外制约严重，供应链抗风险能力仍较弱。如汽车产业以日系合资企业为主，日资企业占66%，核心零部件受到制约；高端装备产业的精密减速器、控制器、传感器等基础功能部件在精度、可靠性等方面与国际知名品牌差距较大，长期依赖进口，进口成本占到整机生产成本的60%~70%，90%左右的工业系统软件都依赖进口，供应链安全存在隐患；农业供应链冷链物流体系发展滞后，农产品平均冷链流通率不足30%，欧美、日本等发达国家为95%~98%。

（三）供应链龙头企业较少

广州开展供应链业务的企业数量较多，但大型企业占比较低。到2020年底,广州现有登记状态正常(续存、在业、正常)并开展供应链业务的企业共2.8万家,在全国各城市中排名第3。在全国开展供应链业务企业数量排名前10的城市中,广州注册资本超亿元的企业338家,占企业总数的1.19%,与深圳(1.98%)、上海(1.36%)存在差距;注册资本1000万元到1亿元企业数量达3078家,占10.84%,占比在10个城市中排名末位(见表1)。

表1 全国开展供应链业务企业数量排名前10城市企业注册资本情况

单位:家,%

城市	含供应链业务企业数量	注册资本1亿元以上企业数量	所占比例	注册资本1000万~1亿元企业数量	所占比例
深圳	62231	1231	1.98	9163	14.72
上海	41488	566	1.36	4871	11.74
广州	28406	338	1.19	3078	10.84
长沙	14822	168	1.13	1952	13.17
厦门	8759	122	1.39	1234	14.09
杭州	8571	140	1.63	1181	13.78
青岛	8340	182	2.18	1645	19.72
成都	8253	180	2.18	1211	14.67
北京	7364	171	2.32	1433	19.46
重庆	7031	106	1.51	872	12.40

资料来源:以上开展供应链业务企业数据来源于企查网站2020年12月数据库,具体指企业经营范围包括供应链相关业务,且经营状态为续存、在业、正常的企业。

(四)供应链空间载体尚需优化

截至2019年底,广州容积率1.0以下工业用地占总用地的81%、总建设量的60%,工业用地地均增加值约为14.8亿元/平方公里,与深圳32.5亿元/平方公里差距明显。占全市工业用地1/3的村级工业园仅贡献全市工业总产值的10%、总税收的6%;受建设用地规模及基本农田的限制,物流园区、货运枢纽重点物流枢纽等重大物流基础设施规划落地难,开发建设缓慢,主要物流园区与铁路枢纽、重点产业项目布局分离,对产业发展支撑不足。

三 上海、深圳供应链体系建设的经验举措

(一)上海：围绕"五个中心"建设，依托自贸区优势，打造全球供应链资源配置中心

1. 高定位，打造全球供应链资源配置中心

2018年，上海在《关于本市积极推进供应链创新与应用的实施意见》中明确城市供应链体系建设目标——打造全球供应链资源配置中心。上海基于供应链价值创新积极开展试点，立足张江科创中心和自贸区临港新片区实现"双自驱动"，整合高新技术产业上下游供应链资源，努力将上海打造成为连接国内和海外两个市场的全球供应链资源配置中心，实现全球供应链一体化协同联动与合作共赢。

2. 依托自贸区优势，创新外贸供应链

上海依托自贸区优势，重点发展国际供应链管理、高端制造及相关服务业、跨境综合服务业，推进产业链集群发展。如在洋山港保税区开展B2B2C的供应链模式创新，通过支持企业在洋山保税港区设立保税仓库，直接对接天猫国际、京东全球购等20余个平台的跨境电商订单，并集中对应出货。

3. 鼓励企业跨区域布局，促进供应链区域协同

建立供应链跨区域治理机制，通过建设基础设施数据库、公开发布白皮书等多种方式强化上海、江苏、浙江、安徽4省市供应链互联互通，推动长三角地区供应链资源优化配置。依托国家对"长三角一体化示范区"的政策支持，鼓励企业聚焦重点产业和技术领域，在长三角区域拓展布局。如2020年上海电气已与长三角13个省市签订了全面战略合作协议，在长三角地区的供应链配套比重从50%提升至70%。

4. 加强校企合作，培养供应链人才

鼓励支持高等院校、职业学校和企业合作开展供应链人才培训，吸引和

培育优秀供应链人才。如支持京东——上海振华智慧供应链实训基地建设，探索智慧供应链职业人才培养新模式。

（二）深圳：依托供应链总部企业，发挥改革开放前沿优势，建设全球供应链管理中心

1. 高标准谋划，打造全球供应链管理中心

《深圳市综合交通"十三五"规划》《深圳市现代物流业"十三五"规划》提出将深圳打造成为全球供应链管理中心。通过集聚供应链管理总部，支持龙头总部型供应链管理企业建设，形成若干结算中心、信息中心、创新中心、控制中心和组织中心，为供应链上下游企业提供高效对接平台。打造生产组织中枢，积极发展涉外服务，吸引国内外企业供应链管理中心集聚，提升对供应链的控制力，带动珠三角地区外加工型产业转型发展。

2. 锤炼制造业供应链韧性，补齐产业链供应链短板

深圳注重供应链韧性、协同性建设，面对疫情初期防疫物资紧缺难题，深圳发挥汽车、电子等链主企业优势，提升应急制造产能，组织22家企业转产防疫物资，仅用36天实现口罩日产量从2万只跃升到1027万只，实现跨企业、跨行业大规模的供应链协同。深圳率先在全国建立了由市领导牵头的重点产业链"链长制"，针对集成电路、5G、智能网联汽车等8条产业链的缺失和薄弱环节，实施"一链一图、一链一制、一链一策、全链联网"。

3. 完善现代商贸流通体系，培育物流供应链龙头企业

近年来，深圳市通过创新商贸流通管理体制机制，加强政策支持，进一步释放企业活力，培育了一批物流与供应链龙头企业。目前，深圳已有越海全球、丰巢科技等5家"独角兽"物流企业，怡亚通、飞马等4家上市供应链企业，其中怡亚通连续11年登上中国500强企业榜单。

4. 编制供应链地方标准，推进供应链服务标准化

深圳市物流与供应链管理协会已牵头起草多项地方标准，推进供应链服务标准化，提升供应链系统集成和资源整合能力。如《供应链服务术语》（SZDB/Z 295-2018）、《供应链服务质量要求》（SZDB/Z 296-2018）等标

准均已发布实施。

5. 借助会展推介，链接全球企业

深圳市通过举办中国 ECR 大会、国际物流与供应链博览会等供应链专项展会，积极展示本土供应链企业，并通过展会招商引资效应"链"接全球供应链企业。其中，中国（深圳）国际物流暨供应链管理博览会作为国内第一个以供应链管理为主题的展会，填补了中国物流与供应链展会的空白。

四 广州供应链体系建设的对策建议

结合供应链体系建设的内在要求和广州的优势与短板，借鉴国内其他城市供应链体系建设的经验，广州应强化供应链特色优势，培育供应链市场主体，优化供应链空间载体，推动城市供应链体系向更高水平发展，发挥在区域、国家乃至全球供应链组织管理中的枢纽作用。

（一）高定位，强化广州供应链能级地位

一是加强湾区协同合作，建设湾区供应链枢纽。谋划以广州为起点，串联珠江东岸的东莞、惠州、深圳、香港和珠江西岸的佛山、中山、珠海、澳门等城市，形成东西两条沿江供应链协同创新走廊。加快广佛高质量发展融合试验区、广清经济特别合作区建设，共建产业链供应链集群，形成绕穗供应链协同发展区。不断深化穗港澳全面合作，依托穗港智造合作区、穗港科技合作园等平台，实现穗港澳供应链高效协同。二是加强区域辐射，形成国家供应链中心节点。充分发挥广州国家综合交通枢纽功能，依托京广、贵广、南广等铁路和珠江—西江黄金水道等重要物流通道，强化与京津冀、长三角、成渝等国家重点区域的战略对接，加强与海南自由贸易港等重要国际贸易枢纽联动，构建更广范围的功能互补、链条衔接、梯度发展的供应链体系。推进有实力的广州企业全国布局，支持广州企业在全国设立办事处、产业和物流基地，与全国企业建立合作伙伴关系，拓展供应链网络，优化产销

对接，提升广州供应链在全国的影响力。三是深化全球市场，打造国际供应链组织管理中心。抢抓RCEP机遇，加快经贸规则对接，深化与"一带一路"沿线、东南亚、中东欧、非洲等地区的供应链合作对接。支持物流与供应链管理服务企业在全球开展业务，鼓励有条件的本地企业"走出去"建设商品集散中心、品牌连锁店、海外仓、产业园区及经济合作区等，扩大海外市场，优化供应链组织布局，加强供应商赋能与品牌输出。

（二）强链条，提升供应链安全与价值

一是以核心环节攻关和上下游组织协同为重点，强化制造业供应链链条。以汽车制造、高清显示、绿色石化等传统先进制造业和新一代信息技术、生命健康、人工智能、智能网联汽车、新材料、新能源等新兴产业以及纺织服装、皮具、化妆品等特色都市消费工业的供应链为重点，加强核心技术联合攻关，提升特色供应链核心竞争能力。精准遴选一批产业核心技术、关键零部件和重大装备进行攻关，形成拟突破的重点产品和技术清单，解决一批"卡脖子"短板技术。加快建设工业互联网平台，高效连接产业链上下游资源，推动生产与需求实时对接，发展定制化生产、供需协同等现代化产业链供应链模式。二是加快批发市场转型升级和贸易枢纽创新提质，创新提升商贸流通供应链条。发挥芳村茶叶、流花服装、中大布匹、江南果蔬等重点批发市场提升的带动作用，探索批发市场转型升级新模式，构建集信息技术服务、设计研发、品牌展示、信息咨询、物流管理等于一体的综合服务体系，推动有条件的批发市场向供应链服务平台转变。提升白云空港、南沙港等重要交通枢纽商贸服务能力，加快建设枢纽物流园区和综合保税区，促进形成"传统贸易+互联网+产业+金融"的供应链新模式。依托中国（广州）跨境电子商务综合试验区建设，推动跨境电子商务公共服务平台和各类特色试点园区融合发展，形成适应跨境电子商务发展的新型监管服务模式和制度体系。鼓励发展多种跨境电商业务模式，大力开拓国际市场，提升跨境电商供应链水平。三是大力发挥粤港澳大湾区"菜篮子"工程带动作用，建设现代化农业供应链条。通过建设粤港澳大湾区"菜篮子"平台，打通农产品供应、流通渠道，落实"一个标准供湾区"，推动农产品供应链标准化、现代化、便利化。加强农产品产地环境、气象监测，健全应急处置机制，防范重大农产品安全事件。落实农产品产地准出制度，构建"来源可查、去向可追、责任可究"的追溯机制。发挥现代农业产业园的带动作用，推进农业与二、三产业融合发展，加强农产品产区、存区与销区协同对接，促进农业企业、物流企业、大型商超、社区便利店、批发市场等多主体共同合作，无缝链接"田间"到"餐桌"。

（三）抓龙头，增强供应链市场带动能力

一是大力培育本地供应链龙头企业。支持广州本土制造业龙头骨干企业强化供应链管理职能，整合上下游供应链资源，拓展全球供应链业务，实现企业供应链高价值、高效率、精准化发展。支持大型专业领域流通企业升级贸易链条，成立交易中心，增强市场资源配置能力。鼓励传统零售企业探索"新零售"模式，打造线上线下融合的零售龙头供应链企业。支持在批发市场所属产业领域培育孵化产业链服务平台和供应链管理公司，利用商贸资源优势，进一步拓展流通渠道，成长为商贸供应链龙头企业。二是加强供应链领域龙头企业招商。以建设全国供应链创新与应用示范城市为契机，积极出台供应链管理服务企业招商优惠政策，吸引生产型、流通型、平台型供应链管理服务企业来穗设立总部，布局重大项目，带动供应链要素资源集聚。开展供应链服务企业认定工作，建立企业评定标准和评估考核体系，制定企业供应链建设奖励机制，将资源、政策向现代化供应链管理服务企业倾斜，吸引一批影响力大、供应链条长、辐射领域广、价值效益高的供应链领域龙头企业落户广州。三是深入实施"链长制"，以龙头企业带动全产业链供应链升级。深入推进"链长"和以龙头企业为"链主"的双链式"链长制"，形成政府统筹、市场运作的产业链供应链建设发展机制。定期召开链长、链主调度会议，协调、研讨供应链发展中的重大事项。支持宝洁湾区大学等以龙头企业为核心的供应链资源输出、共享平台建设，推动龙头企业面向社会输出供应链管理先进理念、技术，带动全产业链供应链协同发展。

（四）优空间，完善供应链发展载体支撑

一是依托大型交通物流枢纽统筹用地供给，推动供应链空间要素集聚。围绕广州"5+10+N"交通物流枢纽总体布局，统筹规划产业、物流用地供给，形成产业物流空间布局总体方案，推动制订供应链相关用地供给计划。在国土空间规划中统筹考虑物流用地布局，对交通物流枢纽周边重点物流园区用地需求给予优先安排和政策优惠。建立政府、市场相互补充的大型物流设施建设机制，政府主导枢纽型公共物流基础设施建设，市场主导地产型、电商型大型物流园区建设，形成多样、协同的物流空间供给体系。加强冷链物流设施用地供给，依托南沙港、白云空港等大型国际交通枢纽，建设服务华南、辐射全国、引领全球的冷链产业基地。二是强化城市更新对供应链空间载体的优化作用，打造创新型、多样化的供应链空间载体。整合小、散物流产业用地资源，将有条件、有需求转型提升的物流用地纳入标图建库，在城市更新改造中，鼓励物流用地提质增效，转化为冷库、高标仓库、供应链管理服务等设施用地。在城市更新改造中应保障仓储加工、分销配送、电商仓储等供应链基础商流、物流空间的需求，审慎考虑物流用地减量并转化为其他功能。顺应供应链发展新业态、新形势，探索产业、物流、商务功能混合用地供给机制，根据产业特色需求、发展趋势打造一批发展贸园区、研发设计工坊、电商交易小镇等差异化供应链空间载体，支撑多样化功能提升，释放产业链供应链价值。

新业态新模式篇
New Business Formats and Models

B.11 广州直播电商业态发展与对策建议

陈彦博 许峰 肖思吟*

摘 要： 在数字经济时代，低进入门槛、高辐射带动的直播电商产业，将成为新一轮商贸业发展和城市竞争的主赛道。广州作为全球唯一的千年不衰的商业型城市和华南数个万亿级产业集群最主要的生产组织中心，发展直播电商基础雄厚，大有可为。近年来，广州顺势而为、抢抓机遇，培育直播电商新业态见势早、行动快、成效好，直播电商产业发展水平走在全国前列。面对直播电商业态发展的新阶段新趋势新特征，建议广州推进实施头部直播电商企业引育、直播电商产业集群培育、"直播电商+"赋能、直播电商人才培养、直播电商发展环境优化五大工程，推动直播电商产业高质量发展，为国际消费中心试点城市建设注入新动能。

关键词： 国际消费中心城市 直播电商 广州

---

* 陈彦博，广州市社会科学院办公室副主任、高级经济师；许峰，广州市商务局电子商务处副处长；肖思吟，广州荣耀产业链发展有限公司董事长。

直播电商作为电子商务的一种新业态，对推动新时代新征程经济高质量发展、加快推进国际消费中心城市建设起着重要的促进作用。广州作为享誉全球的千年商都，如何打通线上线下资源，带动传统商贸业转型升级，推动商贸传统优势产业出新出彩，打造全国著名的直播电商之都，是摆在我们面前的一个重要课题。

一 直播电商新业态的勃兴，为广州商贸业高质量发展带来难得的机遇

直播电商是2016年以来兴起的一种电商新业态，从产业链角度提升了消费者与商家之间的链接效率，重构了商贸业"产供销""人货场"关系，随着5G商用网络普及以及未来VR、AR等技术的逐渐成熟，成为越来越受消费者青睐的电商消费模式。广州因商而生、因商而兴，商贸业是生生不息的基因、千年不衰的底色。面对电子商务的蓬勃发展及其带来的严峻挑战，作为千年商都的广州，要善于在危机中育新机、在变局中拓新局，把直播电商作为商贸业转型发展的一个关键突破口，力促千年商都升华蝶变、出新出彩。

（一）直播电商的迅猛发展，为广州商贸业发展带来广阔空间

直播电商经历2016~2018年的沉淀，2019年迎来爆发期，2020年受新冠肺炎疫情"宅经济"和非接触式购物的激发，更是得到突飞猛进的发展。截至2020年底，我国网络直播用户规模已达6.17亿、占整体网民（9.89亿）的69.4%，其中直播电商用户规模达3.88亿人、占整体网民的39.2%。全国直播电商市场规模2017~2020年平均增长率为197.0%，预计未来三年复合增速为58.3%，2023年直播电商规模将超过4.9万亿元[①]。低门槛、高辐

---

① 数据来源：《2021年中国直播电商行业研究报告》，https://www.sohu.com/a/489879250_407401。

射带动的直播电商产业，将成为新一轮商贸业发展和城市竞争的主赛道。广州作为千年商都，最早在秦汉时期就已成为全国对外贸易的重要港口，2000余年间从未闭关，城市文化里渗透着商贸基因，拥有联通全球220多个国家和地区的贸易网络，商贸业具有深厚底蕴和强大竞争力，发展直播电商有天然的供应链优势。广州地处华南世界工厂腹地，是华南数个万亿级产业集群最主要的生产组织中心，是数百万大中小工业企业最主要的信息中心、分销中心、供应链中心和总部基地。广州货通天下，有丰富的货源、畅通的物流、完备的供应链和发达的电商基础，基础扎实、成本低廉、禀赋突出，具有强大的产业链、供应链竞争优势，为直播电商从业者提供价格成本优势和优惠让利空间。因此，广州发展直播电商产业土壤深厚，优势突出，大有可为。

（二）直播电商的技术创新，为广州商贸业发展带来技术红利

从文字、图片、音频、短视频，再到直播，传播载体负载的信息量越来越大、越来越直观，互动性、及时性越来越好，直播将成为5G时代的主流传播媒介，直播电商产业发展值得期待。广州拥有全国数量最多、规模最大、品类最全的专业市场集群，共有596个专业市场，其中，美妆、茶叶咖啡、纺织服装、家具建材、皮革皮具、酒店用品、文具用品等专业市场具有全球影响力，使广州成为具有广泛影响力的网货货源中心、快递发货中心以及国际采购中心。专业市场本质上是商贸流通的通道和场域，具备商品展示、新品发布、渠道组织、订单组织、信息收集、市场采购等功能。与此同时，广州传统专业市场"现金、现货、现场"的"三现"交易模式，受时空、地域因素影响，虽有集聚效应，但交易方式传统、效率低下，普遍存在布局不合理、管理不完善、环境"脏乱差"等问题，在电子商务的冲击之下，发展步履维艰。直播电商让广大专业市场商户拥有了一个线上展示、互动和交易的渠道和窗口，通过直播种草、推广引流、品牌塑造、供应链重建，为广大市场主体带来流量、技术红利，驱动广州传统专业市场转型升级。

（三）直播电商的模式创新，为广州商贸业核心逻辑的革命性再造提供契机

不论是传统零售还是新零售，商贸业核心逻辑都离不开人货场这三个基本要素，直播电商的模式创新本质就是人货场三角关系的重构。直播电商通过直播前推广宣传、测试粉丝反应，根据市场反应可向厂家下单安排生产，生产商倒推生产周期按需生产。因主播拥有高复购、高转化的固定粉丝群体，在直播间开展限时秒杀、抢购，可以短时间促成大量订单，由于数据集中爆发，极大缩短了数据收集与分析周期，数据的可用性、可靠性更强，可以更加灵活精准地控制研发设计与产销匹配，为商家提供了最佳的售卖场景，创新了C2M（Customer-to-Manufacturer）模式，先销售回款、再生产发货，实现以销定产、按需生产。广州是全球唯一的千年不衰的商业型城市，大量国内外企业依托华南工厂、广交会和各专业市场，凝聚成强大的客户关系网络和供应链体系，从而使广州形成了强大的国际商贸中心功能和浓郁的国际商都氛围。运用直播电商新模式，可为传统商贸业注入新的内核与运作逻辑，对传统商贸业态进行在线化、智能化、定制化改造，使广州本土商家强大的生产能力、流通优势得到最大限度的发挥。

二 广州顺势而为、抢抓机遇，直播电商产业发展走在全国前列

为贯彻落实习近平新时代中国特色社会主义思想和习近平总书记关于"新常态要有新动力，数字经济在这方面可以大有作为"的重要指示精神，按照中央统筹推进疫情防控和经济社会发展的决策部署，广州积极培育壮大疫情催生的新模式新业态，以直播电商为突破口，推动商贸数字化转型，引领经济高质量发展。

（一）发展态势

1. 见势早，率先建立完备的直播电商组织架构、制度体系

广州审时度势、统筹谋划，利用直播电商助力经济复苏，逆势而上、奋楫向前，促进消费升级，推动复工复产、复商复市，做好"六稳"工作，落实"六保"任务，为千年商都注入电商力量，构建国内国际双循环相互促进的新发展格局。以"敢为天下先"的改革勇气推动体制机制创新，出台全国首个直播电商发展三年行动方案——《广州市直播电商发展行动方案（2020~2022年）》，成立全国首个直播电商智库，举办全国首个以城市为平台的"广货带天下，广带天下货"直播节（中国·广州），成立全国首家直播电商研究院和首个直播电商人才培养基地，发布首部全国性的直播电商标准——《视频直播购物运营和服务基本规范》，在直播电商的行业标准制定、人才培育培训等多个方面走在全国前列。经过一年多的持续推动，广州市直播电商行业呈现万商开播、全城直播的良好发展态势。

2. 行动快，直播电商组织化程度和集聚效应初显

广州的直播基地、直播供应链基地、专业直播电商机构如雨后春笋般成立，正在形成集聚效应。成立直播电商协会、供应链专委会，创新发展广州专业市场直播电商的营销模式，打造跨界整合的公共服务平台。成立广州专业市场商会原创青年分会，揭牌成立广州电商协会供应链专家委员会，推动青年原创品牌企业、专业市场更好地对接网红直播资源。组织广州专业市场商会与淘宝直播签署协议，共同打造直播共创空间，实现全市专业市场直播全覆盖。

3. 成效好，广州直播电商新业态发展位居全国前列

广州以包括发布首个直播电商行业政策在内的直播电商12个首创（即出台全国首个直播电商三年行动方案，出台全国首个RCEP电商配套措施，成立全国首个直播电商产业联盟，成立全国首个直播电商研究院，成立全国首个直播电商智库，首创"广州直播带货一起上"云课堂，全国首创政府、协会、商家三方共同遴选MCN（Multi-Channel Network，多频道网络）机构建立动态白名单，成立首个直播电商人才培养基地，举办全国首个以城市为平台的直播节，发布全国首个直播电商行业服务规范倡议，发布首部全国性直播电商标准，发布全国首个直播电商法律纠纷处理指引）领跑全国，成为一线城市中第一大直播之城。我国超过半数网红集中在一、二线城市，其中广州网红人数居全国首位，占比达19.3%[1]。广州在淘宝天猫直播平台主播人数达2万余名，直播场次超140万场，直播商品数逾600万件，均居全国首位。在全国直播电商百强地区榜单中，广州占9席，排名全国第1[2]。

综上所述，广州发展直播电商新业态见势早、行动快、成效好，已形成集聚效应和领先优势，直播电商的供给端和消费端广州均居全国首位，成为广州市网上零售持续增长的重要引擎。广州于2021年7月被批准率先开展国际消费中心城市建设，直播电商作为畅通国内国际商贸流通双循环链条的重要渠道，应该作为开路先锋，担起驱动、引领国际消费中心城市建设的重任。

（二）发展短板

与此同时，我们也要看到，当前广州直播电商新业态发展过程中，也存在不少短板弱项，成为制约广州直播电商产业高质量发展的瓶颈。

1. 专业机构、直播人才不能完全满足市场需求

受疫情影响，传统商家向线上发展的意愿比任何一个时期都要强烈，特别是直播电商应用需求旺盛，部分汽车、旅游、餐饮、教育、金融理财类企业对直播电商产生浓厚兴趣；但目前广州市专业直播服务机构和主播数量相对缺乏，无法满足需求。

2. 直播应用场景覆盖面、新颖度有待提升

调研发现，目前直播电商应用较好的行业主要是美妆、服装、食品、小

---

[1] 数据来源：《2018年中国网红经济发展研究报告》，http://www.199it.com/archives/739837.html。
[2] 数据来源：《直播电商区域发展指数研究报告》，https://www.sohu.com/a/454961597_407401。

家电等快消品，直播带货的爆款以低单价且高复购率的品类居多，而农产品、服务行业等还未找到合适的直播带货模式，部分电商企业对大数据、5G等新技术开发应用不足，导致直播场景智能化、新颖化程度不够，对消费者吸引力不强。不少企业暂未探索到合适的直播服务和模式，踩了许多坑，交了不少学费，经营面临困难甚至被迫倒闭或转型。

3. 产业集聚效应不够强

广州虽然有众多专业市场，但这些批发市场往往分散在不同的区域，自发性、零碎化特征比较明显，产业的组织化程度不高，市场主体的联系度不足，产业链整合力度不够，制约了直播电商产业集聚化、集群化发展，从而影响了产业竞争力、辐射力和影响力。

4. 行业自律和规范有待加强

直播电商行业发展仍未完全摆脱"野蛮生长"状态，主播行为规范、供应链品控等方面有待进一步规范，人气造假、虚假宣传、产品质量良莠不齐等问题有待进一步整治。业内人士认为，偷逃税问题在广州市直播行业也不同程度存在，针对高收入主播的税收严查已经开始，预计会有一批网络主播主动自查并补缴税款，直播行业将迎来一波补税潮。

三 直播电商业态发展的新阶段新趋势新特征

直播电商产业发展竞争进入了下半场，呈现出直播运营精细化、直播技术新锐化、主播培养职业化等新趋势新特征。

（一）直播运营精细化

直播电商格局趋于稳定，直播用户心智也更加成熟，对专业化内容需求增加，促使商家从清库存、低价走量阶段，转变为走品质化、精细化路线，提升宣传渠道、直播内容、粉丝互动的组织能力，提升渠道、内容、数据全流程运营策略优化能力，谋求差异化发展，提高专业度和消费者满意度、信任度。

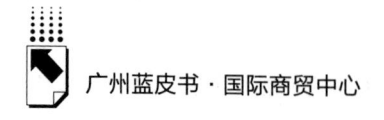

（二）直播技术新锐化

随着5G技术与直播电商的深度融合，展示清晰化、场景多元化、体验沉浸化将成为直播电商新的发展方向。云计算、大数据、AI、AR、VR等技术的突破，为商品全面、清晰地展示提供了技术支持，当前直播中经常面临的网络延迟、画面模糊、直播卡顿、视角单一等问题都将迎刃而解。5G技术推动无人机360度全景直播、超高清8K画面直播的普及，使开拓更多直播场景成为可能。用户可通过裸眼3D、全息投影等方式，自由选择观看视角，模拟产品使用，从而获得沉浸式购物体验。

（三）主播培养职业化

当前市场上直播人才为400万左右，随着电商行业的高速发展，预计未来人才需求将达到4000万[①]。人才需求的井喷，对人才职业化、标准化培养提出了迫切要求。很多院校开始探索校企融合、协同育人的培养方式，通过与主播孵化机构和品牌方合作，纷纷开展线上与线下的培训活动。随着市场对人才需求的增加、国家规范和监管力度的加大，直播电商行业的人才培养将加速朝规范化、系统化方向发展。相关机构注重产业链上各环节人才培养，如文案策划人才、运营管理人才等，以实现整个行业均衡发展。

四 推动广州直播电商新业态高质量发展的对策建议

在直播电商行业发展的新阶段，广州应推进实施头部直播电商企业引育、直播电商产业集群培育、"直播电商+"赋能、直播电商人才培养、直播电商发展环境优化五大工程，推动直播电商产业高质量发展，从商品品

---

① 数据来源：《2021年中国直播电商行业研究报告》，https：//www.sohu.com/a/489879250_407401。

牌、行业品牌、城市品牌三个维度塑造直播电商之都，为国际消费中心试点城市建设注入勃勃生机。

（一）实施头部直播电商企业引育工程

各区要充分利用广州电商优势资源，加大对全国范围内头部直播电商企业（包括 MCN 机构、主播工作室、头部主播、直播平台、直播电商服务商、直播电商内容生产商、明星直播经纪机构等）以及直播电商重大项目的招引力度，吸引全国市场主体到穗经营，促进直播电商产业在广州集聚发展。大力培育广州本土直播电商企业，提高网红服务能力和运营能力，促进精细化运营和数据化管理，用数据化手段推进主播培养、产品招商、直播流程管控、粉丝流量转化，做大业务规模。按照"个十百千万工程"评定标准，遴选一批可复制可推广典型案例，评定一批直播电商集聚区、头部机构、优质 MCN 机构、网红品牌、带货主播，树立行业发展示范标杆，打造土生土长的直播电商龙头团队和企业。

（二）实施直播电商产业集群培育工程

供应链管理是直播电商的核心竞争要素。直播电商之都，不但要求有一定产业规模、体量，还要求直播带货的品质、服务以及背后所依托的产业链和产业集群具有长远竞争力。要支持各区利用地域优势打造直播电商集聚区，积极鼓励集内容制造、视频技术、直播场景等于一体的多功能、多业态直播电商园区（基地）的建设。支持直播电商园区建设选品中心、共享及定制直播间、生活配套服务、短租公寓等配套硬件设施。鼓励直播电商产业化发展，打通设计研发、生产制造、品牌打造、线下网点和仓储物流体系等产业链各环节。鼓励直播电商企业运用新技术优化供应链，探索高清直播、VR/AR 直播、全息投影等技术应用，提供沉浸式消费体验。探索"5G+物联网"发展模式，用数据驱动重构直播电商模式下人、货、场关系。从上游的生产端找突破口，通过品牌化、定制化路线打造差异化产品，鼓励网红主播打造自有品牌产品，推出限量款、独家定制款，提升产品附加价值。

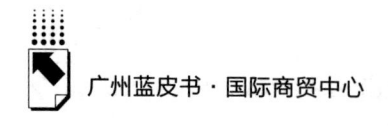

（三）实施"直播电商+"赋能工程

广州应借助直播平台将传统线下导购场景、贸易场景进行线上升级，推动餐饮住宿、制造、租赁、商务服务、教育、文化旅游等行业企业开展直播带货，推动"直播+商圈""直播+批发市场""直播+夜经济""直播+会展""直播+旅游""直播+文化"等模式发展，引导商贸服务行业向数字化、网络化、智能化、服务化方向发展。为直播电商企业和传统批发市场融合发展搭建交流平台，推动直播电商赋能传统批发市场转型疏解。对接全国主要直播电商流量平台，开展全产业链的战略合作，探索尝试多层次、全方位深度融合模式，打造产业链品牌IP化，营造全品类直播的商业氛围，实现线上线下商贸的全面繁荣。

（四）实施直播电商人才培养工程

事业成败，关键在人。直播电商领域，人才是决定性的竞争因素。人才培养有长期、中期、短期三种方式，短期是通过训练营、培训班等形式来完成，中期是在成人教育、专升本等渠道培养，长期是高校设立网络主播专业和课程。要着重打造线上数字化平台、线下载体平台"两平台"以及政策支撑、主体培育、资源对接、人才培养4项支持服务体系"四体系"。建议广州市人社局牵头普及直播电商人才培训，通过建立校企深度合作机制，建立公益性网红学院，举办"广州电商云课堂"等，提高从业人员的专业度和职业化水平。要给予贡献突出的直播电商企业（人才团队）每年若干自主认定的人才名额，可享受落户、子女入学、购买首套住房、车牌竞价补贴等政策，让拔尖的主播人才在广州安居乐业、落地生根。

（五）实施直播电商发展环境优化工程

在鼓励直播电商发展的同时，要加强引导和监管，为直播电商产业的健康发展提供市场化法治化国际化的营商环境。市直各部门、各区要各司其职，通力协作，一起发力，为直播电商产业发展营造良好的环境。市商务局要继续发挥行业主管部门的职能作用，把握直播电商产业发展规律、趋势，做好产业引导和制度供给。市委网信办要教育引导主播诚信经营、合规宣传，完善失信惩罚机制和退出机制等相关自律监管规则，规范直播电商市场行为和主播行为。市市场监管局要贯彻落实好《民法典》《电子商务法》等法律法规和相关监管规定，研究出台直播电商商品质量监管措施，营造公平有序的市场环境。市税务局要将直播电商产业纳入税源储备，按照有关规定做好纳税征缴等工作。市规划和自然资源局要在统筹全市用地基础上，优化直播电商产业用地，结合各区产业特点，盘活区域用地指标，满足直播电商产业发展需求。依托行业商协会，联动各大直播电商平台，每年举办直播电商大赛、直播电商发展高峰论坛等具有行业影响力的大型活动，扩大广州直播电商的知名度和影响力。借助各种媒体资源，加大宣传力度，推动直播电商产业健康发展。

参考文献

［1］王乃考：《直播经济："互联网+泛娱乐"时代的连接变革》，中国铁道出版社，2017。

［2］王冠雄、钟多明等：《直播革命：互联网创业的下半场》，电子工业出版社，2017。

［3］宋江龙：《"直播+互联网"：精彩的成长蜕变》，中国经济出版社，2018。

［4］高文珺、何纬金、田丰：《网络直播：参与式文化与体验经济的媒介新景观》，电子工业出版社，2019。

［5］约瑟夫·熊彼特：《经济发展理论》，商务印书馆，2014。

［6］吴瑶：《积极打造新电商之都》，《浙江经济》2021年第3期。

［7］王玉：《论直播节对于建设直播电商之都的推动作用研究》，《商展经济》2020年第9期。

B.12 广州服务消费发展现状与对策建议[*]

钟晓君 潘芮 刘帷韬[**]

摘 要： 服务消费支出比重增加是居民追求康乐的直接体现，广州市激发消费活力、提升居民消费层次是应对疫情对经济造成冲击和培育建设国际消费中心城市的必然选择。以广州服务消费为研究对象，分析数据发现，广州市服务消费支出总体规模显著扩大，居民人均服务消费支出呈现增长趋势；教育文化娱乐项目在居民服务消费中增速最快；城乡居民服务消费存在差异。与此同时，广州市服务消费体量总体偏低、高品质服务消费供需不均衡、城乡居民消费差异大是广州市服务消费发展中的主要问题。基于上述分析，从微观、中观和宏观三个层面，提出促进广州服务消费提质扩容的政策建议。

关键词： 服务消费 提质扩容 广州

一 引言

随着人均可支配收入的提高，居民消费由基础生存向发展享受、自我提升的阶段过渡。国务院办公厅、国家发改委均做出关于促进城市消费的政策

---

[*] 本文为广州市哲学社会科学"十四五"规划2022年度课题"广州深入营商环境创新试点研究"（2022GZGJ22）成果。
[**] 钟晓君，广东技术师范大学副教授；潘芮，广东技术师范大学硕士研究生；刘帷韬，广州市社会科学院副研究员。

措施，广州市积极响应完善促进城市消费的具体实施方案，满足人民消费需求、激发消费潜力是经济发展新阶段的重要任务。广州市作为千年商都，在城市发展与时代浪潮的更迭之中，以其商贸悠久的历史优势集聚大量消费资源。近年来，广州市的消费贡献率逐年上升，消费结构也不断优化，旅游、文化娱乐对广州经济、消费拉动作用日趋显著。促进服务消费发展是广州市拉动内需、提升居民消费层次的必然选择，也是培育建设国际消费中心城市和引领大湾区发展所赋予的重要实践。然而，在自身资源优势和政策红利契机的利好条件下，也应清楚地认识到，广州市服务消费总体规模与国外发达城市相比仍然较小，提升高端服务消费品质仍是未来消费升级的主要目标。服务消费的提质扩容是驱动广州经济发展、提升服务业发展的重要方向。因此，分析广州市服务消费发展现状，对把握广州居民服务消费的趋势变化、探索促进居民服务消费增长的对策和营造服务业的良好发展氛围具有重要意义。

居民家庭服务消费支出主要是指家庭为各种文化、生活所支付的非产品性服务支出总和，根据国家统计局中的居民消费支出分类，未单独列出服务消费支出，消费分类尽可能详细地根据居民消费支出目的将产品类支出和服务类支出分类，也因旅游服务中可能包括交通、住宿和餐饮费用，住房装修和装潢所需材料包含了部分服务费的情况，故难以具体划分产品和服务支出[1]。交通通信、教育文化娱乐、医疗保健是服务消费的重要组成部分，其他用品和服务在消费支出中增长明显，且主要包括了珠宝首饰、手表等高档品的服务消费，结合马彦华、王艳华对服务消费支出的概括和统计数据的可获得性，故本文城镇、农村居民人均服务消费支出由交通通信、教育文化娱乐、医疗保健、其他用品和服务4项支出加总所得。

---

[1] 国家统计局《居民消费支出分类（2013）》。

二 广州市服务消费的现状特征

（一）服务消费总体规模持续扩大，服务消费占比增加

广州具有坚实的消费基础，近年来，其服务消费总支出①规模不断扩大，为促进经济发展提供了重要动力。2015年广州市服务消费为877.53亿元，2017年突破千亿元大关，2019年攀升为1309.18亿元，较上年增速为11.8%。广州市2020年服务消费总支出下降至1254.94亿元。收入水平的提升扩大了居民服务消费的需求，居民人均服务消费支出②也呈现出上升态势（见图1），从2015年的31733.40元增至2019年的40521.61元，5年间居民人均服务消费支出增加上万元，2019年广州市居民人均服务消费支出同比增速为7.13%，2020年居民人均服务消费支出40129.58元，较上年下降0.96%。

广州市居民人均服务消费在居民消费支出中的比重有所升高，2015年为32.37%，至2019年上升了1.51个百分点，达到33.88%，可见所占比重上升幅度较小，仍有很大提升空间。2020年广州市居民人均服务消费占消费支出的比重降至31.74%，因服务消费多具聚集性和开放性的特征，人员的流动性较强，疫情的蔓延是限制居民服务消费的一个重要因素，故服务消费释放减弱，消费支出减少。

（二）服务消费各分项具体支出增速不一

居民消费内容繁多，服务消费水平的高低是反映家庭生活质量的一个重要标志，服务消费渐趋成为拉动居民消费较快增长的引擎。交通通信是服务消费支出中持续攀升的项目，由2015年的3910.41元增值至2020年的

---

① 居民服务消费总支出根据此公式计算：年末户籍城镇常住人口×城镇居民人均服务消费支出+年末户籍农村常住人口×农村居民人均服务消费支出。
② 居民人均服务消费支出根据此公式计算：年末户籍城镇常住人口÷年末户籍常住总人口×城镇居民人均服务消费支出+年末户籍农村常住人口÷年末户籍常住总人口×农村居民人均服务消费支出。

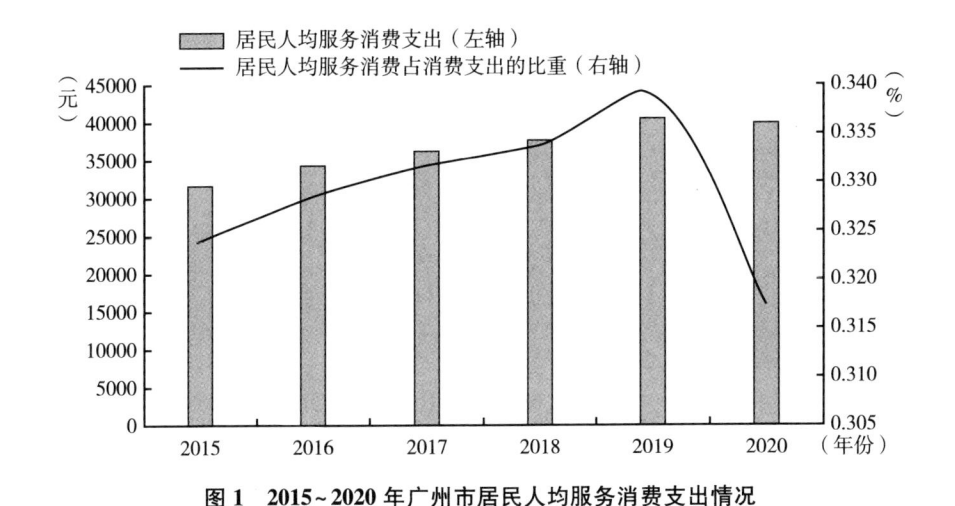

图1 2015~2020年广州市居民人均服务消费支出情况

资料来源：根据广州市2017~2021年统计年鉴相关数据整理计算。

5609.49元（见图2），交通费和交通工具服务支出增势持续。疫情防控在一定程度上影响了居民的生活模式，出行的减少相对降低了交通消费；而居家防疫期间网络流量的需求强烈，网上购物、直播平台的普遍使用，使得通信消费得到加速增长，网上教学和居家办公也带动了通信和宽带流量的使用，进而拉动交通通信支出的总体增长。

图2中可以看出，2019~2020年教育文化娱乐支出受疫情影响最大，由5334.24元减少至4153.64元，下降22.13%。根据广州文化广电旅游局的数据，2020年国庆中秋假日期间广州居民出游总人次为558.78万人次，同2019年国庆中秋假日期间相比，广州市居民出游率恢复了82.02%，因疫情防控，政府不鼓励大规模聚集以及省外出游，故省内近程旅游人数增长较快，2020年总人次为349.14万人次，远高于省外出游的209.31万人次。旅游多为体验式消费，该种服务消费特性面对疫情具有极大脆弱性，疫情期间实施错峰消费以及限制人流等举措在一定程度上降低了居民消费意愿。2021年随着疫情的精准防控，广州居民外出旅游渐趋稳定，居民更倾向于安全、自由度高的邻近市内游，主题文化、红色旅游和生态休闲类旅游往往是广州居民出游的靠前选择项。网络消费的热度持续升高，根据广东省人民政府门

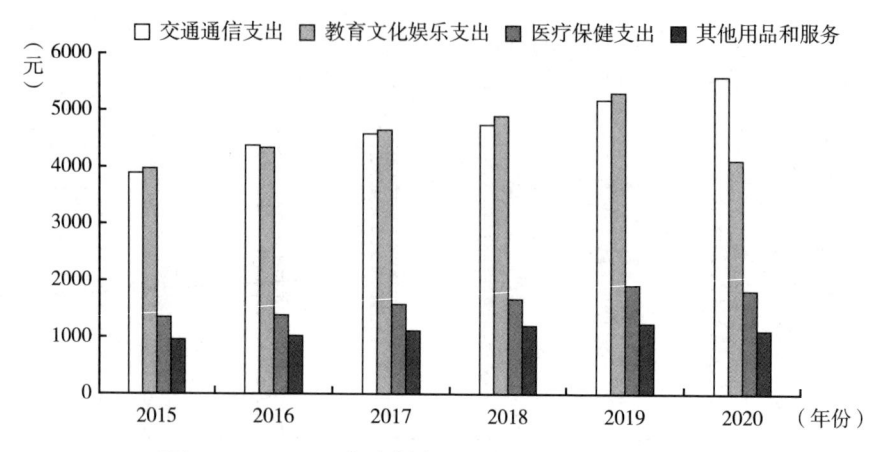

图 2　2015~2020 年广州市居民分项服务消费支出情况

资料来源：根据广州市 2017~2021 年统计年鉴相关数据整理计算。

户网站公布的数据，线上的住宿餐饮在网络实现收入同比增长 32.8%，两年平均增长 31.2%，文化、体育和娱乐业同比恢复性增长 29.0%。

医疗保健支出增速较快，医疗保健支出从 2019 年的 1940 元下降到 2020 年的 1845.27 元，下降 4.88%，自疫情出现以来，居民健康防护意识增强，2021 年中西药品类零售额同比增长 23.9%。疫情的蔓延使高端消费群体去港澳以及国外购物的机会减少，广州居民在市内消费具有便利性，因而极大地促进了广州限额以上金银珠宝、腕表等奢侈品的零售额增长，2021 年较上年增长 24.9%。两年平均增长 18.8%，对其他用品和服务消费支出的增长有很大推动作用。

目前居民对于教育、文化和娱乐的消费需求旺盛，仍是未来的消费热点。受疫情影响，广州市居民收入增长趋缓，其消费信心仍有很大提升空间。随着服务消费市场渐趋稳定以及生活服务业的发展，居民消费向个性多样优质的需求升级。

（三）城乡居民群体服务消费差异显著

1. 城乡居民人均服务消费支出增长差异

2015~2019 年，城镇、农村居民人均服务消费支出总量增长明显，均处于正增长的状态，如图3所示，农村居民人均服务消费支出增速快于城镇，但增速略有放缓趋势。2020年城镇居民人均服务消费支出为14210元，较上年下降7.86%，农村居民人均服务消费支出为6669元，较上年减少4.52%，说明2020年广州局部疫情的反弹对城镇消费影响较大，总体可以看出城乡间差距有缩减趋势。2020年城市居民恩格尔系数为32.4%，农村居民恩格尔系数为38.9%，食品等生存型消费在农村消费支出中占有更高比重，反映了居民消费升级的方向。居民可支配收入、服务业发展水平差距是导致广州城乡居民服务消费差距较大的重要原因，城镇居民可支配收入高，用于服务消费的支出明显高于农村居民。疫情对制约居民消费有着一定的影响，居民收入明显下降，进而影响消费需求，广州市农村的消费潜力有待挖掘，要把握居民的补偿性消费心理，将生活消费需求作为刺激农村经济复苏的重要手段，增强农村居民获得感、幸福感，更好满足农村居民对美好生活的向往。

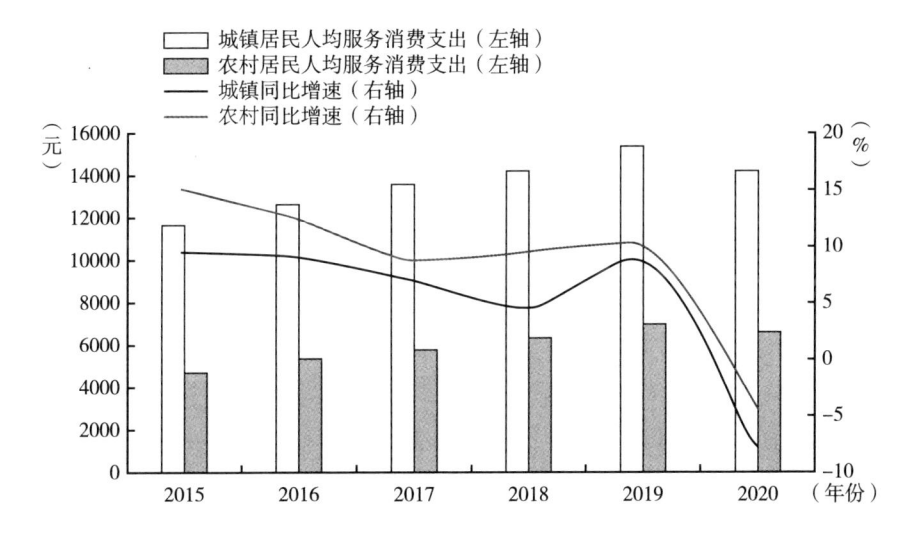

图3 2015~2020年广州市城乡居民分项服务消费支出情况

资料来源：根据广州市2016~2021年统计年鉴相关数据整理计算。

2. 城乡居民具体服务消费支出比重差异

表1显示了2015~2020年广州市城镇、农村居民各项服务消费占服务消

费支出比重，可以看出农村交通通信占比较高，农村的交通基础设施逐渐完善，对于增加交通消费支出有明显的提升作用。在2020年达49.65%，城镇教育文化娱乐支出比重远超于农村居民，其中城镇居民教育支出远远高于农村。

表1 2015~2020年广州市城乡居民分项服务消费占服务消费支出比重

单位：%

年份	交通通信占比		教育文化娱乐占比		医疗保健占比		其他用品和服务占比	
	城镇	农村	城镇	农村	城镇	农村	城镇	农村
2015	37.31	45.30	39.75	31.10	13.24	15.51	9.70	8.08
2016	38.30	47.25	39.67	31.15	12.47	15.06	9.56	6.54
2017	37.32	46.92	39.86	31.36	12.98	15.64	9.84	6.08
2018	36.91	46.54	39.70	31.90	13.20	15.98	10.19	5.58
2019	36.96	46.13	39.87	32.33	13.91	16.05	9.52	5.50
2020	43.38	49.65	33.19	27.49	14.15	17.49	9.29	5.38

资料来源：根据广州市2017~2021年统计年鉴相关数据整理计算。

农村居民医疗保健消费占比持续高于城镇，随着健康保健意识的增强和居民消费观念的转变，加之看病难、医保条件等问题逐渐改善，农村医疗保健服务消费支出份额快速上升。同时，物流电商在农村的普及缓解了城乡间的商品流通困境，有助于缩小城乡间的消费差距[1]。城市居民的其他服务消费逐年攀升，与高档首饰、手表等消费增多有密切联系。

2021年1~9月广州城镇居民人均可支配收入为58608元（见表2），人均服务消费支出为12462元。农村人均可支配收入为28706元，人均服务消费支出为6843元。教育文化娱乐是广州农村居民增速较快的消费支出，增速为49.9%，城镇居民人均教育文化娱乐消费支出增速为33.6%，城乡居民逐步适应疫情的反复，消费心理逐渐释放，旅游娱乐、教育医疗等服务消费需求渐趋增长。城镇与农村居民的教育文化娱乐是服务消费支出中差距最大的，2021年1~9月两者相差2565元，医疗保健是差距最小的部分。

---

[1] 马玥：《数字经济对消费市场的影响：机制、表现、问题及对策》，《宏观经济研究》2021年第5期。

表2　2021年1~9月广州城乡居民分项服务消费支出及增速

单位：元，%

服务消费支出项目	支出金额 城镇	支出金额 农村	增速 城镇	增速 农村	两年平均增速 城镇	两年平均增速 农村
交通通信	4745	2998	7.4	13.7	5.9	4.2
教育文化娱乐	4807	2242	33.6	49.9	7.4	14.1
医疗保健	1803	1229	17.2	15.1	7.6	10.9
其他用品和服务	1107	374	35.3	29.0	2.9	12.2

资料来源：国家统计局广州调查队。

城镇教育文化娱乐消费占居民服务消费的38.57%，次之为交通通信消费，占比为38.07%，农村居民交通通信消费支出2998元，较城镇居民有着1747元的差距，2021年1~9月农村交通通信消费支出占服务消费的比重最大，高达43.81%，教育文化娱乐消费占服务消费支出的32.76%。随着疫情防控的标准规范化，其对社会经济的影响作用减弱。广州实施的促进居民消费政策效应显著，居民服务消费持续复苏，但目前宏观经济下行压力较大，经济增速放缓。这也影响着居民对收入的不确定性预期，城乡消费不平衡，制约社会整体消费结构升级。

三　广州市服务消费存在的问题

虽然广州服务消费呈现出良好的发展态势，仍不可避免地面临诸多困境。不置可否，受国内外多重因素叠加影响，当前广州在服务消费领域仍面临一些瓶颈和短板，外部环境复杂严峻，疫情防控仍然面临考验。广州服务消费与国外发达城市有较大差距，面临供给不足、消费预期较弱等困境。

（一）服务消费占比总体偏低，与发达国家差距显著

广州服务消费总体规模取得喜人成效，但是高端服务业的供给不足仍是需要关注的问题。广州的服务消费还有很大的提升空间，广州居民食品等生

存型消费占家庭消费总支出的比重虽不断下降，但发展型、享受型消费比重逐渐增加。如果考虑发达国家偏高的服务消费率，广州市 2020 年人均 GDP 为 13.39 万元，按当前汇率大概等于 21141.88 美元，韩国发达城市人均 GDP 在 10000~30000 美元时，服务消费占消费支出最低占 42%左右，美国发达城市人均 GDP 处在此区间内时，服务消费占消费支出的比重最低在 55%左右①，而广州食品消费等比重偏高，广州居民服务消费支出与其差距较为明显。服务业的发展是服务消费层次提升的关键，广州服务业水平与美、日、韩国发达城市相比较，服务业领域的投入程度和市场化条件不够充分，国外发达城市的教育、医疗水平，文化旅游发展的程度较高，广州的服务体系和新型消费服务的模式，仍需继续提升。消费的发展是消费结构升级的方向，服务消费在消费支出中比重较低是广州释放消费需求、持续推动消费结构优化的动力来源。

（二）高品质服务产品供给不足，需求外流较为严重

随着居民收入水平的持续提升，居民对高品质旅游、教育、医疗健康等需求非常旺盛，但高品质旅游、教育、医疗等供给不足，相对传统的服务业滞后新的消费需求。若疫情结束，这些高端消费群体仍存在较大流出消费的可能性，目前广州市服务企业的客户消费体验和消费环境仍有很大提升空间，消费供给水平有限，需求外流比较明显，服务型消费的供给短缺是制约服务型消费需求释放十分重要的原因，能否适应消费结构升级的趋势，扩大服务业的有效供给，应成为改革的重要任务之一。广州市内免税的发展建设不到位，部分商品税率较高，高端服务供给不足与消费能力强劲、消费氛围浓厚不匹配，服务业领域市场仍有待进一步对外开放。随着老龄群体规模的扩大，其服务消费需求增加，意味着服务业中的老龄服务细分市场需要结合群体特征，而全渠道融合的渠道有待提升，线上线下消费供需两端的信息不对称，易出现供给良莠不齐的服务造成满意度降低。② 据广州市消委会数据

---

① 刘学民：《服务消费新业态促进消费升级的路径分析》，《商业经济研究》2019 年第 13 期。
② 张颖熙、夏杰长：《以服务消费引领消费结构升级：国际经验与中国选择》，《北京工商大学学报》（社会科学版）2017 年第 6 期。

显示，2020年全市消委会受理消费投诉157525件，较2019年增加了16%，其中网络消费服务、房屋装修服务投诉明显增多。服务型消费快速增长，如果缺乏从源头加强服务供给品质，服务业市场开放的新格局也易受影响，不利于为释放服务型消费奠定坚实的制度基础和体制保障。

（三）面临内外环境压力，居民预期消费不明朗

外部环境上，中美贸易摩擦对宏观经济影响持续发酵，不确定性直接影响了居民对未来经济走势的预期；内部环境中，近年来我国经济增速放缓加上疫情影响，居民就业压力增加，收入增速趋缓甚至工资性收入水平降低，加之房价、生活成本的快速增加，在一定程度上也影响居民对未来消费预期，导致服务消费收紧。服务消费行业的生产经营活动具有集聚性，人员流动性很大。尽管服务企业从技术层面上限制消费人流，实行错峰消费，国内外疫情未完全消退，服务消费的风险仍然存在。疫情防控过程中，监督过程至关重要，一旦出现疫情快速传播，便会破坏向好的服务消费发展趋势。外部环境不确定性与内部长期存在的制约性因素叠加，导致了居民预期不明朗，进而导致消费对经济贡献率不够高。城乡收入差距导致消费水平的差异，在一定程度上限制了广州市整体服务消费水平的提升。

四 广州市服务消费提质扩容的政策建议

（一）在微观层面，保障消费主体权益

1. 提升居民收入，稳定消费需求

居民收入水平的提升是增强居民消费意愿的直接原因，不同群体的收入差距是造成城乡区域发展、城乡消费制度不平衡的重要原因，也是服务消费梯度性产生的影响因素。拓宽居民收入渠道、为居民消费提供动力，有利于提振消费信心，只有满足生存消费后才会延续到服务消费。增加广州农村居民的转移支付，提升工资收入水平，实施相应的收入增收政策，拓宽就业渠

道,是激发潜在消费需求的基础。

2. 加强公共服务水平,完善社会保障

合理配置城镇居民居住小区的体育健身、文化休闲等服务,促进广州市商圈城区夜间经济的发展。在乡村振兴等措施下,促进乡村地区发展,逐步发展乡村旅游以激发乡村经济增长动力。加强农村地区的基础设施建设,提升交通通达度,健康养老需要康复护理、安宁疗养,离不开家庭、社区和机构的多方配合,支持家庭承担养老功能,构建居家社区机构相协调、医养康养相结合的养老服务体系。抓住老年群体的消费需求,为服务消费扩张和创新提供动力。庞大的老龄群体对于智能电子产品烦琐的操作程序不熟悉,使用灵活支付方式,减少消费支付受阻的状况。同时完善住房、养老和医疗等社会保障制度,缩小地区公共服务差距。完善消费者保护体系,加强消费者教育,建立更加完善的消费者投诉机制,保障消费者权益。

(二)在中观层面,营造良好的消费市场

1. 创新服务形式,把握消费潮流趋势

突如其来的疫情影响广泛深远,虽在短期内抑制服务消费的发展,但不会影响服务消费扩大的发展趋势,同时疫情带来消费的新业态和新模式,在服务者产生了新的消费需求后,对传统的消费方式进行创新,从而有新的产品服务方式。服务消费支出不断增加体现出居民对美好生活的追求,服务业需拓展数字消费新业态新模式,以创新消费场景吸引消费群体。居民日常消费中消费过程体验感地位日益凸显,沉浸式体验、AR购物、跨界融合服务等情景式、场景化的数字消费将持续快速发展,为满足居民消费升级提供条件。把握新的消费方向,聚焦产业转型升级和居民消费升级需要,扩大服务业有效供给,提高服务效率和服务品质,培育新型消费热点,推动消费结构升级,不断拓展广州"新广货"自有品牌的价值提升,广州作为商圈消费,加快传统商业综合体加快创新转型,通过改造提升推动形成一批高品位步行街,促进商圈建设与繁荣。

2. 优化服务供给，提升消费服务水平

培育建设国际消费中心城市为广州扩大消费、提升服务消费水平提供了良好契机，以新业态新模式引领新型消费加快发展。消费的供给端决定了消费群体的类别，优质的营商环境为吸引企业和服务提供商来广州创造良好条件，也有助于集聚高端资源，给予客户满意的消费需求是消费供给的最终目的。在供给上优化品质，满足消费需求，在形式上拓展新业态和新消费模式，从多个层面提升供给能力。持续释放广州老城市活力，提升文化旅游内涵，加快文旅资源的数字化进程，将生态休闲和个性康养相结合，是丰富旅游形式、促进旅游服务消费的重要抓手。加强养老护理队伍的建设，加强护理职业教育的技能培训，优化老龄消费群体服务消费的供给来源。以数字经济赋能服务消费的新发展局面，适度加强科技对服务业的重要引领作用，吸引更多国内外知名品牌来广州落地集聚，形成消费的规模效应。

（三）在宏观层面，适应后疫情时代经济社会发展新形势

1. 结合服务企业所需，缓解消费困境

广州建设高质量服务业，扩大服务消费，提升居民消费层次，不断带动结构优化是未来的重要任务。受利好因素影响，服务消费持续复苏向好。适应后疫情时代经济社会发展新形势、促进服务业发展的前提，是要做好疫情防控的常态化工作，服务业的持续向好也是提升居民服务消费的基础和促进消费结构升级的重要方向。服务消费新增长点的潜力巨大，为增添服务消费的市场活力，必须挖掘消费潜力。统筹协调疫情防控和经济社会发展，巩固防疫成果，并对服务企业加强关怀，在调研后了解在生产经营中所处困境，并结合行业和现实发展实际，提供纾解的可行之策。

2. 营造良好的消费环境和条件

广州积极服务和融入国内国际双循环的新发展格局，以增强广州的国际消费中心功能为关键，进一步完善消费的体制机制，发挥粤港澳核心消费城市的引擎作用，促进消费提质扩容，提升服务水平，加大外在政策的支持力度，推动服务消费的发展需要以各种政策作为保障，如税费减免等，以此稳

定推动消费市场发展。以培育建设广州国际消费中心城市为契机,把握好服务消费转型升级的关键方向,拓宽新型消费领域和消费空间,发挥政策引导功能,挖掘服务消费潜力,以互联网、数字经济为依托,推动绿色、环保消费,如智能家具、厨具等信息产品,促进新能源汽车和相关基础设施建设实施补贴措施,为建设健康可持续的消费市场扩容提质。

最后,值得说明的是,城市的历史变迁作为对外弘扬城市丰富文化内涵的重要载体,是彰显文化的重要途径,对展现现代消费城市的形象至关重要。把握消费迅速增长的重要时机,体现广州文化特色是增强消费的核心,在国内外疫情未完全消退的状况下,居民线下消费仍然受限,网络等线上消费渠道比重增长迅速,网络直播、在线医疗持续发展也是未来消费的方向,提升广州城市服务水平,把握主流消费的发展浪潮,提升服务消费动力来源,将数字化、智能化融入服务业的发展中去,抓住建设国际消费中心城市的巨大机遇,围绕打造大湾区门户核心的战略着力点,发挥出自身引擎的重要作用,以自身高质量的消费环境和氛围吸引消费回流,为推进服务消费提供持续动力。

参考文献

[1] 马彦华:《新中国成立 70 年来我国服务消费的演变与思考》,《企业经济》2019 年第 9 期。

[2] 王艳华:《江苏省居民服务消费特点及扩大升级建议》,《中国经贸导刊》(中)2021 年第 2 期。

[3] 辛本禄、刘燕琪:《服务消费与中国经济高质量发展的内在机理与路径探索》,《南京社会科学》2020 年第 11 期。

B.13
广州外贸新业态高质量发展对策分析

梁志锐　宁霞　揭昊*

摘　要： 外贸新业态新模式是中国外贸创新发展的生动体现，在扩大外贸主体、再造外贸流程、推动制度创新方面发挥积极作用。广州外贸新业态发展走在全国前列，特别是跨境电商和市场采购贸易领域的政策、业务和创新成果突出，但也面临配套政策不完善、不明确的掣肘。为推动广州外贸新业态高质量发展，要坚持推行包容审慎监管模式，以创新引领新业态发展，持续优化营商环境。

关键词： 外贸新业态　市场采购贸易方式　跨境电商　高质量发展

新业态是我国外贸发展的生力军，是培育参与国际合作和竞争新优势、推动构建双循环新发展格局的重要抓手。国家高度重视外贸新业态发展，李克强总理连续8年在《政府工作报告》中进行部署。外贸新业态是广州外贸发展的亮点，随着2021年7月国务院办公厅印发《关于加快发展外贸新业态新模式的意见》，外贸新业态发展正从量变走向质变，广州将继续以制度、管理和服务创新引领新业态高质量发展，在全国统一大市场建设中发挥示范引领作用。

---

* 梁志锐，广州市商务局对外贸易管理处处长；宁霞，广州市商务局电子商务处处长；揭昊，广州市社会科学院国际商贸研究所副研究员。

一 广州外贸新业态发展情况

近年来，广州积极推广外贸新业态新模式，跨境电商、市场采购等发展迅猛，成为广州外贸进出口的重要组成部分。2021年，市场采购、跨境电商、保税物流三类新业态占外贸进出口总额近30%，[1] 有力支撑外贸强市建设（见图1）。

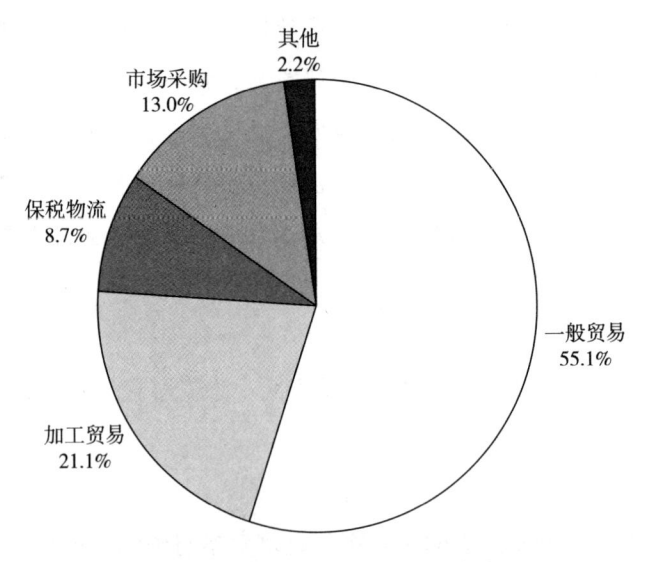

图1 2021年广州进出口贸易方式

资料来源：广州海关统计数据。

其他 2.2%
市场采购 13.0%
保税物流 8.7%
加工贸易 21.1%
一般贸易 55.1%

（一）外贸新业态"广州模式"示范引领

商务、发改、市场监管、海关、税务、外汇管理等部门按照包容审慎的原则，持续加强政策、业务和服务创新，打造新业态"广州模式"，形成持续引领示范效应。比如，依托市场采购联网信息平台率先引入价格模块，将

---

[1] 海关设有专门单列跨境电商数据，该数据为作者根据海关数据估算得出。

价格监管关口前移；多部门支持成立全国首个市场采购贸易协会，加强行业自律；全国首个试点探索市场集聚区拓展，为传统专业批发市场转型升级提供方案，进一步推动内外贸融合发展；指导银行以金融科技为依托，与广州电子口岸公司联合开发平台系统，发布全国首个市场采购贸易收结汇小程序"广采通"，提高经营主体收结汇便利度。发布全国首个跨境电商RCEP专项政策——《广州市把握RCEP机遇促进跨境电子商务创新发展的若干措施》及全国首个跨境电商RCEP政策汇编指引，推动跨境电商9810模式出口退（免）税政策落地；首创跨境电商出口退货"合包"新模式，在南沙打造全国首个跨境公共分拨中心；建成粤港澳大湾区机场共享国际货运中心，在粤港澳地区空港口岸首创出口货站运营出口跨境电商业务新模式；黄埔区开展的第一票9710出口海外仓业务被作为全国首单列入中国海关博物馆。

（二）跨境电商和市场采购贸易发展迅猛

广州具有海运、陆运、空运枢纽优势，交通物流便捷。如白云机场作为中国三大门户复合枢纽机场之一，是国家"一带一路"倡议和"空中丝绸之路"的重要国际航空枢纽之一。作为珠三角乃至华南地区小商品的主要集散地、供应地，广州商品品种繁多、价格优势明显，已逐步形成集设计、研发、制造、物流、销售于一体的完备供应链链条。得益于此，市场采购和跨境电商进出口增长较快。2021年，广州白云机场口岸跨境电商进出口交易额突破1000亿元，同比增长1.5倍，成为全国首个跨境电商业务迈进千亿元大关的空港口岸。其中，出口至共建"一带一路"国家的跨境电商商品总值超过220亿元，同比增长1.2倍。同时，广州已连续8年保持跨境电商零售进口业务规模全国第一，《中国跨境电商综试区城市发展指数报告（2020）》显示，广州在全国105个跨境电商综试区城市中综合指数排名第一、发展规模指数排名第一。《2020跨境电商综试区能级指数报告》显示，广州综合发展能级指数超过深圳、上海等城市，居全国首位，其中发展规模指数、配套支撑指数两个单项排名第一。2022年3月商务部公布的"2021

年跨境电子商务综合试验区评估"结果显示,在全国10个综试区中,广州跨境电商综试区成效明显,综合排名处于第一档。

自2017年3月广州正式启动市场采购贸易方式试点后,同时兼顾规范与发展,年贸易额迅速跃上千亿元规模后持续平稳。2018~2021年,市场采购连续4年出口超千亿元,位居全国第二、广东第一,使市场采购成为广州除一般贸易、加工贸易之后的第三大贸易方式。

(三)保税物流业务潜力巨大

广州保税物流进出口依托海港优势,发展石油、有色金属、塑胶等大宗商品保税物流进出口;依托空港优势,发展药品、航材航油、飞机的保税物流进出口;依托国际商贸中心和综合交通枢纽优势,发展包括汽车及零配件、电子等机电产品及劳动密集型产品的物流集散分拨。2016~2019年,广州保税物流进出口由696.2亿元上升到1120.6亿元,三年复合增长率为17.17%。2020年受新冠肺炎疫情影响,保税物流进出口仅864.6亿元,下降22.8%。2021年实现快速反弹,全年保税物流进出口939.9亿元,增长8.9%,占同期全市进出口的8.7%。

(四)外贸综合服务发展遇阻

2015年,广州市多部门联合出台《关于促进外贸综合服务企业发展的实施意见》,推动外贸综合服务业态培育和试点企业认定工作。随后3年间,广州市外综服业态得到较快发展,共有省、市认定的外贸综合服务试点和培育企业17家,服务中小外贸企业过万家。2017年9月印发的《国家税务总局关于调整完善外贸综合服务企业办理出口货物退(免)税有关事项的公告》(国家税务总局公告2017年第35号)规定由外综服企业代生产企业集中申报退税,为规避经营风险,外综服企业大幅减少与市外企业的合作。截至2021年,广州市外综服企业仅余15家,备案生产企业和代办出口退税额出现下降。

二 存在问题

外贸新业态新模式就是对现有国际贸易方式的大胆创新,推进过程中需要持续不断的制度创新予以保障,难免与现有监管方式出现冲突或涉及不明晰的领域。

(一)新业态税收配套政策亟待完善

税务配套政策一直是影响新业态新模式发展的主要因素之一。由于缺乏全国全省统一的税收配套政策,地方税务部门在探索创新时普遍担心履职风险,按照依法行政的原则和要求,往往只能将传统的税务征收模式和标准应用到新业态上,严重影响了外贸新业态的发展。如跨境电商9810模式下货物出口税收政策不明确、外综服企业在基层税务部门备案以及市场采购贸易供货商户个人所得税征收等,都因为缺乏具体政策指引,各地税务部门尤其是基层税务人员的理解和执行标准各不相同,导致这些新业态进一步发展受到严重制约,外综服、市场采购企业的业绩甚至因此而出现明显下滑。即使已经开展多年的9610跨境电商出口,由于跨境电商卖家的上游供应商多为中小企业或个体工商户,原材料直接在专业市场上购买,无法提供进货发票。在税务上虽然有出口"无票免税"政策,但仍要缴纳相应企业所得税或个人所得税,而邮政小包出口模式存在监管空白,导致绝大多数跨境电商卖家采用邮快递小包模式出口(物流公司代为清关,报关单无法显示真正卖家信息)来规避税务管理,不愿阳光发展,脱离政府部门监管和统计,导致跨境电商统计数据远远低于实际情况。

(二)顶层设计未能完全匹配基层实践

近年来,包括广州在内的各地新业态蓬勃快速发展,而顶层通关政策制定相对滞后,且各地执行标准不统一。没有上位依据,很多地方基层监管部门只能沿用传统监管方式管理新业态,从而导致与试点城市实际需求脱节,这已经成为各地推进新业态发展过程中面临的一个共性难题。如广州跨境电商业务保持迅猛发展态势，但跨境电商管理主要依据商务部、海关总署等部委发布的规范性文件，尚不能适应各地电商业务快速发展的需要，导致合规边界难以明晰，执法人员、企业对监管政策理解有差异，对贸易模式创新有疑虑。比如，对刷单、刷评、拆单、二次销售等情形是否认定为违规仍存有争议。部分跨境电商企业由于实际业务为代理出口，没有在增值税纳税申报中申报免税，也未开具代理证明等材料，造成出口货物难以溯源的问题。又如，广州白云区的化妆品在全国具有重要地位，素有"全国美妆看广州，广州美妆看白云"的美誉，该区有化妆品产业持证生产企业过千家，占全国数量的1/3。但目前全国只允许义乌通过市场采购方式出口该类商品，导致广货外流，影响试点健康发展。

（三）收汇难问题亟待解决

当前市场采购和跨境电商B2B出口都存在收汇难的突出问题。还有很多中小微商户法律意识、风险防范意识淡薄，习惯通过灰色渠道收取货款；2020年起在全国范围内开展的"断卡"行动发挥了较大的震慑作用，但各地公安部门执法标准不一，打击违规收汇难以持续高压态势。为此，境外采购商在国内各类市场进行采购交易时，传统交易和支付模式仍占较大比例，绝大部分采购后将货物委托市场采购贸易经营者代理出口，办理出口通关手续。由于采购商在境内采购阶段已完成货款支付，所以收汇率一直处于较低水平。

（四）难以培育龙头大企业

政策不够完善，企业规模越大触碰监管红线的风险就越高。不论是市场采购、跨境电商，还是外贸综合服务，出口额越大，税务风险就越高。比如，按照《关于跨境电子商务综合试验区零售出口企业所得税核定征收有关问题的公告》（国家税务总局公告2019年第36号），综试区内符合条件的跨境电商企业按照4%的应税所得率核定征收企业所得税。同时，符合《财政部税务总局关于实施小微企业普惠性税收减免政策的通知》（财税〔2019〕13号）

规定的小型微利企业优惠政策条件的,还可叠加享受小型微利企业所得税优惠政策。但实际上,不少电商企业需通过控制业务规模或不断分拆多个企业去适应政策以享受相关税收优惠。同时,由于市场采购、跨境电商准入门槛不高,所以业界整体呈现企业数量众多、单个体量不大的格局。

三 推动外贸新业态高质量发展的建议

贯彻落实《国务院办公厅关于加快发展外贸新业态新模式的意见》(国办发〔2021〕24号),继续发挥好机制优势,继续加强探索,研究出台和试行相关配套监管办法,促进外贸新业态新模式健康持续创新发展。

(一)正确看待监管风险,推行包容审慎监管模式

各种贸易方式都存在监管风险,对新业态不需要另眼相看,需要的是包容审慎"有温度"。对跨境电商监管要宽严并济,既要严厉打击跨境电商走私行为,也要区分情形,不简单以"三单"是否匹配作为依据,对业务模式违反监管要求、但没有出现偷逃税款的企业,可认定为违规,不直接上升到刑事处罚层面。对涉及走私犯罪的企业,如果符合合规不起诉条件并自愿进行整改,尽量适用合规不起诉制度。

规范配套税务征收政策。协调税务部门积极探索实施促进外贸新业态新模式发展的税收征管和服务措施,统一全省关于新业态的税收监管办法,进一步优化新业态税收环境。如明确对市场采购集聚区内个体工商户个人所得税征收方式,对外综服企业出台专门管理办法和统一风控指引,研究制定以海外仓模式出口的退税新模式,加快退税进度,设立容错机制。创新外汇收结汇监管模式。加强对交易流程、资金流向的全流程监管,支持更多符合条件的银行和支付机构依法合规为外贸新业态新模式企业提供结算服务,简化海外仓付汇所需手续,支持企业发展海外仓。研究制定银行、独立站、外汇部门通联机制,降低跨境支付的交易成本,鼓励商业银行创新探索适宜跨境电商发展的收结汇模式。结合重点跨境电商企

业情况，研究针对独立站结汇创新做法，积极向国家外管总局争取在广州开展试点。

（二）坚持发展优先导向，以创新引领新业态发展

贯彻落实《国务院办公厅关于做好跨周期调节进一步稳外贸的意见》《广东省人民政府办公厅印发关于推进跨境电商高质量发展若干政策措施的通知》等文件要求，持续推动业务模式创新发展，提升广州在跨境电商领域的资源配置和规则引领能力。提高跨境电商"品牌化"水平，建立更多品牌独立站，支持企业布局海外仓，投放更多优质优价产品，迎合千禧一代和Z世代消费需求，提高顾客黏性。抢抓RCEP实施带来的新机遇，做好关税筹划，充分享受关税减让的红利，针对不同商品适用不同的原产地规则，同时重视知识产权合规工作。以《关于调整跨境电子商务零售进口商品清单的公告》发布为契机，鼓励企业进一步扩大清单内新增商品进口规模。争取宠物食品、药品等消费需求大的商品在广州开展跨境电商零售进口试点。推广跨境电商"保税进口+零售加工"模式，充分利用国内物流便捷、生产高效的优势，降低经营成本。发展"网购保税+新零售"，提升消费体验。建立并推广全球金融数据传输标准，加强各国监管部门离岸数据共享，实现跨境支付费用降低、安全高效。

（三）持续优化营商环境，助推新业态高质量发展

进一步提高扶持政策的针对性和有效性，通过整合资源、叠加政策、创新模式等方式，积极培养市场采购、跨境电商等外贸新业态的内生发展动力，逐步摆脱对扶持政策高依赖度。统一外贸新业态的扶持方式和扶持标准，并部署逐步实施财政补贴退坡机制，逐年降低扶持标准，避免各地无序竞争。优化通关环境，提升便利化水平，加强动态调整，根据国际市场需要适时调整通关监管政策，逐步打造与国际接轨的贸易通关环境，为新业态新模式发展保驾护航。由海关出台统一的市场采购出口商品负面清单，允许广州外贸企业通过市场采购贸易方式出口预包装食品、化妆品，逐步拓展更多的地方特色产品销往全球。

B.14
外贸新形势下广州二手车出口贸易现状及提升对策*

杨勇 张彦 高晓东 熊双玲 刘帷韬**

摘 要： 我国二手车跨境贸易起步晚，二手车出口品牌、体系等尚不完善，与日韩欧美等发达地区相比还有一定的差距。广州应借鉴国际二手车跨境贸易发达地区的经验和模式，利用自身特色资源及优势，以南沙为重点建设汽车进出口基地、整备中心、物流中心，打造大湾区汽车国际贸易中心。在海外核心地区建设海外仓、海外展贸基地，建立互联网平台，开展数字化营销，从单一的二手车出口向公共出行整体项目方案输出转变，并与省内主机厂强强联合，形成新车二手车一起"走出去"模式，以新能源汽车为优势产品突围出口市场，以应对变化中的外贸新形势。

关键词： 广州 二手车 跨境贸易

一 引言

汽车产业是国民经济重要的战略性、支柱性产业，是稳增长、扩消费的

---

* 本文为广州市哲学社会科学"十四五"规划2022年度课题"广州深入营商环境创新试点研究"（2022GZGJ22）成果。
** 杨勇，中国国际贸易促进委员会广州市委员会党组书记、会长；张彦，中国国际贸易促进委员会广州市委员会党组成员、副会长；高晓东，中国国际贸易促进委员会广州市委员会会务信息部；熊双玲，广东省汽车智能网联发展促进会会长；刘帷韬，广州市社会科学院国际商贸研究所副研究员。

关键领域，汽车进出口业务也是外贸高质量发展的重中之重。截至2019年底，全国汽车保有量达到2.6亿辆，其中私家车保有量首次突破2亿辆，达到2.1亿辆。二手车交易规模持续扩大，2019年交易量接近1500万辆，交易金额超过9000亿元。商务部、公安部、海关总署已于2019年联合下发相关文件支持二手车业务的开展。在外贸新形势下，汽车外贸既遇到新问题，也迎来新机遇，亟须创新业态、优化模式，才能促进发展。与国内其他地区相比，广州在车源、产业链、供应链配套等方面有所欠缺，如何保持全国领先优势仍有待研究。本报告主要关注外贸新形势下，二手车出口的航线、物流、增值服务等政策变动以及产业链整体变化环境，以期为今后广州二手车出口市场发展提供参考。

二 二手车出口市场发展现状

（一）全球二手车出口市场发展现状

全球二手车出口目标市场主要为非洲、南美、中东、东南亚、中亚等"一带一路"沿线地区的发展中国家，这些地区对二手车的需求巨大。全球二手车出口主要集中在日美韩等发达国家，这些地区的市场资源、出口配套、政策体系等已趋于完善，具有较强的国际竞争优势（见表1）。

表1 2020年日韩美三国二手车出口情况

单位：万辆，%

国家	出口量	国内交易量	出口量占国内易量的比重
日本	106	687	15.5
韩国	39	395	9.8
美国	79	4080	2

资料来源：日本财务省海关统计数据、韩国贸易协会、日本汽车流通市场研究所、美国国际贸易管理局、美国交通统计局。其中，美国2020年国内二手车交易量未发布，故采用了2019年数据。

受新冠肺炎疫情及芯片短缺影响，2021年上半年美国二手车价格大幅上涨，国际市场竞争力下降。毕马威和德勤的研究报告显示，美国、日本、中国每千人汽车拥有量分别为910辆、591辆、170辆。美国新车销量1725万辆，二手车销量为新车的2.4倍；中国新车销量2577万辆，二手车销量占新车销量的57.9%。美国汽车保有量2.64亿辆，二手车交易量4100万辆，析出率15.5%；日本汽车保有量7772万辆，二手车交易量约800万辆，析出率9.4%；中国汽车保有量2.6亿辆，二手车交易量1492万辆，析出率6.2%。

（二）我国二手车出口市场发展现状

我国是汽车产销大国，2020年全国汽车市场总体保持稳定，销量达2531万辆，同比下降1.9%，连续十二年蝉联全球第一。新能源汽车市场发展势头强劲，2020年我国新能源汽车销量达136.7万辆，同比增长10.9%，，连续六年位居全球第一，呈持续高速增长态势。截至2021年6月，我国汽车保有量2.9亿辆，连续多年保持快速增长。随着中国汽车市场由增量市场向存量市场转变，二手车流通将有望成为拉动汽车产业发展的动力之一。二手车出口既增加了汽车流通新渠道，成为外贸新增长点，又为国内新车销售腾出了空间，降低了后续汽车报废处理的环保压力。

我国二手车出口行业自2019年启动以来，尚处于发展初级阶段，二手车出口体系亟待完善，二手车出口仍然面临多重挑战，全国出口量暂未达到一定规模。截至2021年6月，我国二手车已销往全球近80个国家和地区，累计出口二手车10889辆，累计出口金额6884.7万美元，平均单价6322.6美元。对"一带一路"沿线国家累计出口二手车10566辆，占总出口量的97%，出口金额6455万美元，占总出口金额的93.8%。其中，仅2019年启动半年内，全国出口二手车3036辆，出口金额1486.3万美元。2020年二手车出口受到新冠肺炎疫情一定影响，全年出口二手车4322辆，同比仅增长42.4%，出口金额2081.3万美元，同比增长40%，增长速度低于预期（见图1）。

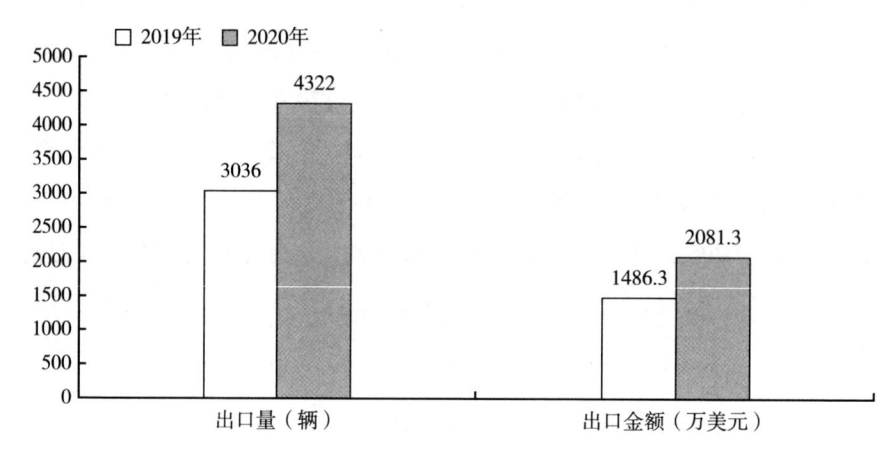

图 1　2019 年、2020 年中国二手车出口数据

资料来源：商务部。

（三）广州二手车出口市场发展现状

广州二手车保有量较高，2020 年为 299 万辆，居全国第 14 位。广州作为全国最早开启二手车出口业务的地区，全市共有 7 家试点企业，占全省的 70%，出口量占全省 99.9%。2019 年出口量为 1693 辆、出口额为 599.2 万美元，占全国出口量的 55.8%，居全国首位；2020 年虽受疫情影响有所下降，出口量 1264 辆、出口额为 228.2 万美元，但累计出口量达 2957 辆，占全国的 40.19%，保持全国第一的领先优势；2021 年海外疫情持续反复，对出口业务造成严重影响，但预计年出口量为 1150 辆、840 万美元，仍走在全国前列；其中，出口业务主要为广东好车（全国第 3 名）、广物优车（全国第 10 名）完成，二者总量占广州 94.7%。广东好车 2019 年 7 月率先完成中国首单二手车出口业务，同年 11 月 20 日，广东好车共计 505 辆二手车从新沙港出口非洲，创造国内单日最大规模二手车出口纪录，最终年末还以首家超千辆的出口成绩取得全国第 1 名（见表 2）。

表2 2019~2021年上半年我国二手车出口金额前10名企业

序号	出口企业	出口量（辆）	出口金额（万美元）	平均单价（美元）
1	蜗牛货车网(山东)电子商务有限公司	1432	1476.4	10310.1
2	台州市隆通汽车销售服务有限公司	1870	1360.4	7274.9
3	广东好车控股有限公司	1479	649.3	4390.1
4	青岛国际汽车口岸管理有限公司	292	284.0	9726.0
5	厦门现代通商汽车服务有限公司	206	244.8	11883.5
6	现代首选二手车经营有限公司	744	244.3	3283.6
7	青岛新华锦汽车贸易有限公司	346	224.9	6500.0
8	浙江吉帅进出口有限公司	306	197.9	6467.3
9	一汽国际贸易(天津)有限公司	163	190.0	11728.4
10	广东广物优车科技有限公司	1370	176.2	1286.1
	合　计	8207	5048.2	—

资料来源：商务部《中国二手车出口国别指南（2021）》。

三　广州开展二手车出口贸易的优势及面临机遇

（一）广州开展二手车出口贸易的优势

目前，广州已有较为成熟的出口电商平台。企业、人才、配套服务均呈良好发展态势，相关从业人员达几百万人。我国二手车电商交易量占全国二手车交易量约15%，其中广州二手车电商的推广力度较大，二手车市场已出现B2C、B2B、C2C、C2B等交易模式，二手车电商平台的成交量占全省交易量的20%以上，且呈快速增长态势。广州成熟的二手车电商产业链和丰富经验可迅速移植到出口试点，快速提升出口交易规模。随着海上丝绸之路、广州自贸区等的发展，以及广州、深圳跨境电子商务综合试验区的建设，广州出口业务将飞速发展。在广州开展二手车跨境电商出口试点，可以快速形成全产业链条体系，并为在全国复制推广奠定良好基础。

广州对外合作的优势地位十分明显,具有显著的辐射效应。历经40余年的改革开放,广州取得长足发展并与"一带一路"沿线的菲律宾、泰国、缅甸、越南、印度尼西亚、柬埔寨、南非等国建立了非常紧密的经贸合作关系,具有成熟的经贸合作环境,有利于快速开展二手车跨境电商出口业务。同时,广州拥有自由贸易试验区、跨境电子商务综合试验区等多方面的政策叠加效应,有助于二手车跨境电商出口领域的管理和服务创新。

(二)广州开展二手车出口贸易的机遇

伴随全球产业链、供应链的逐步深化,汽车工业的全球分工体系已然成型,虽然我国汽车工业发展相对较晚,但已完成了产品和技术的弯道超车,成为全球汽车工业体系的重要组成部分。同时,通过与国外领先企业的持续合作,国内汽车企业积累了大量"干中学"经验,成为推动全球汽车产业发展的中坚力量。近年来,我国汽车产业获得了较快发展,汽车年产销量连续9年全球第一。因此,随着中国汽车产品和技术的提升、新车销售规模的扩大,中国二手车出口在未来将越来越具竞争力。

全球新能源汽车市场进入高速增长期,市场规模逐年扩大,2017年首次突破100万辆,2018年突破200万辆。2020年,在全球汽车市场大幅下滑的背景下,新能源汽车市场发展势头强劲,销量同比增长41.6%,达307万辆,渗透率提高至4.0%,较2019年提升1.6个百分点,新能源汽车为世界经济发展注入新动能。在全球新能源汽车产业格局方面,中国、欧洲和美国等国家和地区是主要发展力量。2020年,我国新能源汽车销量136.7万辆,同比增长10.9%,渗透率提高至5.4%。截至2020年底,我国新能源汽车保有量达492万辆,占汽车总量的1.75%,纯电动汽车保有量400万辆,占新能源汽车总量的81.32%。新能源汽车销量连续三年超过100万辆,连续六年位居全球第一,呈持续高速增长态势,成为全球汽车产业电动化转型的重要驱动力。比亚迪、吉利等进入全球新能源乘用车销量前十,全球影响力进一步提升。宁德时代、比亚迪、中航锂电、国轩高科、亿纬锂能等动力电池企业装机量排名全球前十,成为全球重要供应商。同时,广州也是新能源汽车整车重要的研发和生产制造基地，譬如广汽埃安、小鹏汽车、广汽比亚迪、东风日产启辰等。

"电动化、智能化、网联化、共享化"正改变全球汽车行业未来。目前，我国在汽车自动化、数字化方面处于全球领先地位，在电气化和智能网联方面有很大潜力，政府在促进智能互联发展方面不遗余力，给汽车智能化发展提供便利和发展方向。我国在"新材料、新工艺、新结构、新装备、新能源、新功能、新模式"七新联动的自主创新上可圈可点，其中智能网联汽车技术快速演进，产业加速布局，新产品、新业态、新模式不断涌现，环境感知技术、决策技术、控制执行技术等关键核心技术取得一定突破，信息交互技术达到国际水平，高精度地图等基础支撑技术进一步落地。

四 广州开展二手车出口贸易面临的问题

（一）出口体系及机制流程尚不完善

我国二手车出口业务 2019 年刚启动，尚处于初级阶段，出口体系在配套政策、出口标准、检测、整备、销售渠道、售后服务、零部件供应、金融、溯源等方面都尚未完善，出口手续较多，流程较长，品质要求较严，政府监管较紧，尚未完全市场化运作，亟待优化完善。政企联动有待加强，产业链条较长，各环节企业协同合作也需要一定时间进行磨合。

（二）在海外市场缺乏品牌信誉度

当前二手车出口较多的是小批量零散业务，品质参差不齐，无售后服务，且有隐瞒车况、低价恶性竞争等问题，导致海外市场对我国二手车印象不佳。同时，在二手车停止出口后，海外客户缺乏接触我国汽车的途径，对我国汽车发展情况不了解，也需要一定时间重新进行宣传推广及市场培育。

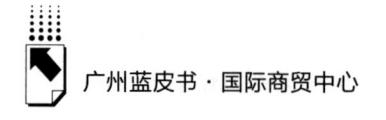

（三）出口综合成本高于日韩欧美

日韩欧美汽车产业发展时间长，配套体系完善，海外渠道成熟稳定，售后体系完备，二手车出口规模较大，国际物流、渠道拓展、售后服务等环节成本均低于中国。而我国国内汽车以合资品牌为主、国产品牌为辅，造成二手车市场整体溢价较高，同款同龄的车辆市场综合价格高于日本 30%～50%，其主要原因有两个：一是合资品牌溢价过大，导致新车落地价高于日本 10%～20%；二是国内税赋较重，增值税 13%、购置税 10%，消费税等综合税率高于 23%，而日本综合税率仅约 5%。

（四）海外销售渠道缺乏

国内经销企业普遍缺乏外贸经验、海外资源和相应人才，而拓展二手出出口业务需要有合适人选常驻海外，寻找各国的二手车进口商和经销商，拓展渠道，对接业务，逐步建立销售渠道。日韩、欧美国家开展二手车出口业务已超过 20 年，在海外市场已建立起完善的销售渠道，非常熟悉当地市场，并与当地经销商形成了紧密稳固的利益共同体。我国二手车作为这一市场的新进入者，将面临日韩、欧美等经销商的贸易壁垒、市场封锁、恶性打压等问题。

（五）海外售后体系尚未健全

汽车作为包含众多零部件以及高新技术的大件商品，同时涉及驾驶者和乘坐者的生命安全，因此客户对汽车的长期使用、安全性能和售后服务都非常重视。如果没有售后体系支撑，客户对后续可能出现的车辆问题无法处理，担心后续使用问题将不会考虑购买。而我国汽车新车也是在近年才逐步打开海外市场，在部分地区建立了售后体系，且还在不断拓展中，二手车的售后体系还需假以时日。

（六）面临一国一策的复杂环境

各汽车进口国的相关法律法规、标准要求、市场情况等不尽相同，需全面深入调研了解,与当地政府深度沟通,灵活个性化应对。部分国家由于国际政治角力等因素,或明或暗地设置各种障碍,阻挠或延缓我国二手车进口,打压二手车出口企业。

五 提升广州特色二手车出口业务的对策建议

积极稳妥开展二手车出口业务,是推动外贸高质量发展、做好外贸稳增长工作的重要举措,也是激发国内汽车消费市场活力、促进汽车产业健康发展的重要途径。目前,全国开展二手车出口业务的地区达30个,覆盖25个省(自治区和直辖市)。2020年,广州市商务局发文《关于印发广州市建设汽车国际贸易中心工作方案的通知》(穗商务函〔2020〕113号),为深入学习贯彻习近平总书记对广东重要指示精神,贯彻落实《粤港澳大湾区发展规划纲要》关于广州"全面增强国际商贸中心功能"要求,紧抓"一带一路"倡议发展机遇以及全球汽车产业电动化、网联化、智能化和共享化的变革契机,加快培育新业态和竞争新优势,推动汽车跨境贸易产业集聚发展,将广州打造成为汽车国际贸易中心以及汽车国际贸易、信息、物流、金融等综合服务枢纽,建成"一中心二平台三园区"五大体系,争取到2025年全市汽车贸易规模超7000亿元。作为其中重要抓手之一的二手出口贸易,广州可从建立品牌联盟、发挥南沙自贸区制度优势、强化港口战略、建立海外仓和海外展贸基地、开设二手车保税仓、开展数字化营销等几个方面促进二手车出口贸易高质量发展。

(一)建立品牌联盟,提供符合品牌要求的高质量产品和服务

基于广东贸易高质量发展十大工程的"粤贸全球品牌工程",探索建立"粤车贸全球"汽车出口品牌和二手车出口体系,制定品牌标准和服务标准,打造"优质、优价、优保"的三优品牌形象,解决二手车在海外的信誉和知名度问题。建立"粤车贸全球"产品评级标准,对出口车辆进行评级,对符合标准的车辆给予"粤车贸全球"认证,并在溯源数据库中记录相关信息,

提供海外经销商和客户查验服务。建立二手车出口价格指数、海运指数等，及时反映市场动态。同时，组织广州及大湾区主机厂、出口企业、检测、整备等相关企业建立"粤车贸全球"品牌联盟，联合打造符合品牌要求的产品和服务，充分利用贸促独特优势，整合各方资源，联合在海内外推广"粤车贸全球"品牌，积极参与各类展会论坛，对接海外政府、商协会、企业团体，提升广州出口汽车的国际影响力和美誉度，促进二手车出口业务发展。

（二）发挥南沙自贸区制度优势，打造大湾区汽车国际贸易中心

充分发挥南沙自贸区制度优势，建立大湾区汽车国际贸易中心，打造汽车国际贸易集散中心+国际化汽车贸易综合服务枢纽，实现"前港后贸"的新业态，形成进出口双循环，促进汽车进出口及新能源汽车等相关产业集聚，打造"新车二手车出口+新能源汽车出口+大贸车进口"三大业务板块集成，形成以贸易带动金融、以金融促进贸易，以贸易带动服务、以服务促进贸易，以规模促进降本增效、以降本增效吸聚业务上规模的良性循环，推动南沙加快形成汽车贸易、展示销售、检测、整备、维修保养、物流、个性化改装、互联网平台、金融服务和零部件展销等全产业链业态。建立完善的汽车整备中心，具备全车型（乘用车、商用车、特种车）的整备能力，集聚华南区、西部地区的二手车出口业务，实施集约化管理，提升整备质量。制定符合不同层次客户需求的整备标准，纳入"粤车贸全球"品牌认证体系，为客户提供一站式、标准化、优质、低成本的整备服务。

（三）强化港口战略，打造国际汽车物流枢纽中心

依托广州港集团的优势资源和运营体系，强化港口战略，形成面向华南地区畅通便捷、功能齐全、服务专业、经济高效的国际航运物流枢纽。提升港口的业务市场竞争力，依托并充分发挥港口战略优势资源，扩大辐射范围，强化优势货类，优化航线网络，提升服务质量，形成强大的市场竞争优势和品牌优势，同时关注并谋划区域港口及相关资源布局，保障腹地运输需求承接和运输组织协同。构建服务内外贸经济双循环、面向陆海双向的港口

物流服务网络。拓展港口物流网络辐射范围和物流服务功能，构建辐射后方纵深腹地的现代物流网络，延伸产业链、拓展物流链增值服务和供应链金融服务，打造港口物流生态圈，提升港口综合服务水平。实施能级提升战略，依托广州港集团资源、品牌优势以及大型国有港口企业的特殊属性，提高各项业务的运营能力和盈利能力，提升汽车物流整体发展质量，打造广州港港口物流资源和航运要素集聚平台、广州及大湾区港口资源优化配置平台、广州及大湾区港产城协同发展平台。

（四）在海外核心地区建立海外仓和海外展贸基地

海外仓作为海外展贸基地，能提供实车给客户参观、试车体验，提升客户体验感，提高成交率，并且在海外仓和国内出口基地间稳定的物流通道设置直航定班国际航线，能显著降本增效。因此，在海外重点市场区域的核心国家建立兼具仓储、物流、展贸、保税、整备维修、零配件供应等功能的海外仓，使其成为该区域的市场营销中心、批发中心、物流中心、售后中心，能覆盖并辐射周边国家市场。另外，在海外仓的选点上，可紧跟国家"一带一路"倡议，与已经"走出去"的央企开展合作，在基本成型的自贸区内建设二手车出口的海外仓，提升货权安全保障和营销辐射范围；也可选取国际成熟的二手车转口贸易中心，如迪拜、贝宁、吉布提等。中东迪拜的二手车转口贸易量占全球二手车出口量的10%以上，超过一半是日本二手车，可利用其成熟的商业资源和配套服务快速建立销售渠道，积累营销经验，规避国际结算风险等。

（五）在综合保税区开设二手车保税仓

二手车出口保税业务是指国内企业根据海外市场预期，提前将车辆备货至保税场地再进行海外营销、分批出口的业务。二手车入区即可视为出口，作业周期短且效率高，二手车入区后可在保税区内进行符合性整备，为生产企业节省成本，加快资金回笼，大大减轻生产企业的经营压力。同时，在该模式下，客户网上下单、海关申报后，车辆便可以直接从保税场地经港口配送至海外，去除了不必要的中间环节，大大提升了运输时效，降低了物流成本。因此，可在综合保税区建立二手车出口保税仓，设立"政策缓冲区"，开展二手车出口业务，应对海外疫情常态化、国际物流成本持续波动、海外订单不稳定性增加、国际贸易风险骤升等问题。

（六）建立互联网平台，开展数字化营销

利用互联网、物联网、区块链等先进技术，建立二手车出口跨境电商交易平台，支持"C2B2B2C"的全产业链电商模式，利用大数据、云服务打通线上线下，直连国内海外供求双方，全智能匹配推荐，减少中间环节。通过电商交易平台，汇聚上下游优质资源，高效整合，将二手车出口产业、互联网、供应链服务进行完美融合，专注于打造集商流、物流、资金流、信息流于一体的二手车供应链综合管理及服务的互联网平台，提供展示、交易、支付、结算、金融、物流、出口绿色通道、溯源、信息、大数据等一站式专业服务。对接联通各类互联网平台和线上渠道，发挥"长尾效应"，建立线上线下融合、境内境外联动的营销体系，整合碎片化订单，拓宽获取订单渠道。建立广州大湾区汽车外贸大数据实验室，集成外贸供应链各环节数据，加强资源对接和信息共享，开展大数据挖掘，形成选品、推广渠道、销售渠道、仓储物流、汽车金融等基于大数据的决策参考。创新数字营销方式，大力应用虚拟3D看车、直播卖车、线上拍卖、短视频传播、人工智能销售客服等数字化营销手段，加强数据分析，精准营销。

参考文献

[1] 蒋惠强、姚榕、武修英：《二手车出口一带一路沿线主要国家的应对建议》，《上海汽车》2021年第3期。

[2] 李晓依、许英明：《中国二手车出口态势、挑战与突破路径》，《北京城市学院学报》2021年第6期。

[3] 李东江：《二手车出口的前景分析和应对策略》，《汽车维护与修理》2020年第

1期。
［4］李晓依：《日本二手车出口及其对中国的启示》，《中国经贸导刊》2021年第1期。
［5］李翔宇、刘英男、李冰阳、李普超：《中国二手车出口经营战略分析——基于供需关系及物流成本》，《汽车纵横》2020年第5期。
［6］马胜：《国外二手车出口管理政策情况》，《汽车与配件》2019年第24期。
［7］张仲颖：《"一带一路"背景下中国二手车出口业务发展探析》，《农村经济与科技》2020年第6期。
［8］商务部：《2021中国二手车出口国别指南》。

升级改造篇

Upgrade and Reformation

B.15
功能疏解背景下特大城市专业市场的绩效评估与转型升级

——以广州为例

赖长强 肖 昱[*]

摘 要： 功能疏解、城市更新被视为解决特大城市系列"城市病"的重要举措。专业市场作为商贸流通的重要组成部分，正受到城市功能更迭、新兴交易方式和组织形式的挑战，如何科学合理地评估专业市场发展水平，对专业市场如何在城市功能疏解中实现转型升级具有重要意义。本文基于功能疏解的大背景和新要求，按照市场先进性、影响贡献力和可持续发展力准则，将专业市场发展水平划分为高端化、现代化、辐射影响力、贡献率、综合服务能力和管理水平6个维度，构建了一套多维系统的专业市场综合评价指标体系，并以特大城市主城区（广州市越秀区）为例进行

---

[*] 赖长强，广州市社会科学院国际商贸研究所副研究员；肖昱，广州市花都区教师。

功能疏解背景下特大城市专业市场的绩效评估与转型升级

实证研究,探索专业市场疏解路径与协同治理方向,以期为特大城市的功能疏解、专业市场协同治理提供参考与建议。

关键词: 功能疏解 专业市场 多维评价 特大城市

一 引言

在国家提出优化大城市结构与区域协调一体化发展的背景下,疏解非核心功能被视为解决特(超)大城市系列"城市病"的重要举措。随着2014年习近平总书记在北京调研时提出疏解北京非核心功能,上海、广州、深圳、西安等大城市围绕哪些功能需要疏解、如何进行功能疏解、向何处疏解等问题的研究和讨论不断展开,疏解"非核心功能"对于城市现代化、国际化,区域协调化、一体化具有切实必要性和紧急迫切性。党的十九大报告也重点提出,"以疏解北京非首都功能为'牛鼻子'推动京津冀协同发展"。

结合国内外学者的相关研究,可以将城市功能疏解归纳为:根据城市功能定位,为某种特殊目的,将城市部分功能有机地疏解到其他地区,以减少城市规模过大所导致的集聚不经济等城市问题,实现城市的协调、健康、可持续发展。众所周知,东京、首尔也曾面临严重的"大城市病",但通过实施一系列系统性的功能疏解举措,"城市病"得到了有效缓解,很多方法值得国内各大城市学习。由于大城市主要城区显著的政策优势、区位优势,人口、资源、产业和功能向大城市特别是中心城区高度集中,进而形成显著的集聚效益,但集聚规模并非越大越好。随着当前先进生产性服务业和现代服务业等迅速发展,有必要对中心城区部分传统市场、产业和功能进行疏解来腾出发展空间。

在产业疏解区域的空间选择上,国际大都市或者全球城市一般采取由中心到外围、由近及远、梯度转移、逐步外扩等策略,将中心城区的一些非核心功能、传统产业、特定职能、产业人口向外转移,中心城内部则不断填充核心功能、高端服务业，在中心城区外围或者城市周边，则依托原有郊区（市、县）城镇选择新地点或原有大城市内部进行调整或者增设新城。综合分析中国经济新常态的特征及其影响，全国中心城市尤其是特大城市传统商品交易市场转型升级、协同治理已经成为一种发展规律和必然趋势。

专业市场是一个较宽泛的概念。龚晓瑾提出专业市场能够发挥其自身的独特优势，将同类同质商品的交易者聚集在一起，为市场提供充分竞争的高质量且价格低廉的商品和服务。专业市场作为重要的市场交易方式之一，兼具批发和零售的功能，是连接生产商和消费者的纽带，并使资源得到最大效用的配置。但随着北京、上海、广州等特大城市在全球城市体系中的地位不断提升，功能日益繁杂，电子商务、网络通信的迅猛发展，以及传统交易方式和组织方式的落后，专业市场发展面临着严峻考验，并亟待转型，转移战略规划。因此，专业市场的发展水平需要一套科学合理的评价指标体系来指导并为政府开展市场调控、功能疏解提供决策基础。专业市场如何转型升级，至关重要的是如何评估专业市场的发展水平及发展程度，这需要科学合理的评级指标体系。曹晶晶运用层次分析法，涉及4个市场主要参与主体和采用11项评价指标，对专业市场的国际化水平构造了模型进行考量评价。谢守红、周驾易从专业市场的发展规模和发展水平来选取7项指标并采用主成分分析法综合评价全国35个城市的专业市场，其分析结果表明东部地区的发展速度比中西部地区较快，但发展差距在不断缩小。总体来看，国内专家学者对专业市场的评价研究还没有综合考虑我国特大城市的发展趋势规律以及功能疏解的要求。

因此，需要在国家提出城市发展和城市治理能力现代化背景下，基于功能疏解视角，对专业市场进行更为系统性的深入研究和评价。本文在现有研究的基础上将我国专业市场的发展水平按照市场先进性、影响贡献力和可持续发展力准则分为高端化水平、现代化水平、辐射影响力、社会经济贡献、综合服务能力和管理水平6个一级指标，并将6个一级指标细化为32个二级指标，构建了一套科学完整的专业市场评价指标体系，能够较好地对专业市场发展水平进行量化评价,为专业市场的就地转型升级、外迁关停等发展方向提供科学的参考意见。

二 专业市场发展水平评价的意义与思路

(一)评价的意义

在特大城市陆续提出功能疏解的背景下,系统、全面、科学地开展专业市场发展水平评价,对促进专业市场进行"因场制宜、因行制宜、因地制宜"转型升级具有重要的现实意义。我国专业市场改革开放以来得到蓬勃发展,但发展的路线和模式基本上沿袭了传统专业市场方式,伴随着经济的不断发展以及新兴交易方式的兴起,传统发展模式不可避免地面临一系列问题与挑战。因此,设计适应发展要求的科学合理的专业市场发展水平评价指标体系,利用直观的事实和数据对专业市场发展水平进行评价,可以摸清专业市场发展的基本情况和发展水平,同时通过对专业市场的相关子项分别进行评价,可以明确专业市场转型升级的重点和方向,为相应的政策措施提供参考依据。

(二)评价的思路

本文评价指标体系的构建力争坚持理论与实际相结合,在传统竞争力评估体系的基础上进行科学修正,将因素分析范式和机理分析范式相结合,构建了科学的专业市场发展评估体系(见图1)。

从因素分析范式来看,专业市场科学、健康发展主要取决于市场发展程度、经济推动效应、社会带动效应和市场管理服务能力等,这些因素既反映出专业市场自身发展的先进性,也包含对经济增长的推动作用,同时包含了保证人、社会、环境协调发展的重要条件。从机理分析范式来看,专业市场科学、健康发展主要取决于的市场先进性、影响贡献力和可持续发展力。市场先进性是指一个市场在发展竞争中所体现的比较优势,包括高端化水平和

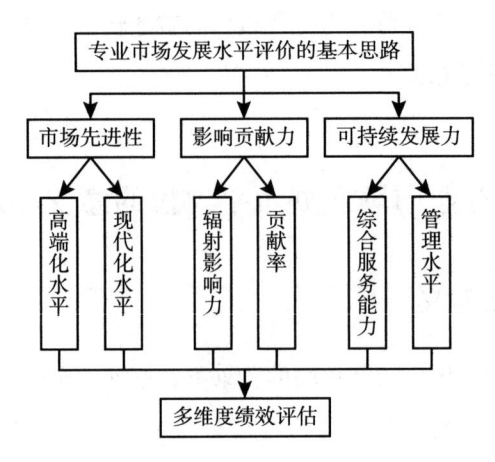

图1 专业市场评价分析的逻辑思路

现代化水平；影响贡献力能体现专业市场的集聚扩散效应和发展重要程度，包括辐射影响力和贡献率；可持续发展力反映专业市场的发展服务软实力和商户控制力，包括综合服务能力和管理水平。

三 专业市场发展水平评价指标体系构建

本文专业市场评价体系指标构建的原则主要有客观性、动态性、综合性、前瞻性、可行性原则，以更好构建一套系统合理的评价体系。

（一）评价方法的选取

一般而言，发展水平的评价方法主要有层次分析法、主成分分析法、聚类分析法和判别分析法等。层次分析法是一种层次权重决策分析方法，它把一个复杂的多目标决策问题看作一个系统，将系统相关决策元素分解为目标、准则、指标层次，使用模糊量化方法算出定性指标的层次单排序和总排序。

专业市场发展水平的高低是由多个主要因素共同决定的，而各主要因素又包含多个次要因素。基于这个特点，再结合评价数据的可得性，本文选取层次分析法作为专业市场发展水平的评价方法，具体步骤如下：构造层次分析结构，把影响目标的各因素分层，一般可分为目标层、准则层和指标层；两两比较各层元素，通过1~9标度方法来比较相对重要性，进而得出上一层元素的判断矩阵；使用方根法得出判断矩阵的最大特征根和特征向量（即权重）；检验判断矩阵的一致性，当CR小于0.1，认定相应权重设定合理；基于问卷调查有关数据对每一项指标进行测量，计算每一个指标的分值；把每一项指标分值与相应权重相乘，根据最终得分进行综合评价。

其中，具体指标测量方法步骤如下。

Step1：针对本文的发展水平评价指标体系，分为6个一级指标 A_i（$i=1, 2, \ldots, 6$）、相应的32个二级指标 B_j（$j=1, 2, \ldots, 32$）和具体的三级指标。每一级每一项指标的权重表示为 AW_i（$i=1, 2, \ldots, 6$）、BW_j（$j=1, 2, \ldots, 32$）。

Step2：计算每一项二级指标的得分

$$B_j = \frac{\sum Z_j}{\sum S_j}(j = 1,2,\ldots,32)$$

式中，Z_i 为每一项指标的实际调查数值，S_i 为每一项指标的标准数值。

Step3：求得每一项一级指标得分

$$A_i = \sum B_j \times BW_j(i = 1,2,\ldots,6; j = 1,2,\ldots,32)$$

Step4：计算该区域专业批发市场发展水平的综合得分

$$D = \sum A_i \times AW_i(i = 1,2,\ldots,6)$$

（二）评价体系指标的选取

借鉴传统的专业市场发展水平评价体系和指标，结合专业市场发展水平的影响因素和评价体系指标构建的原则，本文选取了以下6个指标作为准则层来评价专业市场发展的高端化、现代化、辐射影响力、贡献率、综合服务能力、管理水平。遵循评价指标体系构建的原则，我们选取了32个二级指标，并根据二级指标的性质，把它们划分到相应的一级指标中，最终构成完整的专业市场发展水平综合评价指标体系（见表1）。

表1　专业市场发展水平综合评价指标体系

评价目标	一级指标	二级指标
专业市场发展水平	高端化水平 A1	市场形态 B1 商户类型结构 B2 市场品类分区 B3 展会展示功能 B4 电子商务功能 B5 商务服务 B6 其他配套服务 B7
	现代化水平 A2	市场形态 B8 商户类型结构 B9 交易方式 B10 市场功能分区 B11 物流配送功能 B12 流通加工服务 B13
	辐射影响力 A3	市场辐射范围 B14 商户类型结构 B15 批发零售比例 B16 市场交易规模 B17 宣传推广力度 B18
	贡献率 A4	市场交易规模 B19 就业岗位 B20 年度纳税额 B21
	综合服务能力 A5	市场功能分区 B22 物流配送功能 B23 展会展示功能 B24 电子商务功能 B25 商务服务 B26 流通加工服务 B27 其他配套服务 B28
	管理水平 A6	管理团队 B29 市场品类分区 B30 商务服务功能 B31 市场功能分区 B32

（三）权重的确定

为尽量减少专业市场发展水平评价体系中一级、二级指标权重的主观影响，笔者采用层次分析法来确定指标权重，同时参考政府对专业市场评估的相关报告，得出了各指标的重要性结果，通过使用1~9赋值法，构建与之相应的判断矩阵表。判断矩阵表中一共包含了7个判断矩阵，按照由上到下的顺序，第一个判断矩阵为一级指标权重确定矩阵，其他矩阵均为二级指标权重确定矩阵。一列列标签为 W 的数据出现在每个判断矩阵中，该数据作为本层次因素对上一层次因素的权重大小，是借助方根法计算得到。判断矩阵表中各判断矩阵还有一列列标签为 CR 的、代表一致性比率大小的数据，我们发现判断矩阵的所有 CR 值均小于0.1，这清晰表明一致性检验合格。在此基础上，可以得到评价体系相应二级指标的权重。

四 专业市场发展水平评价分析——以广州市越秀区为例

在构建出专业市场发展水平多维综合评价指标体系后，本文选取了特大城市——广州的越秀区专业市场作为研究对象[①]。700多家的专业批发市场已成为"千年商都"广州商贸流通业发展的一张名片、一朵奇葩，已形成涵盖品类齐全的完整体系。然而，广州专业批发市场大部分处于价值链低端，改革与转型"永远在路上"。研究对象越秀区作为广州的中心城区，商贸业发展历史悠久，专业市场发展起步早，数量众多，体系完整，在越秀区商贸业和广州市乃至全国的专业市场发展中占据重要的地位。

---

① 本文实证研究以广州越秀区2017年数据为样板，调查得到了广州市商务局、越秀区政府相关部门、相关行业协会等的大力支持。

本文采用问卷调查与实地调研的方式收集越秀区各专业市场相关数据，本调查共发出、回收调查问卷287份，其中有效问卷243份，问卷有效率达到84.7%。经过一系列数据汇总整合后尝试利用本文构建的评价指标体系对越秀区专业市场的发展水平进行综合评价。

（一）总体分析

根据表3计算的权重，再结合问卷调查得到的数据，可以得出越秀区各专业市场发展水平的总得分以及各准则层得分，图2所示为越秀区各专业市场在不同的分段的分布情况。

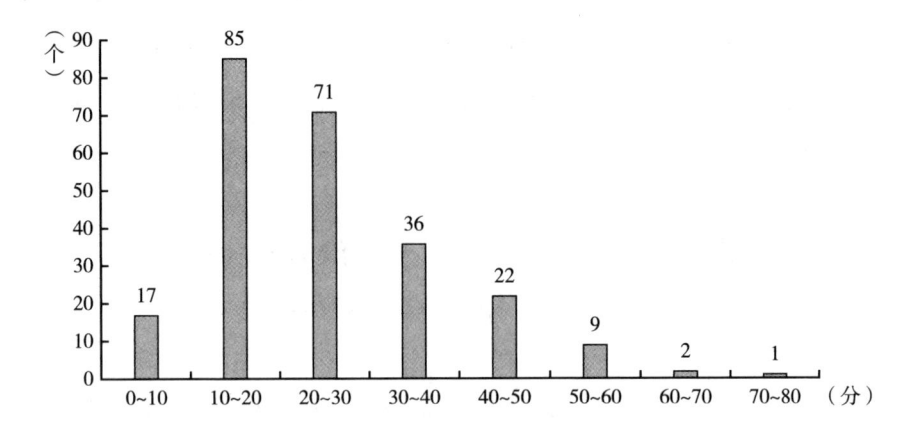

图2 越秀区专业市场总得分情况分布

从图2中可以看出，越秀区各专业市场中总得分在70分以上的只有1个，60~70分也只有2个，50~60分的有9个，40~50分的有22个，30~40分的共36个，20~30分的共71个，20分以下的共102个。总体来看，越秀区专业市场中，发展水平较高的专业市场数量稀少，而发展水平较低的专业市场数量居多，且得分在10分以上的市场中，分数段越低，相应专业市场数量越多，形成了"金字塔式"结构。从整体来看，越秀区专业市场综合平均分仅为25分，表明发展水平较低，这可能与专业市场发展不平衡有关,低水平专业市场数量较多是导致越秀区专业市场整体综合得分偏低的重要原因。①

表2 越秀区专业市场各指标得分

一级指标	高端化水平（23%）	现代化水平（23%）	辐射影响力（23%）	贡献率（12%）	综合服务能力（12%）	管理水平（7%）	综合发展水平
得分	16.0	21.8	41.4	34.7	7.7	24.4	25.0

从各准则层的得分情况来看（见表2），越秀区各专业市场在高端化水平上的平均分为16分（满分100分，下同），表现相对较差。这可能是因为越秀区专业市场数量虽多但规模大的市场数量不多，小规模的专业市场无力提供如展会展示、电子商务服务以及其他配套服务等高端化服务所致。

越秀区各专业市场在现代化水平上的平均分为21.8分，表现相对一般。这可能与越秀区专业市场的商户类型以个体户为主、交易方式以"三现"交易为主有关。较为传统落后的商户类型和交易方式不适应现代化的需要，限制了越秀区专业市场现代化水平的提高。

越秀区各专业市场在辐射影响力上的平均分为41.4分，表现相对较好。这可能与越秀区专业市场的空间布局相对集中、形成9大集聚区和6大专业市场集群有关。虽然单个市场的实力较弱，但专业市场的集聚使得越秀区的专业市场在辐射影响力上有比较好的表现。

越秀区各专业市场在贡献率上的平均分为34.7分，表现相对一般。这可能与越秀区专业市场的商户类型有关。虽然越秀区专业市场数量众多，但多数的市场以个体商户为主，因而不仅采用定额税的征管方式使得税收总额较少，而且提供较少的就业岗位，导致贡献率得分表现一般。

越秀区各专业市场在综合服务水平上的平均分为7.7分，表现很差。这可能与越秀区专业市场规模普遍较小以及越秀区处于老城区的空间挤迫有

---

① 由于本研究所构建的指标体系在指标选取方面较为注重前瞻性和先进性，从而使得整体得分偏低。但在该指标体系下依然存在得分较高的专业市场，说明本研究构建的评价体系具有一定的科学性和合理性。

关，专业市场的规模较小和空间挤迫使得在 243 个专业市场中开设物流配送功能区的市场仅 15 家，开设餐饮生活服务区的仅 11 家，开设研发设计、流通加工服务区的市场均不超过 4 家，因此造成了越秀区专业市场的配套功能不完善，综合服务水平较低。

越秀区各专业市场在管理水平上得分的平均分为 24.4 分，表现相对一般。这有很大可能与从事专业市场的工作人员教育水平有关。由于与专业市场相关的工作岗位对学历要求不高，越秀区专业市场管理队伍素质便偏低，导致越秀区专业市场在管理水平上表现一般。

（二）具体分析

由于发展水平低的专业市场占越秀区专业市场的绝大部分，因此越秀区专业市场整体出现的问题可能不会出现在发展水平高的专业市场，所以，有必要单独针对发展水平较高的专业市场进行分析。本文选取了专业市场发展水平总得分前 20 名的专业市场进行具体分析。表 3 列举了越秀区综合得分前 20 名的专业市场在各一级指标中的得分情况。其中，高端化水平的平均分为 47.9 分、现代化水平的平均分为 49.7 分、辐射影响力的平均分为 76.3 分、贡献率的平均分为 53.7 分、综合服务能力的平均分为 34.7 分、管理水平的平均分为 50.2 分。

表 3　前 20 名专业市场得分情况一览

单位：分

市场名称	高端化水平	现代化水平	辐射影响力	贡献率	综合服务能力	管理水平	总得分	排名
红棉国际服装城	86.00	71.00	85.00	66.67	67.00	70.00	76.60	1
长江国际服装城	65.00	54.00	94.00	80.00	42.00	58.00	67.69	2
海印摄影器材城	73.00	59.00	78.00	33.33	49.00	66.00	62.80	3
广州美博城	51.00	62.00	79.00	33.33	53.00	65.00	59.07	4
新濠畔鞋材皮革五金市场	58.00	25.00	81.00	73.33	43.00	98.00	58.54	5
名商天地皮料五金龙头市场	53.00	48.00	88.00	53.33	34.00	61.00	58.22	6
白马服装城	47.00	26.00	94.50	100	19.00	34.00	55.19	7

续表

市场名称	高端化水平	现代化水平	辐射影响力	贡献率	综合服务能力	管理水平	总得分	排名
今天程印刷包装广场	73.00	43.00	47.00	60.00	51.00	54.00	54.59	8
海印电器总汇	44.00	43.00	81.00	73.33	23.00	55.00	54.05	9
白云南方钟表城	45.00	46.00	83.00	53.33	26.00	46.00	52.76	10
天马时装批发中心	39.00	44.00	77.00	66.67	31.00	41.00	51.39	11
新濠畔鞋材商贸大厦	47.00	47.00	79.00	33.33	39.00	38.00	51.13	12
天河永福汽配城	32.00	58.00	79.00	33.33	28.00	30.00	48.33	13
新濠畔皮革五金批发市场鸿运分场	29.00	39.00	75.00	73.33	23.00	53.00	48.16	14
广园致友汽配分城	37.00	42.00	79.00	33.33	28.00	61.00	47.97	15
三一钟表城	38.00	47.00	79.00	40.00	19.00	45.00	47.95	16
新濠畔皮革五金批发市场南方分场	26.00	58.00	80.00	40.00	11.00	47.00	47.13	17
利远汽配城	39.00	56.00	62.00	46.67	36.00	14.00	47.01	18
新濠畔万豪鞋业有限公司	51.00	76.00	25.00	33.33	58.00	14.00	46.9	19
倚云汽车用品广场	25.00	50.00	81.00	46.67	13.00	54.00	46.82	20
前20名平均得分	47.9	49.7	76.3	53.7	34.7	50.2	—	—

通过越秀区专业市场前20名在各一级指标下得分与专业市场整体得分进行对比分析，可以发现以下几点。

在高端化水平方面，前20名的专业市场在高端化水平上明显优于整体水平，这主要体现为二级指标其他配套服务和电子商务功能上有明显进步，但是高端化得分依然表现一般，原因可能在于商户类型结构依然以个体户为主以及展会展示功能上的相对缺失。

在现代化水平方面，前20名的专业市场在物流配送功能上提供了更多样化的物流配送服务。

在辐射影响力方面，前20名的专业市场在辐射影响力上显著优于整体水平。结合数据发现，前20名的专业市场几乎都具有国际化的影响力，且大部分市场都下了很大力度进行宣传推广，因此前20名的专业市场在辐射影响力上得分表现比较优异。

在贡献率方面，前20名的专业市场的得分优势相对不明显，且贡献率得分表现一般。结合数据发现，前20名的专业市场虽然在市场交易规模上明显大于整体市场平均水平，但是税收总额上却没有与交易规模成同比例变化，这可能与前20名的专业市场依然以个体户为主，因此征税方式以定额税为主，使得整体税收偏少有关。

在综合服务水平上，前20名的专业市场虽明显高于整体水平，但总体仍明显表现较差，这也是导致整个专业市场发展水平较为低下的一个重要原因，这可能与专业市场的发展规模普遍较小直接相关，使得低端的专业市场之间存在着恶性竞争的情况，不但造成整体的专业市场外部运行混乱，同时也直接影响了专业市场的内部服务水平的表现。

在管理水平方面，前20名的专业市场得分明显优于整体水平，但是管理水平得分依然表现一般，其中主要受到管理团队的学历水平普遍较低和学历结构水平不协调，以及在商务服务功能方面的表现不足等情况影响。

五 总结与建议

本文通过层次分析法构建了覆盖面广、专业度深的专业市场发展水平的评价指标体系评估专业市场，同时通过实证分析得到较好验证，与现实情况基本相符。从评价结果可以看出，现阶段阻碍特大城市主城区（广州越秀区）专业市场发展的问题还有很多，如高端化水平、贡献率、综合服务能力以及管理水平上表现不佳。城市功能疏解是一项复杂的系统性工程，必须科学谋划、分类施策、协同治理，全方位、多方式推进这一工作。要想提升专业市场发展水平，实现专业市场转型升级与城市发展战略、功能定位相匹配，应当从以下几个方面着手考虑。

第一，结合城市战略重点，创新专业市场疏解路径。根据GaWC（全球最权威的世界城市研究机构之一）发布的2018年全球城市名册，广州（第27名）首次成为世界一线Alpha城市。按照"千年商都"广州战略目标（国际大都市、引领型全球城市）的特征和要求，应进一步按照"疏聚结合、减存控增、分层疏解"的路径，淘汰转移一批（重点在内圈层），转型优化一批（重点在中圈层），改造一批，强化集聚一批（重点在外圈层），稳步推进广州主城区专业市场梯度转移、有序疏解，推动城市空间有效拓展、功能合理布局。

第二，多维研判发展水平，重点疏解综合表现较差的专业市场。对于特大城市广州来说，非核心与核心功能是动态变化、相对而言的，而且不是要将城市非核心功能全部疏解出去，"产业价值链"的低附加值或者非核心环节才是城市功能疏解的重点对象。从特大城市广州专业市场的疏解来看，广州必须坚持功能目标导向（广州城市发展战略、目标定位）和现实问题导向（资源禀赋条件、交通拥堵、环境恶化）相结合，重点疏解在高端化、现代化、辐射影响力、贡献率、综合服务能力、管理水平等"三低"及以上的专业市场，理论上，发展水平综合得分20分以下的专业市场都是疏解的重点，得分20~40分的专业市场是就地改造提升的对象。

第三，向现代展贸中心转型升级，构筑现代城市物流配送体系。遵循现代平台经济的发展规律，走"四化"（展贸化、信息化、规模化、标准化）发展道路。广州市专业市场在市场形态和市场品类分区方面表现较好，服务方面表现不好，其他高端化水平方面表现一般，所以专业市场应该通过积极组织场内、场外参展活动及相应的研发、教育服务来加强专业市场的高端化水平建设；促使其从一个传统市场成功向现代高端展贸中心转型，全面强化展示展贸、电子商务、物流配送和综合服务功能，示范和带动整个专业市场体系的转型升级。同时，越秀区专业市场的现代化水平表现一般，市场功能分区和物流配送功能方面表现较好，但是在流通加工服务方面表现较差，应该在流通加工环节中，细化流程，科学管理，增加流通加工功能分区，从而改善专业市场的现代化水平建设。

第四，扩大大中型专业市场规模，优化完善电商孵化等配套功能区。从广州越秀区专业市场人贡献率水平表现很差可以看出，市场规模普遍偏小，这也是专业市场整体发展水平较为低下的一个重要原因。所以，越秀区专业市场应该着重加强市场规模方面的建设，一方面推进专业市场向品牌孵化中心转型发展，另一方面借鉴其他国家及地区的发展优势，形成大中型专业市场的规模优势，结合自身发展特点和潜力，努力提升专业市场的贡献率水平。越秀区的电子商务功能和商务服务功能表现较差，应该聚集电子交易、电商培育、展示体验、电商服务、物流配送、人才培训等功能于一体的电商发展平台。通过建设专业的电子商务平台、专门网站以及其他设施和配备服务，有效提升专业市场综合服务水平。

第五，提高专业市场的管理水平，不断优化市场商户结构。广州越秀区专业市场的管理水平表现较为一般，专业市场发展模式的规范性和专业市场运营过程的科学性表现较为一般，应加强相关专业人才的培养，大力引入优秀人才，通过与专业培训教育机构合作，对市场相关人员进行有计划的培训，及时引进专业市场发展所需的专业人才，保障专业市场对专业人才管理能力和管理水平的需要。广州越秀区在市场辐射范围和宣传推广力度上表现较好，但是在商户类型结构和市场交易规模方面表现较差，应加强对专业市场科学发展的引导，打造优质的交易服务平台，吸引大型、高端、品牌商家进场，加快形成专业市场的核心竞争优势，避免形成无序竞争和过度竞争，进而有效提高专业市场交易规模。

参考文献

[1] 孙斌栋、黄鑫楠：《上海城市非核心功能疏解研究》，《规划师》2018年第9期。

[2] 林恩全：《北京中心城功能疏解方略》，《城市问题》2013年第5期。

[3] 杨艳梅、蒋同明：《东京、首尔非首都功能疏解经验及启示》，《中国经贸导刊》2017年第25期。

[4] 杨成凤、韩会然、张学波、宋金平：《国内外城市功能疏解研究进展》，《人文地理》2016年第1期。

[5] 周达：《国际大都市·功能疏解·北京的选择》，《城乡建设》2012年第12期。

[6] 洪涛：《全国中心城市市场外迁转型升级的必然趋势》，《中国商贸》2014年第33期。

[7] 曹晶晶：《专业市场国际化发展水平评价指标体系构建》，《统计与决策》2011年第18期。

B.16
广州北京路改造升级推动千年城脉焕发新活力研究

李延忠　马利霞　张　婧　王云璇*

摘　要： 广州市将北京路步行街改造提升，作为学习贯彻习近平总书记视察广东广州做出重要指示精神和加快构建以国内大循环为主体、国内国际双循环相互促进的新发展格局的重要抓手，以老建筑、老品牌、老城脉为"小切口"，推动千年老街焕发新活力，实现街区更新、文化复兴、产业振兴，其保护与活化相结合、传统与现代相结合、本土与国际相结合、产业与民生相结合的"四结合"经验案例，获2020年国务院第七次大督查通报表扬。改造后的北京路步行街主街长度1.1公里，步行长度3.5公里，集聚国内外品牌1057个，客流和营业额持续保持快速增长。2021年7月，广州北京路被商务部批准成为全国示范步行街。

关键词： 北京路　老城市新活力　升级改造

一　广州北京路步行街基本情况

广州是一座历史名城，以海洋文化、商贸文化影响世界。近年来，广州的国际影响力、经济竞争力正逐步提升。为贯彻落实国家、省、市决策部

---

* 李延忠，广州北京路文化核心区党工委书记、管理委员会常务副主任；马利霞，团区委副书记、广州北京路文化核心区党工委委员、管理委员会副主任；张婧，广州市商务局市场规划建设处处长；王云璇，广州市商务局市场规划与建设处四级调研员。

署，广州作为核心引擎全力推进粤港澳大湾区建设，充分发挥国家中心城市和综合性门户城市的引领作用，建设国际商贸中心与"国际消费中心城市"，促进文商旅融合发展，建设国际文化中心。

广州北京路步行街位于广州市越秀区，是广州建城2200多年从未改变的城市中轴线，是广州商贸业的发源地和海上丝绸之路的起源地，商业氛围浓厚，文化底蕴厚重，旅游资源丰富，商旅文深度融合。自1997年成为步行街以来，北京路适应时代发展趋势不断延伸和发展，至今主街总长达1100米、占地面积0.43平方公里、总经营面积约51.7万平方米，具有以下四大特点。

（一）广州北京路步行街发展特点

1. 文化底蕴最深厚

北京路汇集有南越国宫署、秦造船厂遗址、西汉水闸、万木草堂4处全国重点文保单位，药洲遗址、大佛寺、广东财政厅旧址、千年古道遗址、拱北楼遗址5处省级文保单位，拥有"千年宫署、千年古道、千年古楼、千年古寺、千年园林和千年水闸"6个千年遗址，2016年成为广东省首个全开放、全免费的国家4A级旅游景区。

2. 商街历史最悠久

北京路于公元前200年前建街，是商务部第一批11条改造提升试点步行街中建街时间最长（南京夫子庙是1164年，北京王府井是1285年），也是全国最早（1997年）实行步行化管理的商业街之一。

3. 敢闯敢试最前列

北京路是中国商业领域改革的排头兵，诞生了改革开放全国第一个小商品市场——高第街小工业品市场、第一条灯光夜市——西湖路灯光夜市、第一个领取个体户牌照、广州首个以个体户身份当选国家政协委员的陈兴昌老先生创办的老字号——昌兴童装。

4. 商业氛围最繁荣

北京路是广州商业价值最高的商圈，是岭南商业风向标，全年游客超

7000万人次，年度坪效（每平方米经营面积的营业额产出）超2万元，提袋率（实现购物消费的游客与总客流量的比值）超过10%，与国际一流步行街新加坡乌节路水平相当，客单价最高达（每个游客平均购物消费的金额）1100元，人气和商业氛围位居全国步行街前列。

（二）广州北京路步行街发展存在的问题

1.区域城市更新亟待提速

北京路物业多为老旧建筑，门面狭窄、进深超长，不符合现代商业的使用要求，且年久失修，普遍存在疏散楼梯和安全出口不足的问题，难以达到消防设计规范要求，亟须通过街区更新改造，营造良好的街区环境和商业氛围，吸引知名品牌和优质业态入驻。

2.文化资源价值亟待挖掘

北京路聚集了丰富的历史文化资源，但历史文化资源产权结构复杂，由省、市、区等各个部门多头管理，由于分属不同的单位管理，存在着不同的管理方式和经营理念，导致仍处于"博物馆""展览馆"等低效的利用状态，未能发挥其应有的功能和价值。

3.产业业态格局亟待提升

北京路商业氛围浓厚，产业集聚优势明显，已经形成较为知名的"北京路"消费品牌，但北京路仍以服装、购物等传统业态为主，新兴消费业态少，夜间消费品质不高，文化旅游与商贸、餐饮、休闲业态缺乏融合，亟须对产业品质进行整合提升。

4.区域交通能力亟待优化扩容

目前，北京路周边道路狭窄，交通通行能力有限，配套的停车位不足，无法满足游客的交通出行需求，亟须优化交通路网，打通教育路等断头路，结合综合体项目建设地下停车场，提供充足的车位供给，优化提升区域的交通能力。

二 广州市北京路步行街改造提升情况

为深入贯彻习近平总书记重要讲话和重要指示批示精神，认真落实中央决策部署和省、市工作要求，以广州培育建设国际消费中心城市、国家文化和旅游消费试点城市为重要契机，将北京路步行街改造提升、国家级文化产业示范园区创建、国家级夜间文化和旅游消费集聚区创建3项工作作为服务新发展格局、塑造"老城市新活力"典范最重要的抓手，按照广州市加快培育建设国际消费中心城市的工作部署和要求，优化产业结构，提升街区环境，挖掘文化底蕴，打造具有世界影响力的岭南特色商圈。通过老建筑、老品牌、老城脉等"小切口"，实现了街区互动有新体验、消费有新热度、活力有新提升的"大改变"，将北京路步行街打造成为广州加快创建国际消费中心城市的亮丽文商旅名片。

2020年12月，北京路以全国第一名的考核验收成绩获评"国家级文化产业示范园区"。2021年7月，北京路步行街被商务部评为"全国示范步行街"，其改造经验做法获得国务院第七次大督查通报表扬。2021年11月，被文旅部获评首批"国家级夜间文化和旅游消费集聚区"。

在此带动下，北京路步行街客流营收持续保持增长，2021年全年北京路步行街累计客流量达8214万人次，同比增长10.6%；累计营业额137.8亿元，同比增长23.3%。央视新闻联播4次专题报道，新闻直播间、东方时空等央视几乎所有栏目和新华网、人民网等央媒、省市媒体都做了多角度、长时续的系列报道，经济效益、社会效益实现"双丰收"。

（一）改造提升的成效

1. 街区环境更靓更具特色

按照"一栋一策、修旧如旧"的原则，对步行街376栋骑楼建筑恢复具有"岭南特色、民国风情"的历史风貌，打造成"岭南建筑博物馆"；推进主街北优南拓，串联背街里巷，对圣贤里、府学西、李白巷等后街巷进行全面品质提升，形成"一主九辅"街区格局，步行长度从1.1公里延长到3.5公里（含辅街步行长度），步行范围从0.29平方公里扩大到0.43平方公里，商业建筑面积从50.7万平方米拓展至57万平方米。目前正在开展步行街改造提升二期工作，计划逐步将街区范围扩大到170公顷，商业建筑面积拓展至 90 万平方米。

2. 业态品质更潮更高端

突出抓好业态提升，新引入华为体验旗舰店、NBA 旗舰店、国际化妆品牌黑洞华南首店等特色品牌，以及古驰（GUCCI）彩妆广州首店、爱马仕香水等 40 多个国际一线品牌，品牌由 750 个增加至 1057 个，广百百货、新大新、陈李济、新华书店等传统老字号和公有物业改造顺利推进，成为街区示范亮点。

3. 科技应用更酷更智慧

坚持用科技为步行街改造赋能，建成北京路智慧服务平台，动态掌握步行街客流和营收情况，建成全国首条 5G 步行街，实现智慧灯杆全覆盖；建成全国最大的超高清曲面裸眼 3D 屏，引入无人零售车、扫地机器人、3D 试衣、智慧灯杆等智慧应用；开发面向游客、商户的智慧服务小程序和步行街诚信系统，提升商户、游客的体验感和满意度。

4. 消费活动更旺更放心

在确保疫情防控和安全的前提下，先后举办"一带一路"万菱好货、万人直播北京路、南粤古道展、圣贤里艺术互动光影、文艺快闪秀、动漫节、灯光节等活动，并作为迎春花市、广府庙会、广府文化嘉年华等活动的主会场，吸引了众多游客游玩打卡，鼓励北京路主要商家在节假日实行 24 小时通宵营业不打烊，大力发展夜间经济，全面促进消费，目前，北京路 40 岁以下的年轻游客占比超 7 成，夜间消费占比超 5 成。

（二）广州北京路步行街提升改造的主要做法及经验

1. 保护与活化相结合，推动"千年城脉"换新颜

一是高标准编制规划。在《北京路历史文化街区保护规划》等上层规划指引下，对标国际知名街区，聘请熟悉岭南历史建筑和商业策划的专业团队组织编制《北京路步行街改造提升总体规划》和产业、交通、景观等"1+3"规划体系，围绕"全球活力、千年城脉、广府商街"定位，着力将北京路打造为突出岭南特色，传统与现代交融、国潮品牌与国际时尚交相辉

映的全国示范步行街。

二是高效率政策创新。为加快北京路步行街改造提升工作，市委市政府审议通过了《广州传统中轴线保护实施方案》，针对以北京路为核心的传统中轴线区域提出了地下空间不计容、容积率补偿、经济补偿、建筑补偿，鼓励实施自主更新、消防安全措施、历史建筑功能活化7项重大政策措施，破解旧城更新改造难题，引导北京路周边的高第街、大小马站等历史文化街区改造项目全面启动，其中对陈李济采取更加灵活的措施，多措并举解决陈李济消防验收、历史违建、功能使用等遗留问题，打造"陈李济中医药大厦"；高第街金鸿顺地块已完成征收，正在进行控规调整，逐步进入实施阶段，为北京路发展提供了新载体和新动能。

三是高质量活化街区风貌。围绕总体规划的实施落地，配套编制了《北京路环境提升工程建筑立面方案》《北京路改造提升广告招牌方案》等一系列实施方案，以历史记载、老旧照片为依据，按"一栋一策"的原则对376栋骑楼建筑进行精细化修复，重现街区岭南风貌。在建设过程中，严格按照相关程序，在规划、文物部门的指导下，分期分批组织召开不可移动文物、历史建筑、传统风貌建筑线索、普通建筑的专家论证会和方案评审会，反复对立面修缮方案进行研究和论证，确保不会破坏历史文化街区的传统风貌和不可移动文物。在北京路重要节点增设"清代广州城坊示意模型""非遗文化展示橱窗""广府特色文化游径"，串联"六个千年"遗址，以丰富、多样的形式重现北京路的"前世今生"，让市民游客体验上下2000年的穿越感，进一步提升人气。

四是高水平运营管理。2020年将城市管理等综合审批、执法权下放步行街管理机构，将30人的城管执法队伍交由北京路文化核心区管委会统一管理。制定出台了《广州市北京路步行街地区管理规定》，从管理机制、历史文化保护、老字号和非遗保护传承、商业促进发展和消费创新、文融旅融合发展，以及街区的城市管理、市容环境卫生、广告招牌、装饰装修、交通、停车场、突发事件等方面进行了责任明确，进一步提高步行街综合执法管理水平。

2. 传统与现代相结合，彰显"广府商街"新魅力

一是积极调整传统业态。在完成沿街骑楼建筑精细化修复、商业载体特色凸显的基础上，明确"五力街区"产业定位（北段国潮活力区、中段国际魅力区、西段文化动力区、南段美食热力区、东段动漫魔力区），结合街区特点发展"六型"经济（地标经济、非遗经济、夜间经济、后街经济、楼上经济、小店经济），加大对传统业态的调整力度。制定步行街鼓励和限制类经营项目清单，明确步行街商户入驻事前征求步行街管理机构的意见，对缺乏特色、不符合定位要求的品牌"一铺一策"调整。发挥公有物业示范作用，市属国企投入约3亿元对广百、新大新、陈李济、新华书店、潮楼等17万平方米大型物业载体进行整体升级。约2万平方米市属、区属行政事业单位公有物业腾退后交由越秀区用于品牌引入，如市民政局位于李白巷的物业约2100平方米，原用于低端皮具批发市场，清退后移交越秀区打造文创非遗中心项目。与私有物业业主、专业招商机构联动，滚动发布招商载体清单，对新进驻项目进行评估，顺利完成50余处沿街私有物业业态提升任务。

二是加大品牌引进力度。按照"政府引导、社会参与"的原则，出台了《市级北京路步行街品牌提升专项资金管理办法》，引导国际品牌、特色品牌入驻。新引进全国最大NBA旗舰店、华为体验旗舰店、高级化妆品品牌黑洞华南首店、HEA原创品牌旗舰店等近200个品牌项目进驻。目前步行街1057个品牌中，国际知名品牌161家，国内知名品牌589家，国内外连锁品牌总店、旗舰店、区域首店等品牌店53家，创新性和引领性的门店65家。

三是创新非遗、老字号保护传承机制。联合一批非遗传承人成立广府汇文化传播公司，建设非遗传承基地，开发岭南打铜、广彩、广绣、醒狮等非遗文创产品。重点打造国潮老字号一条街，举办"广州老字号嘉年华暨出口转内销"活动，100余家老字号、外贸出口、"一带一路"企业集体亮相，引发老字号和出口转内销产品消费热潮；建设北京路直播间，利用网红主播为老字号直播带货，引导老字号融合线上线下，开发新潮产品，实现"老

树开新花"。北京路现集聚非遗项目35个、非遗传承人28名、老字号近60家,其中中华老字号12家,传统、新兴业态交错分布,业态结构进一步丰富,街区商业面积共57.3万平方米,其中零售32.08万平方米、餐饮11.75万平方米、文化体验与休闲娱乐12.37万平方米,分别占比56%、21%、22%。

3. 本土与国际相结合,提升"全球活力"新体验

在引进国际品牌推进北京路国际化品牌化发展的同时,注重突出本土特色,提振消费促进市场繁荣,将疫情对经济发展影响降到最低。

一是"广州之夜"品牌。采用先进科技,打造了省财厅灯光、北段骑楼舞台剧、新大新全国最大的户外裸眼3D艺术灯光秀等近10处夜间景观节点,成为夜间游客热门打卡点。以"周周有活动、月月有精彩"为原则,举办"时尚炫酷快闪秀""南越卫队阵列表演""黄飞鸿之炫光醒狮""嫦娥奔月古筝秀"等夜间文艺表演,以文旅活动促进夜间经济。加强夜间值勤服务,鼓励广百百货、新华书店、健民药店等北京路沿街商铺延长营业时间,节假日期间试行通宵营业不打烊,9家电影院开设凌晨深夜场,实现夜游夜购夜赏的夜间消费大循环。目前,北京路集聚夜间网红打卡点53家,夜间客流超6成,夜间消费占比超5成,成为岭南特色鲜明的地标性夜间文旅消费集聚区。

二是"美在花城、食在广州"品牌。设计九曲花街(可移动花池)、迭迭花影(窗台绿化)、空中花园(屋顶绿化)等花卉展示,彰显广州"花城"魅力,结合四季花街氛围,发展"楼上经济""外摆经济",提升休闲消费空间。建设惠福美食花街、广府味道体验馆等,集聚广府特色美食约75家,陶陶居等广府美食品牌店日翻台率超过10%,展现了美食消费热力,进一步擦亮"食在广州"金字招牌。

三是"广府文化"品牌。发挥北京路历史文化底蕴深厚的优势,在恢复街区岭南风貌、提升文物古迹展陈方式的同时,办好广府庙会、迎春花市等品牌活动,与专业演艺集团合作,引入音乐秀、街舞快闪、岭南舞狮等特色演艺活动,与广州市动漫协会等组织合作,定期开展文创动漫集市活动,

与街区文创门店合作，依托琉璃瓜子、非遗之窗、京秀文创等特色文创、非遗门店，联合打造有街区特色的文创、非遗产品。开展北京路粤港澳大湾区文化 IP 秀、粤港澳大湾区版权产业创新发展（越秀）峰会等交流活动 70 余场次，推动大湾区文旅合作交流。紧密与世界优秀旅游目的地组织合作，获全国第三个、广东省首个"世界优秀旅游目的地"荣誉称号，2020 年在北京路设立全球首个"联合国世界旅游组织附属组织文商旅融合发展观测点"，推动对外交流，持续扩大品牌影响力。

4. 产业与民生相结合，实现"共建共享"新模式

一是全面改善商户经营和人居环境。积极调动社会各方力量参与改造提升，与商户联动，步行街 1.8 万平方米违法建筑、违法广告招牌全部拆除，临街首层 260 间商铺的卷帘门统一换成玻璃橱窗，连线改造骑楼天台为空中花园，带动优质业态"上楼"；推动府学西街、龙藏街、李白巷等后街改造，街区经营环境全面提升，同时，坚持"改造不停业"，获得商户一致支持。在现有地铁线 3 条、公交线路 54 条，公共交通高度发达的基础上，对府学西、大马站周边交通改造，优化区域交通微循环。开展大南路口地下通道可行性研究，在省财厅前广场、大南路口、西湖路大马站等开辟空间，作为旅游大巴临时停靠点，推动广大路旅游大巴停车场、大佛寺地下停车场等项目建设，改善区域停车配套，在步行区及周边为游客提供停车位 8980 个。完成约 5200 米内街里巷环境提升、3000 平方米第五立面整治、三线下地 2.25 万米，完善配套休闲设施，使 1280 户居民直接受惠。

二是有力带动社会投资。通过改造提升，在财政投资带动和相关政策引导下，北京路周边的昌兴街、高第街、大小马站等历史文化街区改造项目全面启动，其中大小马站书院街项目已安排 8.2 亿元进行房屋征收；以社会投资为主体的高第街金鸿顺项目也已投入 20 亿元完成房屋征收，逐步进入施工阶段；万木草堂、庐江书院、联合书店等一批北京路的文物景点、历史建筑经由社会力量整合改造后，成功引入文化产业新业态。步行街改造提升共撬动社会投资超 100 亿元，步行街每万平方米商业建筑面积吸纳就业人数 207 人，高于评价指标每万平方米商业建筑面积吸纳就业 100 人以上要求，

有力带动城市建设投资和就业。同时，结合"国家级文化产业示范园区""国家文化与金融合作示范区""国家文旅夜间消费集聚区"创建工作，借助文化、科技、金融赋能，优质项目和企业进一步集聚，目前，北京路文化核心区集聚17栋亿元楼宇、12家世界500强企业、24家中国500强企业、60余家上市公司。

三是提升智慧服务和消费者体验。建设智慧服务中心，搭建大数据平台，通过数字化动态反映人流、消费态势，开发诚信建设系统，实现商户诚信与消费者投诉闭环处置管理；投放无人清扫机器人、智能垃圾桶、政务服务一体机、智慧灯杆、智慧服务机器人、自助充电宝、共享雨伞、共享按摩椅、智能自助寄存柜等智慧服务设施，完善标识系统、智慧公厕、无障碍设施等配套设施，人脸识别监控摄像点实现街区全覆盖，为消费者提供安全、整洁、舒适的商圈环境。在步行街率先普及智慧新零售，引入无人售货车、3D试衣、无感停车、刷脸支付、线上下单等一系列商业智慧应用落地，与媒体企业合作，建立"北京路"直播间，为北京路商家、品牌开展直播带货和直播培训。搭建商户、游客服务小程序、公众号、抖音账号，通过短视频、直播等方式向游客推介北京路潮流购物、文化打卡、网红爆品、吃货专属等方面的商业品牌和文化特色，经第三方测评，消费者和经营者满意度均超90%。

三 广州北京路步行街进一步改造提升的展望

为进一步扩大改造提升成果、强化试点效应，为广州建设国际消费中心城市、国家文旅消费示范城市探索经验，2021年起，广州市以北京路步行街改造提升二期、国家级夜间文化和旅游消费集聚区创建工作为抓手，以建设北京路"老城市新活力"展示体验区为目标，通过"南拓、西联、东扩"的发展战略，对北京路南段、西片的文化、产业、环境、交通、管理等方面继续进行升级改造，连接海珠广场起义路传统中轴线片区，连贯打通北京路"古代中轴线"和云山珠水的地理格局，逐步将步行区域向南拓展延伸至天字码头，打造"逛北京路，游珠江"的"最广府"世界级经典文旅线路。一是拓展步行范围，谋划近期先将北京路步行街向南延伸至泰康路，将主街步行长度从1.1公里延长至1.36公里；二是提升街区环境品质，精心修缮打造北京路南片的四条骑楼街（大南路、文明路、泰康路、万福路），重现岭南建筑风貌；三是优化产业业态，推进高第街金鸿顺项目、粤海泰康商业大厦和港汇华庭等现代商住综合体项目建设，吸引全球名店、首店入驻北京路；四是探索旧城改造新模式，用好用活传统中轴线保护利用实施方案的相关扶持政策，破解历史文化街区改造和物业改造难题，通过"政府引导、社会参与"的模式，推动物业更新改造后符合现代商业使用的标准和要求，为品牌入驻提供更多优质载体。

市场运行篇
Marketing Operations

B.17
2021年广州外贸发展特点及2022年展望

陈万灵 吴梓敏 杨 芷*

摘 要： 2021年新冠肺炎疫情仍然没有得到完全控制和消除，对要素流动和贸易往来造成一定阻碍，尽管广州市政府采取一系列有效防疫措施，但疫情仍然给广州外贸带来一定影响。在2020年较低基数基础上，2021年广州外贸上实现了较快增长，外贸值达到10825.9亿元，比2020年增长13.50%，其中出口总额6312.2亿元，比上年增长16.40%。进出口产品结构继续优化，民营企业外贸保持快速增长，外贸市场多元化水平继续提高，一般贸易、加工贸易、服务贸易以及跨境电商获得进一步发展。综合来看，在疫情仍然严峻、2021年基数提升以及国际经贸环境具有高度

---

* 陈万灵，广东外语外贸大学国际经济与贸易研究中心主任；吴梓敏，广东外语外贸大学国际经济与贸易研究中心硕士研究生；杨芷，广东外语外贸大学国际经济与贸易研究中心硕士研究生。

不确定性等因素影响下，2022年广州外贸增长速度幅度不会很大，初步预测2022年广州外贸增速在0~4%，出口增速在0~3.5%。

关键词： 外贸市场 外贸增速 广州

一 2021年广州外贸发展情况

（一）广州外贸实现进出口双增长

近几年，在全球疫情持续不退、世界大部分国家通货膨胀率上升的情况下，广州外贸挑战重重。2016年、2019年和2020年的进出口总额都是负增长，按美元计算的增长率，分别比上年下跌3.10%、2.39%和5.20%，其中2019年的出口和2020年的进口同比大幅度下跌。

2021年是实施"十四五"规划的第一年，中国经济在新冠肺炎疫情影响下，呈现波动复苏态势，广州经济持续稳定恢复，呈现出较明显的高质量发展态势。国外疫情持续不退，大部分国家库存出清，出现了商品供不应求，这给广州外贸发展带来机遇。2021年广州进出口总额为1674.70亿美元，比上年增长21.73%。出口额为976.4亿美元，比上年增长24.83%。进口额为698.30亿美元，比上年增长17.75%。实现出口值和进口值的双增长，顺差回升到278.10亿美元（见表1）。

按人民币计价，2021年广州外贸总额为10825.9亿元，比上年增长13.50%。其中出口总额6312.2亿元，比上年增长16.40%。进口总额为4513.70亿元，比上年增长9.60%。广州进出口总额增速不及广东（16.70%）以及全国（21.40%），其主要原因在于进口总额增速不及广东（17.4%）和全国（21.5%）（见表2）。

表1 2016～2021年广州商品进出口变化情况

单位：亿美元，%

年份	进出口 金额	进出口 增速	出口 金额	出口 增速	进口 金额	进口 增速	顺差
2016	1297.06	-3.10	786.07	-3.16	510.99	-3.01	275.08
2017	1432.32	10.43	853.16	8.53	579.17	13.27	273.99
2018	1484.83	3.70	848.51	-0.50	636.32	9.80	212.19
2019	1449.40	-2.39	762.20	-10.17	687.20	8.00	75.00
2020	1375.80	-5.08	782.80	2.70	593.00	-13.70	189.80
2021	1674.70	21.73	976.40	24.83	698.30	17.75	278.10

资料来源：《广州外经贸白皮书》（历年）、广州海关"广州进出口统计简报（月报）"等资料整理。

表2 2021年广州进出口贸易与全国和广东的比较

单位：亿元，%

地区	进出口 金额	进出口 同比	出口 金额	出口 同比	进口 金额	进口 同比
广东	82680.3	16.7	50528.7	16.2	32151.6	17.4
广州	10825.9	13.5	6312.2	16.4	4513.7	9.6
全国	391008.5	21.4	217347.6	21.2	173660.9	21.5

资料来源：国家海关总署统计快讯，广东省商务厅、广州市海关、广州市统计局、广东统计信息网简报数据整理。

受全球疫情的持续影响，广州外贸2021年各月呈现一定的波动，以美元计价的增速看，大部分月份呈正增长。2月进出口增速和出口增速达到峰值，进出口增速为53.00%，出口增速为148.69%，而进口跌至低谷，呈现负增长，为-5.93%。3~4月进出口增速、进口增速以及出口增速上升，进口增速在4月份达到峰值42.17%，5~6月份进出口增速、进口增速以及出口增速出现分化，进口继续下跌，出口保持快速增长；之后起落波动保持一致，9月进出口增速以及出口增速达到低谷，分别为1.17%和-3.85%；10~11月增速继续上涨，12月增速回落，实现进出口增速5.13%、进口增速5.80%以及出口增速4.57%（见图1）。

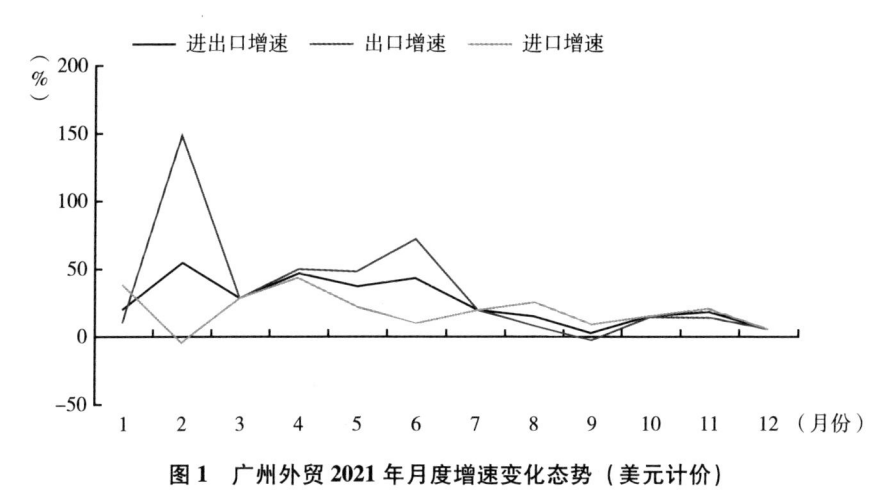

图1 广州外贸2021年月度增速变化态势（美元计价）

资料来源：根据广州市海关"2021年广州地区进出口统计简报（月报）"数据整理。

（二）广州进出口产品结构进一步优化

在疫情持续不退的情况下，全球供应链都受到干扰。2021年广州进出口贸易快速增长，进出口产品结构得到了进一步优化。为了应对全球供应链变化，提高国际竞争力，广州企业加大对高新技术研发的投入力度。2021年高新技术产品出口份额逆转了2020年下跌的趋势，出现上升，进口份额下降。2021年，国内农产品供给充足，减少对进口农产品的需求，导致农产品出口份额小幅度下跌。

从出口构成变化来看，农产品出口11.11亿美元，同比增长8.39%，出口份额从2020年的1.30%下降到2021年的1.14%，下降了0.16个百分点。机电产品出口486.20亿美元，同比增长24.39%，出口份额从2020年的49.70%上升到2021年的49.8%，上升了0.10个百分点。高新技术产品出口154.45亿美元，同比增长37.04%，出口份额从2020年的14.32%上升到2021年的15.82%，上升了1.50个百分点。

从进口构成变化来看，农产品进口85.88亿美元，同比增长21.94%，进口份额从2020年的11.8%下降到2021年的12.3%，上升了0.5个百分点。机电产品进口 261.14 亿美元，同比增长 3.22%，进口份额从 2020 年的 42.4%下降到 2021 年的 37.4%，下降了 5 个百分点。高新技术产品进口 159.64 亿美元，同比增长 2.08%，进口份额从 2020 年的 26.13%下降到 2021 年的 22.86%，下降了 3.27 个百分点（见表 3）。

表3 广州进出口产品结构变化（2016~2021 年）

单位：亿美元，%

年份	出口构成变化				进口构成变化			
	出口值	农产品份额	机电产品份额	高技术产品份额	进口值	农产品份额	机电产品份额	高新技术产品份额
2016	786.07	0.92	51.92	17.90	510.99	11.87	43.39	26.88
2017	853.16	0.91	51.52	17.18	579.17	10.36	43.90	27.39
2018	848.51	1.10	50.36	15.44	636.32	9.23	47.07	28.27
2019	762.20	1.12	51.30	14.45	687.20	8.18	44.94	29.47
2020	782.80	1.30	49.70	14.32	593.00	11.80	42.40	26.13
2021	976.33	1.14	49.80	15.82	698.33	12.3	37.40	22.86

资料来源：根据广州地区历年进出口简报（2015~2021 年）数据整理。

（三）民营企业成为拉动进出口增长的主要力量

在 2021 年疫情反复的背景下，中央以及地方政府出台了一系列促进企业发展的政策措施，缓解了企业在疫情冲击下的生存压力，大力支持进出口企业的发展。在政府和企业的共同奋斗下，广州企业的进出口大幅度增长。这几年的国有企业和外资企业的进出口额出现了波动，而民营企业一直在稳步增长。2021 年广州民营企业进出口的发展继续加速，进出口额达到 884.47 亿美元，同比增长 32.52%；占广州进出口额的 52.81%，比上年的比重提升了 4.22 个百分点。国有企业和外资企业的进出口额稳定增加。国有企业进出口额达到 177.20 亿美元，同比增长 13.71%；占广州进出口总额的 10.58%，比上年的比重下降了 0.69 个百分点。外资企业进出口额达到 597.46 亿美元，同比增长 13.21%，占广州进出口总额的 35.68%；比上年的比重下降了 2.64 个百分点。由此可得，民营企业已经成为拉动广州进出口增长的主要力量（见表4）。

表4 2016~2021 年广州进出口主体结构情况

单位：亿美元，%

年份	进出口总额	国有企业 进出口额	比重	民营企业 进出口额	比重	外资企业 进出口额	比重
2016	1297.06	206.82	15.95	488.13	37.63	599.14	46.19
2017	1432.32	212.23	14.82	591.24	41.28	611.18	42.67
2018	1484.83	193.18	13.01	637.11	42.91	636.20	42.85
2019	1449.40	197.37	13.62	640.50	44.19	612.95	42.29
2020	1375.80	155.83	11.27	667.43	48.59	527.76	38.32
2021	1674.70	177.20	10.58	884.47	52.81	597.46	35.68

注：比重为某类贸易主体的贸易额与贸易总额的比值；民营企业包括集体企业、私营企业。
资料来源：根据广州海关 2015~2021 年广州地区进出口简报数据整理。

（四）外贸市场多元化水平略微调整

近几年，受中美贸易摩擦和新冠肺炎疫情影响，全球价值链收缩趋势使得区域化往来频繁，中国对外贸易量在经历很大缩减之后又回升，与东盟国家、亚洲周边国家地区合作更为紧密。"21世纪海上丝绸之路"沿线建设取得初步成就，RCEP 得到相关国家签署、批准和实施，都使得中国和东盟十国的贸易量有较大提升，东盟延续上年中国外贸市场第一名。广州贸易前五大伙伴由高到低依次是东盟、欧盟、美国、日本和非洲，其占比分别是 16.33%、15.59%、10.92%、8.81% 和 7.83%，合计 59.48%，比 2020 年的 61.08% 下降 1.6 个百分点。中国香港和拉丁美洲以 6.81% 和 5.60% 紧随其后，分别居第六位和第七位（见图2）。可以看出，广州与东盟、日本和韩国贸易联系一直都比较紧密。

从增长速度看，广州与其前几位贸易伙伴的贸易均呈现高速增长态势。2021 年广州贸易比上年增长 21.60%，其中欧盟增速为 27.90%、中国香港为28.34%，高于平均增长率；美国增速为22.10%，东盟增速为22.03%，说明中美贸易摩擦对广州与美国贸易仍然有一定影响，欧洲市场具有一定潜力。亚洲在广州对外贸易中占比将近一半，达到49.81%，说明区域化协定和区域化联系越来越紧密。广州与香港贸易2020年跌至谷底，2021年反弹，实现了高速增长，未来可能恢复到以前的份额。广州与东盟贸易规模已经到了一定高度，出现了疲态，有望在RCEP的刺激下持续快速增长。从单个国家看，广州与东盟的越南、印尼和泰国的贸易比较靠前，越南增长率为17.20%，印度尼西亚为58.44%，泰国为28.74%，在RCEP鼓励下会出现更加快速增长，这说明新兴市场是广州进出口增长的重要市场。

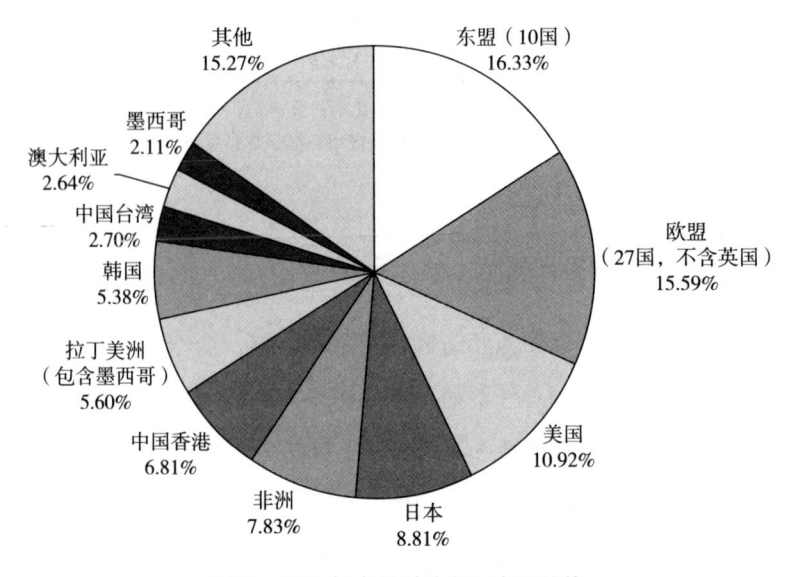

图2 2021年广州对外贸易市场结构

资料来源：根据2021年12月广州地区进出口简报（贸易伙伴部分）数据整理。

另外，广州与墨西哥的贸易一直保持良好的发展态势，2021年增长率尤其高，比上年增长51.58%。近几年广州与墨西哥贸易关系突飞猛进，2021年墨西哥更是成为中国第11大贸易合作伙伴，贸易量达到了353.50万美元。2021年墨西哥超越中国成为美国最大的贸易伙伴国，其市场潜力巨大。墨西哥与中国具有一定互补性，对中国出口主要是能源、原材料、铜矿铅等。中国是墨西哥第二大合作伙伴。可以充分利用美墨加自由贸易协定，扩大广州对北美贸易规模，同时扩大相互合作，对墨西哥汽车、采矿业进行投资。2022年是中国和墨西哥建交五十周年，在中墨建交五十周年的云交流会上，墨西哥驻华大使表示中国便利化措施、外商投资优惠等，为中国与墨西哥营造了更加优良的贸易环境。广东也举行了"中国墨西哥建交50周年和广东省与墨西哥州结好20周年"庆祝活动。这些活动表明广州与墨西哥经贸合作还有广阔的发展空间。

从广州对外出口来看，2018~2021年广州出口前五大贸易伙伴合计占比分别为67.68%、67.31%、66.19%和67.36%。出口有所上升，其中出口国贸易占比分别为东盟17.68%、欧盟15.34%、美国13.01%、香港11.08%、非洲10.24%，对应五大贸易伙伴出口增速分别为23.50%、42.88%、26.32%、28.22%、-0.34%。东盟连续两年登顶广州合作伙伴名单，东盟的市场份额仍然有所上升，从2019年的14.29%上升至2020年的17.85%，再到2021年的17.68%，近三年内持续上升。欧盟则从2019年的15.55%到2020年的10.79%再到2021年的15.34%，疫情后有所上升。美国从13.17%下降到12.85%再上升到13.01%。看来贸易摩擦对出口还是有一定的影响。香港市场从13.80%下降到10.79%再上升到11.08%。非洲市场份额从10.81%上升到12.81%再下降到10.24%；日本市场份额从4.47%下降到3.58%，再下降到3.41%；拉美市场（包括墨西哥）份额从7.3%下降到6.29%再回升到7.37%。由于疫情造成的贸易减少正在慢慢恢复。

从进口来看，进口量占比排前五名的国家分别是日本（16.35%）、欧盟（15.94%）、东盟（14.44%）、韩国（9.97%）以及美国（8.00%），合计64.70%。比上年下降4.51个百分点。其中，欧盟（12.08%）、东盟（19.59%）和美国增速（13.47%）接近广州增速（17.35%）。另外，广州与中国台湾、非洲、大洋洲和拉丁美洲等市场依然保持一定进口规模，其市场份额分别为4.64%、4.48%、5.11%、3.14%，对应进口增速分别为

20.10%、48.97%、32.57%、34.06%。可以看出，中国在这些地区进口规模不但大且有着非常强劲的增长势头。

（五）一般贸易与加工贸易双双上升

2020年在国内外疫情持续不退以及严峻的国际经济形势下，广州贸易总额大幅度下降。其中主要原因在于加工贸易金额的大幅度下降，而一般贸易下降幅度较小。2021年随着全球经济的复苏，在对疫情严格防控的背景下，广州贸易总额有了大幅增长。2021年贸易总额比2015~2020年中任何一年的贸易总额都高得多，其中一般贸易和加工贸易的金额都有较大幅度的增加。从贸易金额来看：2021年贸易总额达到1674.66亿美元，其中一般贸易金额达到923.66亿美元，同比增长30.70%，加工贸易金额达到353.04亿美元，同比增长25.95%。从占贸易总额比重来看，一般贸易比重维持前几年的持续上升趋势继续上升，比重从2020年的51.37%上升到2021年的55.15%，上升了3.78个百分点，而加工贸易比重逆转前两年的下滑趋势出现上升，比重从2020年的20.37%上升到2021年的21.08%，上升了0.71个百分点（见表5）。

表5 2016~2021年广州贸易方式变化

单位：亿美元，%

年份	贸易总额	一般贸易 金额	一般贸易 比重	加工贸易 金额	加工贸易 比重
2016	1297.06	567.73	43.77	417.70	32.21
2017	1432.32	647.99	45.24	404.10	28.21
2018	1484.83	696.36	46.90	402.08	27.08
2019	1449.40	709.82	48.97	362.24	24.99
2020	1375.80	706.70	51.37	280.31	20.37
2021	1674.66	923.66	55.15	353.04	21.08

资料来源：根据广州海关历年统计简报数据整理。

从出口额的角度看，2021年广州一般贸易出口额和加工贸易出口额都有了较大幅度的增加。在结构上，一般贸易出口金额占出口总额的比重继续上升，而加工贸易比重继续下滑。出口总额达到976.33亿美元，其中一般贸易出口金额为489.04亿美元，同比增长43.66%，比重从2020年的43.49%上升到2021年的50.09%，上升了6.6个百分点；加工贸易出口金额为207.01亿美元，同比增长23.86%，比重从2020年的21.35%下降到2021年的21.20%，下降了0.15个百分点。这说明了一般贸易的出口在拉动广州出口增长上起主导作用（见表6）。

表6 2016~2021年广州出口的贸易方式变化

单位：亿美元，%

年份	出口总额	一般贸易出口 金额	一般贸易出口 比重	加工贸易出口 金额	加工贸易出口 比重
2016	786.07	288.69	36.73	254.74	32.41
2017	853.16	301.91	35.39	247.98	29.07
2018	848.51	313.59	36.96	241.75	28.49
2019	762.20	320.16	42.00	214.97	28.20
2020	782.80	340.41	43.49	167.13	21.35
2021	976.33	489.04	50.09	207.01	21.20

资料来源：根据2015~2021年广州海关统计简报数据整理。

从进口方式的角度看，2021年广州一般贸易进口额和加工贸易进口额都有了较大幅度的增加。一般贸易进口额占进口总额的比重继续上升，加工贸易比重逆转前几年下滑趋势，出现上升。一般贸易进口额为434.61亿美元，同比增长18.65%，比重从2020年的61.77%上升到2021年的62.24%，上升了0.47个百分点；加工贸易进口额为146.03亿美元，同比增长29.02%，比重从2020年的19.09%上升到2021年的20.91%，上升了1.82个百分点。这说明了一般贸易的出口在拉动广州出口增长上起主导作用（见表7）。

表7 2016~2021年广州进口的贸易方式变化

单位：亿美元，%

年份	进口总额	一般贸易进口		加工贸易进口	
		金额	比重	金额	比重
2016	510.99	279.04	54.61	163.07	31.91
2017	579.17	346.07	59.75	156.12	26.96
2018	636.32	382.77	60.15	160.34	25.20
2019	687.20	389.66	56.71	146.79	21.36
2020	593.00	366.29	61.77	113.18	19.09
2021	698.33	434.61	62.24	146.03	20.91

资料来源：根据广州海关2015~2021年统计简报数据整理。

（六）跨境电商及服务贸易进一步发展

2006年以来，政府出台了诸多促进服务贸易高质量发展的政策措施，其彰显出服务贸易的重要性。广州是全国全面深化服务贸易创新发展试点地区之一，市政府极其重视服务贸易的发展。2021年，广州出台了一系列关于促进服务业对外开放程度、提升服务贸易便利化水平、优化服务贸易结构和推进服务贸易高质量发展等的政策措施，其中121个任务措施已经有93项实施，3个案例入选国家级示范案例，国家级平台目前有4个。广州服务进出口总额从2020年的373.2亿美元上升到2021年的近500亿美元。数字服务贸易规模达到235.84亿美元，增长42.8%，数字服务出口对象包括全球200多个国家和地区。广州企业承接了96个国家和地区的外包业务，并且其整体规模在继续扩大。广州市商务局公布数据显示，2021年广州市服务外包全口径合同签约额达到201.8亿美元，同比增长36.2%；全口径执行金额达到114.1亿美元，同比增长18.3%。总而言之，2021年的服务贸易得到进一步的发展。

广州跨境电商在2021年依旧在全国处于领先地位，跨境电商零售进口已经连续八年在全国排名第一。2021年广州率先出台全国首个跨境电商RCEP专项政策，为了各个行业更好地适应RCEP生效规则，政府支持对各个行业的相关规则在一定的合理性和可行性下进行修改。与此同时，广州力图打造广州跨境电商南沙样板，南沙区是广东省唯一一个国家级新区、广东自由贸易试验区和粤港澳全面合作示范区。它拥有华南地区最大的集装箱枢纽港，获批的综合保税区、国家进口贸易创新示范区成为促进国内国际双循环的重要力量。2021年南沙跨境电商进出口总额达到360亿元左右，同比增长近70%，南沙综合保税区跨境电商进出口总额在全国排名靠前。

二 国内外经贸环境对广州外贸发展的影响

（一）全球贸易回暖，有利于广州外贸发展

2021年，世界各国应对新冠肺炎疫情，采取一系列防控措施和经济刺激政策，全球经济逐渐恢复。国际货币基金组织（IMF）于2022年1月发布了《全球经济展望》（WEO），以"感染病例增加，复苏进程受阻，通货膨胀上升"为题，预测2022年全球经济增速为4.4%，其中发达经济体预测值为3.9%，新兴市场和发展中经济体预测值为4.8%。这主要是由于美国的预期值下调了1.2个百分点至4.0%，欧元区经济增速减少0.4个百分点至3.9%，中国预测值下调了0.8个百分点至4.8%。

预期经济复苏将带动货物贸易保持强劲增长势头，服务贸易最终恢复至新冠肺炎疫情前的水平。联合国贸易和发展会议（UNCTAD）在2022年2月发布的《全球贸易更新报告》中指出，2021年，全球贸易总额创下了历史纪录，达到28.5万亿美元，比2020年增长25%，比2019年增长13%。世界贸易全年逐步复苏，下半年相比上半年增长加快，尤其是第四季度，货物贸易增加了近2000亿美元，创下5.8万亿美元新纪录；服务贸易也增加了500亿美元，达到1.6万亿美元，略高于疫情前水平。这说明贸易复苏增长势头明显。总体上来看，几乎所有国家的经济增速预测值都为正数，世界贸易将继续复苏，这有助于广州进出口贸易的发展。

（二）世界经济充满变数，不利于广州外贸发展

全球新冠肺炎疫情形势依旧严峻。目前，全球的新冠疫苗接种率高的国家放松了人员管制，很多低收入国家接种疫苗人数甚至不到全国总人口的一成，这使得全球疫情不能完全控制。世界卫生组织指出，随着新冠病毒的变异，出现多种新型危险变异毒株，特别是2021年11月9日出现的奥密克戎变异毒株传播速度惊人使得世界各国高度警惕。各国采取的限制人员流动等措施给经济活动造成了一定的干扰。

全球多个国家在疫情期间实施了宽松的货币政策，并且采取了多项紧急救助措施，使得居民需求上升。与此同时，限制人员流动的政策加上奥密克戎变异毒株强传染性的双重压力，导致全球劳动力短缺。劳动力短缺使得供给链受到干扰，供给出现短缺问题。全球贸易由此受到干扰，导致商品的价格上升，最后导致了通货膨胀率的上升。《全球经济展望》中预测2022年发达经济体的平均通胀率为3.90%，新兴市场和发展中经济体为5.90%。随着世界大部分国家通货膨胀率的上升，各国纷纷收紧货币政策。但货币政策收紧的速度和幅度具有不确定性，政策的调整可能会导致市场的剧烈波动，这些全球贸易环境的不确定性将不利于广州外贸的发展。

（三）国内经济环境不断优化，有助于广州外贸发展

2021年，中国对新冠肺炎疫情采取一系列精准防控措施，保障国内一定流动性，从而为经济贸易复苏提供保障。中国经济呈现良好的发展态势：价格温和上涨、各个产业协调增长、就业形势良好、消费以及投资水平提高等，有利于外贸发展。2021年中国国内生产总值达到114.37万亿元，在上年正增长的基础上继续增长8.1%，2020年与2021年这两年的平均增长率为5.1%。从年内各季度看，一季度同比增长率最高，同比增长18.3%。而二季度、三季度和四季度分别增长7.9%、4.9%和4.0%。从产业来看，第一产业增加值83086亿元，比上年增长7.1%；第二产业增加值450904亿元，比上年增长8.2%。其中，2021年全国规模以上工业增加值较上年增长

了9.6%，两年平均增长6.1%，工业发展成为中国经济的亮点，其中炼油、铁和铝的产量都在2021年有所突破，创下纪录。第三产业增加值609680亿元，比上年增长8.2%，服务业持续恢复。社会消费品零售总额比上年增长12.5%，其中基本生活消费和升级类消费需求持续释放，增长态势良好，全年居民消费价格（CPI）比上年上涨0.9%。就业形势总体来说较为稳定，全年城镇新增就业1269万人，增长率约为7.0%，城镇调查失业率平均值为5.1%，与上年相比下跌了0.5个百分点。

（四）贸易政策措施不断优化，有助于广州外贸发展

2021年是国家"十四五"规划的开局之年，也是构建以国内大循环为主体、国内国际双循环相互促进的新发展格局的起步之年。在新冠肺炎疫情防疫方面，根据最新的疫情状态和风险判断，及时调整防控措施，最大力度保证各个行业的正常运行，并不断恢复和改善营商环境，从而保证外贸的进一步发展。

政府将2021年确定为"贸易创新发展年"，发布了关于深化跨境贸易便利化水平、推进自由贸易试验区贸易投资便利化改革等一系列政策措施来促进外贸的发展，鼓励对外贸进行创新，在求稳的同时争取贸易额的增长。在开拓国际市场方面，国家批准了《区域全面经济伙伴关系协定》（RCEP），促成了RCEP在2021年1月1日生效，推动了中国与相关国家经贸关系优化。

三 2022年广州外贸发展展望

国际金融危机后，广州外贸处于低速增长阶段，而且有一定波动起伏。增速低点出现在2009年、2012年、2016年和2020年，2010年、2014年、2017年和2021年增速处于高点。最近几年，中美贸易摩擦和新冠肺炎疫情叠加，2017年开启的回升势头被中断，增速连续三年逐步减低，2021年，在上年低谷基础上实现了高速增长，形成了较高基数，继续增长的压力比较大。

2017~2021年，广州外贸年均增长3.99%，出口年均增长3.43%（见图3、图4）。可以初步预测，2022年广州外贸增速在0~4%，出口增速在0~3.5%。

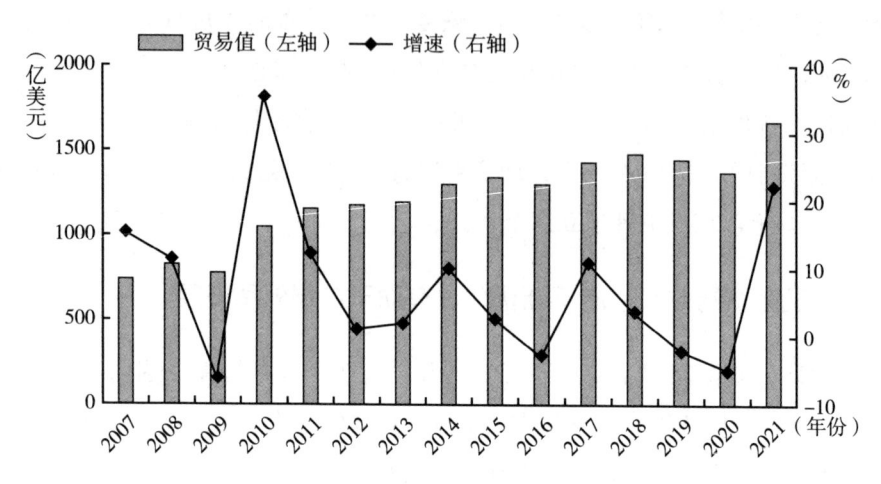

图3　2007~2021年广州外贸及其增速变化

资料来源：根据广州市对外贸易经济合作局网站历年统计简报数据整理。

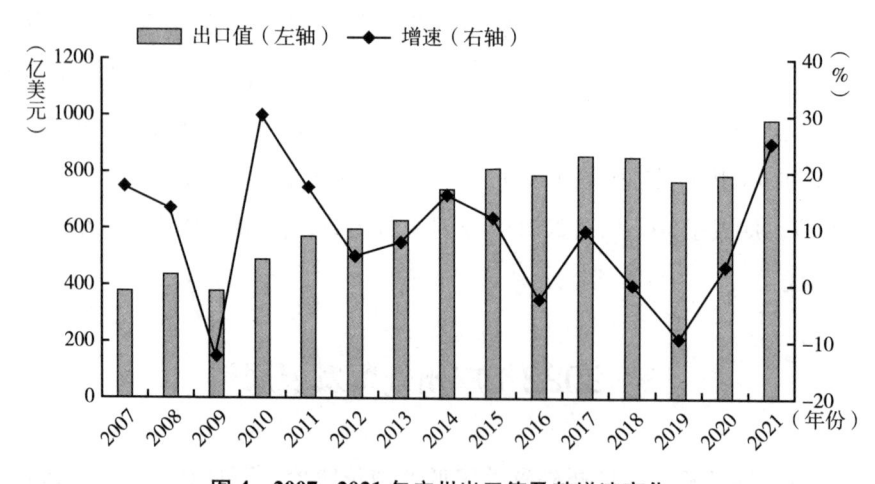

图4　2007~2021年广州出口值及其增速变化

资料来源：根据广州市对外贸易经济合作局网站历年统计简报数据整理。

由此可预测出2022年广州进出口形势：进一步增长的难度比较大，前半年进出口呈现低速增长，后半年可能会出现增长，全年增长幅度也不会太大，其依据如下。

1. 全球新冠肺炎疫情持续不退继续强化不确定性

2022年国内外新冠肺炎疫情环境依旧具有不确定性。年初国内新冠肺炎疫情多点暴发，广州出现新增本土病例，国内疫情防控形势严峻，给外贸活动带来不确定性，影响国内生产和流通。国际上，各国政府采取不同的防控措施，其疫情和政策变化不定，导致中国与外国"解封开放"行动不一致，还将继续影响国际流动性，对广州的国际人员往来、货物进出口和服务贸易构成较大影响。一方面，国外恢复生产和贸易，给广州外贸增长带来一些外贸机会；另一方面，限制了广州与一些国家国际贸易活动和交流。从疫情治理看，各国封控政策与失业救济、社会保障配套，引起货币增发，导致通货膨胀，引起国际市场的动荡，导致广州面对的国际环境具有高度的不确定性，给广州的外贸造成一定下行压力。同时，经济产出下降，库存下降，进口需求会上升，给广州的外贸一定机会。

2. 2022年广州外贸迎来诸多发展机遇

不确定性增加了2022年广州外贸增长下行的压力，但同时广州也有诸多有利于外贸发展的因素，特别是有关部门宣布广州年内将出台支持数字贸易发展的专项政策，推动特色服务贸易产业规模化和集约化发展，从而推动商业、运输、金融、制造等领域的数字化场景建设，催生大量新模式、新业态，助力文化、中医药、知识产权、数字贸易等重点领域服务业和服务贸易发展。

进入2022年，广东省政府工作报告提出深入实施贸易高质量发展"十大工程"。其中，"支持广交会创新机制和拓展功能""加快广州南沙进口贸易促进创新示范区"等工程，将推动"粤贸全球"及广州进口集散地建设，扩大工业中间品、大宗商品、高品质消费品进口规模。年初，广东省政府出台《广东省推动服务贸易高质量发展行动计划（2021~2025年）》《广东省促进服务业领域困难行业恢复发展的若干措施》《广东省促进工业经济平稳增长行动方案》《加快推进广东预制菜产业高质量发展十条措施》等激励性政策措施。这些政策措施在广州落地实施，将进一步推动企业税费成本的降低。激发广州贸易的活力，拉动加工贸易、市场采购、跨境电商等贸易方式兴起。

3. RCEP生效给广州外贸发展带来了机遇

2022年1月1日，《区域全面经济伙伴关系协定》（RCEP）全面实施生效。广州市政府出台了一系列促进贸易发展的政策措施，积极推动企业充分利用和享受RCEP带来的发展机遇。通过落实RCEP规则，广州可以提高与RCEP其他成员国之间的贸易便利化水平，降低成本以提高国际竞争力。广州市商务局预计RCEP将在2022年助力广州增加进出口额超过200亿元，若完全实施的话，预计能增加超过500亿元。另外，广州率先出台全国首个跨境电商RCEP专项政策，同时发布政策汇编指引，各区积极响应，相继出台配套政策。全市在疫情反复的情况下，开通了134条外贸航线，建成保税仓库面积超150万平方米，不断提高银行在跨境资金结算服务方面的效率水平。

4. 广州强化现代化国际化营商环境建设取得初步成效

广州为实现老城市新活力"四个出新出彩"出台了一系列政策。2018年10月，习近平总书记在视察广州期间，要求广州实现老城市新活力，在综合城市功能、城市文化综合实力、现代服务业、现代化国际化营商环境方面出新出彩。近几年，广州不断改进营商环境，实施了营商环境1.0版、2.0版、3.0版和4.0版，2022年初，颁布《广州市建设国家营商环境创新试点城市实施方案》，提出5.0改革方案和实施"路线图"，明确以"激发活力"为主线，为企业创新发展松绑减负，进一步增强企业活力。

5. 广州关于服务业开放和服务贸易发展的政策，将推动广州服务贸易发展

近几年，广州在促进国际商贸、文化贸易、数字服务贸易、中医药服务、知识产权服务等领域发展方面取得了初步成效。2020年广州市获国务院批准成为"全国全面深化服务贸易创新发展试点城市"，2021年开始实施《广州市全面深化服务贸易创新发展试点实施方案》，这些政策支撑广州服务业开放和服务贸易发展。广州已拥有了天河区（2018）和番禺区（2021）两个"国家文化出口基地"、天河区中央商务区"国家数字服务出口基地"

(2020)、广东省中医院"国家中医药服务出口基地"(2019)、广州经济技术开发区"知识产权服务领域特色服务出口基地"(2022)，这些基地将在未来逐步发挥作用，推动广州现代服务经济中心建设和服务贸易发展。

6. 广州国际消费中心城市建设将带动广州产品和服务品牌化建设，增强国际竞争力

2021年7月广州获批首批"国际消费中心城市"，将深入建设全球消费资源集聚地、消费潮流新高地、多元融合服务消费引领区、面向全球的交通网络、具有全球吸引力的消费环境5大工程，通过新消费模式和新经济建设，推动产业结构转型升级，大幅提升广州产品竞争力和高端服务业品牌化水平。

参考文献

[1] 中国海关总署：《外贸破万亿"千年商都"跃动新活力》，2022年2月22日。

[2] 国际货币基金组织：《〈世界经济展望〉2022年1月更新：感染病例增加，复苏进程受阻，通货膨胀上升》，国际货币基金组织网站，2022年1月25日。

[3] 国家统计局：《2021年国民经济持续恢复发展预期目标较好完成》，国家统计局网站，2022年1月17日。

[4] 许晓芳：《广州与RCEP国家跨境电商进出口额2021年同比增长近八成！RCEP签订广州跨境电商迎新机遇》，《广州日报》2022年1月12日。

[5] 张琳：《中国外贸超预期增长推进高水平对外开放——2021年中国对外贸易回顾及2022年展望》，《中国航务周刊》2022年第5期。

[6] 孙绮曼、严思蕴：《"触电"外贸新业态，跨境电商赋能经济双循环对接会今日举行》，《羊城晚报》2022年3月4日。

[7] 朱玉赢：《我国数字服务贸易发展对策》，《商业经济研究》2021年第11期。

B.18
2021年广州消费需求特点及2022年展望[*]

广州市统计局[**]

摘　要： 2021年广州市继续有力推进"六稳""六保"工作，疫情防控和经济社会发展成效持续显现，疫情对消费市场的影响不断减弱，消费有效需求加快释放。本文研究发现，在"碳达峰、碳中和"等战略实施推进、国际消费中心城市培育建设、商业进一步数字化创新发展等因素的综合影响下，2021年全市消费品市场总体上复苏提质、健康有序；但住宿餐饮及文旅等产业恢复仍受疫情影响，传统实体零售发展亟待突破升级，网上零售促消费扩张速度减缓等问题依然存在，建议从营造良好消费环境、加大招商引资力度、培育壮大市场主体、创新业态经营模式等方面入手，不断推动消费品市场稳健发展。

关键词： 消费品市场　促消费　广州

2021年是"十四五"规划开局之年，广州市继续有力推进"六稳""六保"工作，疫情防控和经济社会发展成效持续显现，疫情对消费市场的影响不断减弱，消费有效需求加快释放，市场人气稳步回升，消费预期持续向好，消费品市场实现恢复性增长，消费结构进一步优化，国际消费中心城市培育建设不断取得新进展。

---

[*] 本文数据来源说明：广州数据取自广州市统计局，其他城市数据取自相关地市统计部门。
[**] 执笔：周晓雯。审核：黄子晏、黄健芳。黄子晏，广州市统计局贸易外经处处长；黄健芳，广州市统计局贸易外经处副处长；周晓雯，广州市统计局贸易外经处商调队员。

一 2021年广州消费品发展特点

2021年，广州市实现社会消费品零售总额（以下简称社零总额）10122.56亿元，创历史新高，同比增长9.8%，增速比全国（12.5%）、广东省（9.9%）分别低2.7个和0.1个百分点；增速在广东省21个地市中排第9位，高于深圳（9.6%）0.2个百分点；两年同期平均增长2.9%，平均增速比全国（3.9%）低1.0个百分点、比广东省（1.4%）、深圳（1.9%）分别高1.5个和1.0个百分点。

（一）社零总额首次突破万亿元大关

纵观社零总额历史数据，2000年广州市首次迈入1000亿元行列，2013年突破5000亿元大关，2019年踏入9000亿元梯队，随后尽管受到新冠肺炎疫情等因素影响，经济韧性仍然凸显，2021年成为社零总额超万亿元的城市之一（见图1）。社零总额首次突破1万亿元，标志着广州市社会消费品市场规模达到了一个新的高度，是广州市商贸业发展的标志事件之一，具有里程碑的意义，为广州推动"四个出新出彩"再添浓墨重彩的一笔。

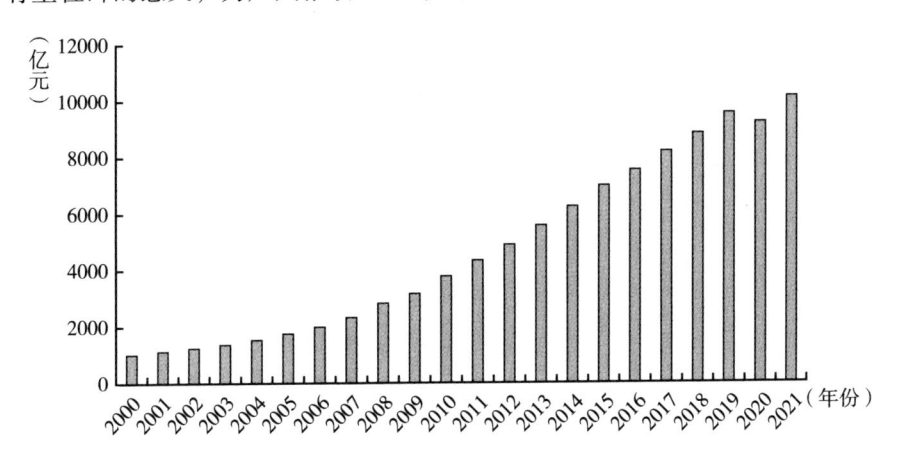

图1 2000~2021年广州市社零总额

（二）消费品市场稳步复苏，恢复进程呈前快后稳

从2021年累计增速看，广州市社零总额在1~2月（33.8%）实现年初"开门红"之后，总体趋势保持恢复但态势放缓的特征，前11个月各月累计增速均保持两位数以上，年末12月累计增速接近两位数。在局部区域疫情发生及基数逐渐提高等因素影响下，广州市社零总额增速呈"前快后稳"趋势，1~2月增速为2021年全年的峰值，随后以月均放缓2.4个百分点左右的增速保持增长，1~12月社零总额同比增长9.8%，比2019年增长6.0%，两年平均增长2.9%。

从当月增速看，由于2020年初疫情突袭而至对消费品市场冲击强烈，2021年消费品市场在疫情防控有序推进的背景下逐步恢复，3月当月同比增长27.8%，为全年最高；6月、12月受局部区域暴发本土新冠肺炎疫情的影响，当月增速分别下降至-1.4%和-3.8%，12月为全年最低，与3月增速相差31.6个百分点（见图2）。

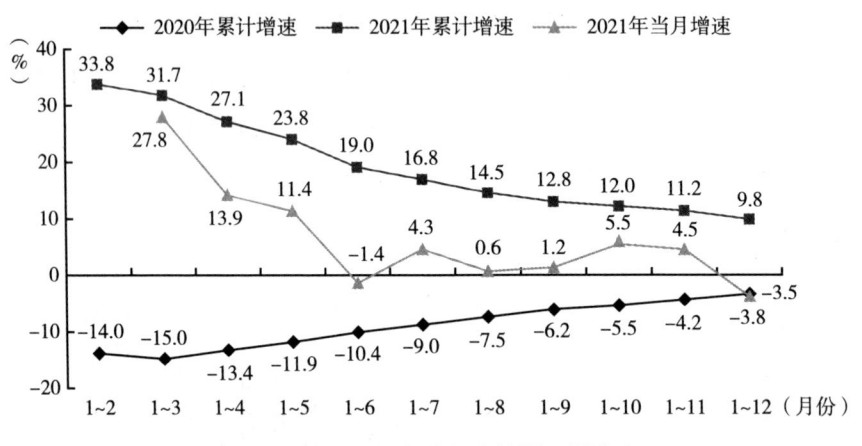

图2 2020~2021年广州市社零总额增速

（三）社零总额继续居全省第1位，增速高于北京、深圳

规模上，2021年广州市社零总额（10122.56亿元）在沪京渝穗深五大城市中居第4位，分别比上海（18079.25亿元）、北京（14867.74亿元）、

重庆（13967.67亿元）少7956.69亿元、4745.18亿元和3845.11亿元。社零总额继续稳居广东省首位，比重占全省的22.9%，比居第2位的深圳（9498.12亿元）多624.44亿元。

增速上，2021年广州市社零总额增速（9.8%）在北京、上海、重庆、广州、深圳五大重点城市中居第3位，低于重庆（18.5%）、上海（13.5%），高于深圳（9.6%）、北京（8.4%）（见表1）。2021年广州市社零总额增速在广东省21个地市中居第9位。

表1 2021年主要城市社零总额

地区	2020年 社零总额（亿元）	2020年 同比增速（%）	2021年 社零总额（亿元）	2021年 同比增速（%）	2021年比2020年增速增减（个百分点）	两年同期平均增速（%）
广州	9218.66	-3.5	10122.56	9.8	13.3	2.9
深圳	8664.83	-5.2	9498.12	9.6	14.8	1.9
北京	13716.40	-8.9	14867.74	8.4	17.3	-0.7
上海	15932.50	0.5	18079.25	13.5	13.0	6.8
重庆	11787.20	1.3	13967.67	18.5	17.2	9.6
全国	391980.60	-3.9	440823.00	12.5	16.4	3.9

二 主要运行特点

（一）批发和零售业复苏更快，住宿和餐饮业仍未恢复到疫情前水平

2021年广州市批发和零售业实现零售额9324.52亿元，占全市社零总额的92.1%，同比增长9.1%，两年同期平均增长3.6%。住宿和餐饮业实现零售额798.04亿元，占全市社零总额的7.9%，同比增长18.5%，两年同期平均下降3.6%，显示住宿和餐饮业仍未恢复到疫情前水平。批发和

零售业总体恢复好于住宿和餐饮业,两年同期平均增速相差7.2个百分点。

受2020年疫情冲击等因素影响,2021年分行业零售额基数逐月升高,批发和零售业、住宿和餐饮业与社零总额发展趋势总体一致,均呈现先高后稳的趋势。与上年恢复情况相比,2021年与2020年的批发和零售业、住宿和餐饮业发展趋势分别形成类似"X轴对称"发展态势(见图3),行业恢复性增长特征明显。

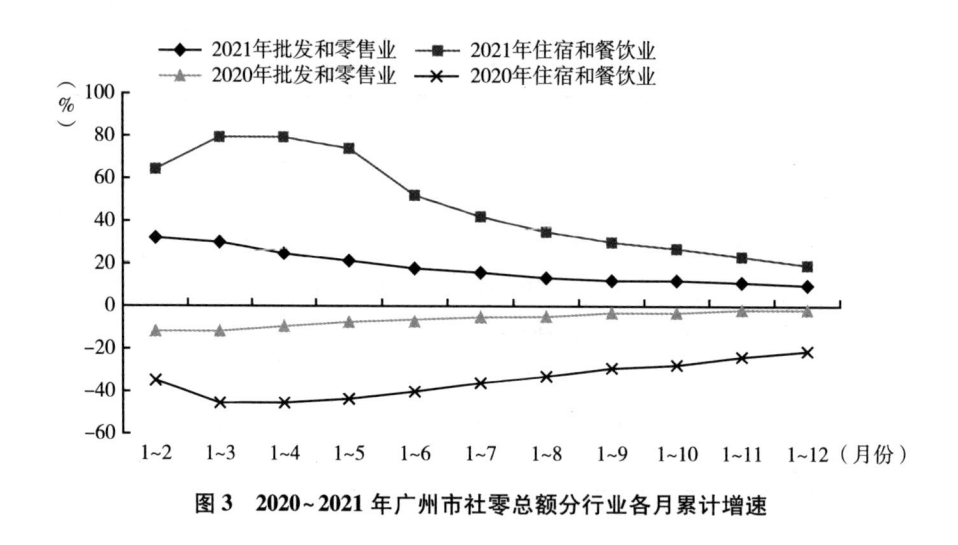

图3 2020~2021年广州市社零总额分行业各月累计增速

(二)数字商业释放消费动力,网络消费规模持续扩大

随着疫情防控常态化,消费者群体已经逐渐形成线上消费习惯,线上消费活跃度较高,2021年以来网络实物商品零售增速保持11%以上,两年同期平均增速保持20%以上。在数字赋能商业的背景下,2021年广州市限额以上批发和零售业通过互联网实现的商品零售额达2209.07亿元,占全市社零总额的21.8%;同比增长12.6%,增速高于全国实物商品网上零售额平均水平0.6个百分点,比2019年同期增长49.2%,两年同期平均增长22.1%,拉动全市社零总额增长2.7个百分点(见图4)。

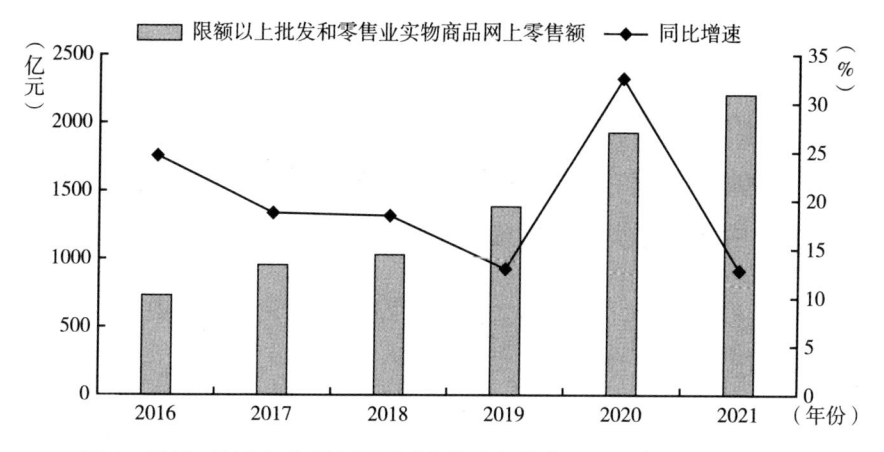

图 4　2016~2021年广州市限额以上批发和零售业实物商品网上零售额

网络订餐助力缓解疫情冲击，堂食外卖并重加快餐饮业复苏步伐。2021年广州市限额以上住宿和餐饮企业通过公共网络实现的餐费收入达66.91亿元，同比增长32.8%，增速比限额以上批发和零售业实物商品网上零售额高20.2个百分点，两年同期平均增长31.2%，拉动全市限额以上住宿和餐饮业餐费收入增长5.7个百分点，餐饮外卖在助力餐饮业复苏方面起到了积极重要作用。

（三）城镇消费存量支撑稳定，乡村消费增量扩充加快

在疫情防控常态化和各种促消费政策的助力下，城乡居民消费意愿稳步恢复增强，城乡消费品市场稳定恢复，城乡消费市场协调发展。2021年广州市实现城镇消费品零售额9794.14亿元，占全市社零总额的96.8%，居于消费市场主导地位，同比增长9.3%，对社零总额增长的贡献率达92.2%，拉动社零总额增长9.0个百分点。

在乡村振兴战略逐步推进及乡村居民收入增长、物流和商业等基础设施不断完善的带动下，乡村消费潜力持续释放。2021年以来农村居民人均可支配收入增速持续高于城镇居民人均可支配收入，2021年广州市农村居民人均可支配收入同比增长10.4%，增速略高于城镇1.5个百分点，农村居民

281

消费能力增强，呈现出农村市场恢复形势好于城镇的态势。2021年广州市实现乡村消费品零售额328.42亿元，同比增长27.5%，增速比城镇消费品零售额快18.2个百分点。

（四）基本生活类商品消费需求"一提高两回落"，消费升级类商品增势良好，中西药品类商品持续快速增长，出行类商品主导作用强

从类值结构看，全市限额以上单位在售的21个商品类别中，有16类商品累计零售实现正增长，5类商品零售额同比下降，商品大类3/4实现增长（见表2）。

表2 2021年广州市限额以上主要商品零售额

主要商品分类	2021年商品零售额（亿元）	同比增速（%）	比2019年增速（%）	2020年同比增速（%）	两年同期的平均增速（%）	拉动2021年全市社零总额增长（个百分点）
粮油食品类	419.53	-9.9	6.9	18.6	3.4	-0.5
饮料类	115.21	40.9	72.7	22.6	31.4	0.4
烟酒类	82.34	3.1	8.7	5.4	4.2	0.0
服装、鞋帽、针纺织品类	379.04	5.1	-3.8	-8.5	-1.9	0.2
化妆品类	220.68	4.8	17.0	11.6	8.1	0.1
金银珠宝类	130.88	24.9	41.1	13.0	18.8	0.3
日用品类	299.56	-5.6	11.5	18.1	5.6	-0.2
体育、娱乐用品类	106.45	54.9	67.4	8.1	29.4	0.4
书报杂志类	34.43	13.4	86.9	64.8	36.7	0.0
家用电器和音像器材类	248.23	-12.2	-2.0	11.6	-1.0	-0.4
中西药品类	407.72	23.9	73.6	40.1	31.8	0.9
文化办公用品类	198.36	27.8	34.6	5.3	16.0	0.5
家具类	28.82	15.4	15.2	-0.2	7.3	0.0
通信器材类	425.21	5.1	18.9	13.1	9.0	0.2
石油及制品类	348.27	30.5	-1.6	-24.6	-0.8	0.9
汽车类	1247.66	11.8	8.0	-3.4	3.9	1.4

1. 居民基本生活类商品消费需求总体较稳定

"吃类"商品贴合市场消费需求。2021年广州限额以上批发和零售业"吃类"商品合计实现零售额617.08亿元，占全市社零总额的6.0%。其中，粮油食品类商品实现零售额419.53亿元，在2021年疫情防控措施得当、民生物资保障有力的情况下，消费需求较上年减弱，同比下降9.9%，两年同期平均增长3.4%。饮料类商品实现零售额115.21亿元，同比增长40.9%。烟酒类商品实现零售额82.34亿元，同比增长3.1%，饮料类、烟酒类商品合计拉动全市社零总额增长0.4%。

"穿类"商品时尚消费热度高。2021年广州市限额以上批发和零售业服装、鞋帽、针纺织品类商品实现零售额379.04亿元，占全市社零总额的3.7%，由上年的负增长转正，同比增长5.1%。在广州着力打造"时尚之都"的契机下，时尚消费热度不减，其中服装类商品零售额同比增长17.1%，拉动全市社零总额增长0.5%。

"用类"商品消费力度减缓。2021年广州市限额以上批发和零售业日用品类商品实现零售额299.56亿元，占全市社零总额的3.0%，同比下降5.6%，两年同期平均增长5.6%。虽然日用品类总体消费力度减缓，但在数字化、智能化生活及时尚消费热度等因素的叠加影响下，可穿戴智能设备类商品零售额实现大幅增长，同比增长83.8%。

2. 消费升级类商品稳中提质

金银珠宝类商品增长提速。2021年广州市限额以上批发和零售业金银珠宝类商品实现零售额130.88亿元，占全市社零总额的1.3%，同比增长24.9%，比2019年同期增长41.1%，拉动全市社零总额增长0.3%。

体育、娱乐用品类商品高速增长。2021年广州市限额以上批发和零售业体育、娱乐用品类商品实现零售额106.45亿元，同比增长54.9%，比2019年同期增长67.4%，占全市社零总额的1.1%，拉动全市社零总额增长0.4%。

文化办公用品类商品畅销。2021年广州市限额以上批发和零售业文化办公用品类商品实现零售额198.36亿元，占全市社零总额的2.0%，同比增长27.8%，比2019年同期增长34.6%，拉动全市社零总额增长0.5%。其中，计算机及其配套产品零售额同比增长51.2%。

化妆品类、通信器材类商品需求稳定。2021年广州市限额以上批发和零售业化妆品类、通信器材类商品分别实现零售额220.68亿元和425.21亿元，合计占全市社零总额的6.4%，同比分别增长4.8%和5.1%，比2019年同期分别增长17.0%和18.9%，合计拉动全市社零总额增长0.3%。

3. 中西药品类商品持续快速增长

防疫宣传不断强化并深入人心，人人筑牢慎终如始做好常态化疫情防控意识，安全和健康消费理念增强，健康消费逐渐折射出一种消费新潮流，居民增加对医药健康方面的消费支出，中西药品类商品的消费快速增长。2021年广州市限额以上批发和零售业中西药品类商品实现零售额407.72亿元，占全市社零总额的4.0%，继2020年高速增长40.1%后，2021年仍保持20%以上增速，为23.9%，拉动全市社零总额增长0.9%。

4. 出行类商品销售主导作用凸显

作为广州市主导产业中的一类，汽车等出行类商品对社会消费品市场的支撑作用较明显。2021年广州市限额以上批发和零售业汽车类、石油及制品类商品分别实现零售额1247.66亿元和348.27亿元，合计占全市社零总额的15.7%，比重较上年同期提高0.8个百分点，同比分别增长11.8%和30.5%，合计拉动全市社会消费品零售总额增长2.3%。

（五）六区社零总额实现两位数以上增长

2021年广州市社零总额超千亿元的天河区（2050.64亿元）、番禺区（1271.06亿元）、黄埔区（1261.83亿元）、越秀区（1253.33亿元）和白云区（1076.40亿元），合计占全市社零总额的68.3%，比重较上年提高0.9个百分点；其中天河区对社零总额增长的贡献占近三成，番禺区、黄埔区、越秀区和白云区合计对社零总额增长的贡献率为47.2%。从各区增长情况看，南沙区、天河区、黄埔区、荔湾区、番禺区和花都区6个区均实现两位数增长，同比分别增长28.2%、15.1%、14.5%、14.3%、10.9%和

10.7%，均高于全市社零总额平均水平；从化区、海珠区受苏宁等区内重点企业业务萎缩影响，同比分别下降11.7%和1.6%；其余3个区实现个位数增长。

从各区社会消费品市场恢复情况看，2021年花都区、黄埔区、南沙区、增城区、荔湾区、天河区和番禺区均实现恢复性增长，其中前6个区恢复情况均好于全市平均水平。平均增速达两位数以上的区包括从化区、花都区、黄埔区，两年同期平均分别增长17.7%、16.3%和12.5%；海珠区、白云区和越秀区平均增速仍未转正，两年同期平均分别下降5.8%、1.6%和1.3%（见表3）。

表3 2021年广州市各区社零总额

地区	社零总额（亿元）	同比增速（%）	占比（%）	贡献率（%）	增速比2020年增减（个百分点）	两年同期平均增速（%）
全市	10122.56	9.8	100.0	100.0	13.3	2.9
荔湾区	644.01	14.3	6.4	8.9	20.8	3.4
越秀区	1253.33	8.1	12.4	10.4	17.9	-1.3
海珠区	974.30	-1.6	9.6	-1.8	8.3	-5.8
天河区	2050.64	15.1	20.3	29.8	22.5	3.2
白云区	1076.40	4.6	10.6	5.3	12.0	-1.6
黄埔区	1261.83	14.5	12.5	17.7	4.0	12.5
番禺区	1271.06	10.9	12.6	13.8	18.9	1.0
花都区	713.83	10.7	7.0	7.6	-11.5	16.3
南沙区	265.71	28.2	2.6	6.5	37.2	8.0
从化区	166.83	-11.7	1.6	-2.4	-68.7	17.7
增城区	444.62	9.4	4.4	4.2	10.3	4.1

三 广州消费品市场发展动力分析

受新冠肺炎疫情等因素影响，批发零售、住宿餐饮等行业发展受到不同程度的冲击，消费品市场在挫折中谋变革、在恢复中寻突破，紧抓市场变化和各项政策措施带来的机遇，夯实消费基础，助力消费品市场稳健恢复，加快形成新的消费热点，为激发消费活力、推动消费升级提供强大的动力支撑。

（一）"碳达峰、碳中和"簇生新增长点

为了如期实现2030年前碳达峰、2060年前碳中和的目标，2021年10月中共中央、国务院印发了《关于完整准确全面贯彻新发展理念做好碳达峰碳中和工作的意见》，提出了具体的目标和措施。在全社会积极落实"碳达峰、碳中和"进程中，"买买买"被赋予了经营、消费低碳化的新要求，个人消费模式的改变将直接或间接影响供应端，商贸领域将全面开启绿色转型，新能源、循环经济等相关终端消费迎来巨大机遇，新增长点逐步形成。助力"碳达峰、碳中和"目标达成带动新能源汽车销量增长，2021年广州市限额以上批发和零售业新能源汽车商品实现零售额223.88亿元，同比增长1.3倍。

（二）国际消费中心城市培育建设开创消费新蓝海

2021年7月，广州获批成为率先开展国际消费中心城市培育建设的五个城市之一，与上海、北京、天津、重庆同时榜上有名。广州立足自身优势，凭借成熟的商贸体系、高水平的对外开放、通达四方的枢纽建设，出台一系列政策措施全力打造一流的国际消费中心城市。通过各种途径读懂居民消费行为，把握消费趋势，再次加深消费从注重量的满足转向追求质的提升，品质消费、智能消费、绿色消费等消费需求凸显，不断优化升级消费品市场结构，满足市民群众对美好生活的需要，点燃促消费、扩内需的新引擎。2021年广州市社零总额规模进入万亿元赛道，社会消费品市场规模是2011年的2.3倍、是2001年的8.5倍；全市社零总额增速比"十三五"平均增长水平高4.1个百分点。

（三）新型消费继续扩围筑基

电商和新业态、新场景、新产品、新品牌等创新潮涌动不息，新型消费蓬勃发展。疫情防控常态化、新业态业务模式及结构持续优化、消费内容品质持续提升等因素加固了人们线上消费习惯，网络消费群体不断扩大；同时随着互联网技术的进步和网络覆盖范围的扩大，以互联网、大数据、人工智能等数字技术为支撑的新消费提质扩容，消费场景不断延伸，消费类型及产品日趋丰富，新型消费动能持续释放。2021年广州市限额以上批发和零售业实物商品网上零售额占全市社零总额的比重为21.8%，比2020年提高0.8个百分点，比2019年提高7.9个百分点。

（四）商贸业市场主体发展活力激发

随着"放管服"改革持续深化、各项优化营商环境及培育措施落实落细，助企纾困与激发活力并举，市场主体恢复壮大，进一步激发市场活力和社会创造力。市场监管部门数据显示，截至2021年底广州市各行业市场主体（不含农民专业合作社）分布中，批发和零售业实有登记150.61万户，占全市实有登记的49.6%，同比增长10.3%，其中1~12月新登记29.74万户，占全市新登记的46.2%，同比增长3.1%。住宿和餐饮业实有登记21.83万户，占比7.2%，同比增长8.2%，其中新登记3.82万户，占比6.0%，同比增长0.03%。

四 广州消费品市场发展的主要问题

（一）疫情反复影响住宿餐饮、文旅等产业全面恢复

受国内多地疫情反复等影响，广州毫不放松推进常态化疫情防控，居民消费预期、消费意愿发生一定程度改变，各类聚集型消费、文旅消费受到明显影响。一是消费者外出就餐消费心理、外出就餐习惯更趋于安全、健康、

绿色消费；二是根据疫情防控要求，各个经营单位要落实好各项防控措施，对经营场所、经营模式、应急方案等有所要求，各种聚会围餐、体育赛事、演唱会以及各类节庆活动、会议展览等聚集性活动有所减少。2021年广州市住宿和餐饮业零售额同比增长18.5%，比2019年下降7.1%，仍未恢复到2019年同期水平，平均增速低于批发和零售业零售额（3.6%）7.2个百分点，恢复进度较缓慢。

（二）传统实体零售业发展亟待突破升级

随着线上消费群体的迅速扩张、数字经济的日益发展、线下消费场景日趋丰富且多样化，传统实体零售业面临更加激烈的竞争，竞争对象不仅限于行业内的，还有更多跨行业的业态分流消费群体，消费者消费途径选择多元化。叠加经营成本上涨、疫情影响仍持续等因素制约，实体零售业发展承压较大。2021年末广州王府井百货、摩登百货海购店、东山百货花地湾店等知名百货店相继歇业。2021年限额以上零售业（法人）有店铺零售业态两年同期平均下降2.3%，其中大型超市、专业店、百货店两年同期分别平均下降9.7%、7.8%和7.5%，仍未恢复到2019年状态。

（三）网上零售促消费扩张速度减缓

新消费模式创新发展还有待加强，电商新业态促消费作用有待进一步增强。一是现阶段各大型网络平台发展进入相对稳定期，无人零售、智慧消费、共享消费、信息消费、体验式消费等方兴未艾，平台业务受到一定分流；二是2020年为应对新冠肺炎疫情，企业积极开拓线上"无接触服务"，网上消费大幅提升，带来较高基数，影响增长速度；三是受本市电商重点企业业务调整等因素影响，电商新业态整体拉动作用有所减弱。2021年广州市限额以上批发零售业实物商品网上零售额增速（12.6%）比上年（32.5%）回落19.9个百分点、比2019年（12.9%）低0.3个百分点，对全市社零总额拉动力比上年同期减弱2.3%。

（四）与传统能源密切相关商品消费减少

在各方力量加大强度助力碳达峰碳中和，鼓励绿色低碳经营与消费的背景下，2021年石油及制品类传统行业虽然在低基数和商品价格总体回升等多重因素影响下得以实现较快增长，零售额同比增长30.5%，但疫情下出行受各项规定和顾虑、消费观念制约，整体发展仍未恢复到2019年的消费水平，比2019年同期小幅下降1.6%，两年同期平均下降0.8%。2021年成品油价格呈上涨态势，92号、95号汽油价格同比上涨两成左右，因此石油及制品类零售量增幅在10%左右。与之密切相关的出行类商品中，新能源汽车类商品增长势头远高于其他汽车类商品，两者增速差距超过125个百分点，目前城市汽车保有量较高，汽车消费更多以置换为主，汽车消费推动成品油消费的力度在一定程度上有所削弱。

（五）家装类商品迭代减速

家电类、五金电料等家装类商品受更新换代频率影响较为明显，2021年广州市限额以上批发和零售业家用电器和音像器材类商品实现零售额248.23亿元，占全市社零总额的2.5%，同比下降12.2%，增速比全市社零总额平均水平低22.0个百分点，两年同期平均下降1.0%，拉低全市社零总额0.4%。五金电料类商品实现零售额11.20亿元，同比下降15.1%，降幅比上年同期扩大13.0个百分点，两年同期平均下降8.8%。

五　对策建议

（一）拓宽就业增收渠道，提升城乡居民消费能力

居民就业增收是最看得见摸得着的民生实事，围绕增进民生福祉，做好保障和改善民生工作，通过拓宽就业增收渠道，提振消费信心，改善社会消费预期，逐步提升、巩固居民消费能力和消费意愿。一方面，从人民群众最

关心最直接最现实的利益问题入手，统筹做好就业、教育、医疗、养老保障等民生工作，增强人民群众的获得感、幸福感和安全感，有效应对疫情等因素带来的负面影响，及时把握群众需求，充分发挥制度优势，精准聚焦、精准施策，健全多层次社会保障体系助增收。另一方面，以实现更加充分更高质量就业为主要目标，深入实施就业优先战略，落实好一系列聚焦稳岗位、促就业的政策，通过"粤菜师傅""广东技工""南粤家政"等工程，"岗位供给扩大行动""市场就业拓展行动"等行动，实施就业帮扶、创业支持，开辟全方位创业就业渠道助增收。

（二）营造良好消费环境，打造本土文化消费特色

瞄准培育建设国际消费中心城市目标，聚焦"国际""消费""中心"三大核心，深入实施"尚品""提质""强能""美誉""通达"五大工程，构建共建共享体系，完善政策制度，优化核心商圈的发展环境。从城市规划、基础设施建设、商业街区保护、舆论宣传等方面统筹，营造特色商业圈、以文化赋能旅游及新消费产业，助推商圈和商贸企业转型升级，加快"5+2+4"的国际知名商圈体系构建。围绕"吃住行游购娱"，进一步完善相关配套设施；用好广州人的"百货情结"，打造全新零售概念高端百货；支持"广州酒家"等老字号守正创新，"走出去"打开全国市场；发掘培育"永庆坊"等网红打卡地，加速文旅融合发展；举办广府文化消费节庆活动，吸引消费者在穗消费。加快推动商圈布局定位，实现从"单核"到"多核"的升级，加大不同产业融合发展力度，形成叠加效应式的消费合力，促进消费市场多样化和特色化发展。

（三）加大招商引资力度，增强重点领域消费动力

借助大湾区建设、国际消费中心城市培育建设等契机，提升全球招商影响力，积极引进竞争力强、关联度高、成长性好的产业链引擎项目。通过精心筹备一系列精准招商对接活动，以企业发展诉求及市场为抓手，吸引国内外高端优质资源在广州设立总部、区域总部和研发中心、采购中心等，不断

优化和提升本地总部经济发展的总体环境和发展能力。在重点支持新一代信息技术、新能源汽车与智能网联汽车、智能装备和高端装备、生物医药、新能源和新材料等产业发展的大背景下，围绕新能源汽车、电商新业态、供应链等重点行业龙头企业，以重点项目的引进和配套为重点，开展全方位招商和服务工作，吸引更多的头部企业入驻，形成优势产业集聚区，带动产业园区优化升级，在现有基础上不断延伸产业链，扩大产业规模，增强链群发展合力和整体竞争力，增强行业的区域竞争力，拉动本地消费增长。

（四）培育壮大市场主体，浇筑行业增长消费基础

深入推进"放管服"改革，打造市场化、法治化、国际化营商环境，打造公平竞争的市场、政策、法治环境，使准入更便捷、监管更有效、服务更高效，充分激发市场主体活力和内生动力。推动有效市场和有为政府有机结合，既要坚持以市场主体需求为导向，充分发挥市场配置资源的决定性作用，又要发挥好政府优化整合各类资源、制定市场规则、维护市场秩序、提供公共服务等的作用。通过实行分级分类培育引导、提供高效便捷的准入服务、加大对转型企业支持力度等，积极推进"个转企"。完善中小微企业梯度培育体系，加快研究制定相应培育激励政策，加大对"准四上"贸易企业政策扶持和针对性培育力度，充分挖掘限额以上企业"小升规"新增量。支持行业龙头企业做大做强，提升核心竞争力和带动力，搭建企业协作平台，强化大中小微企业协作配套，巩固和提升供应链、产业链的韧性，为消费市场加快恢复激发活力、增添动力。

（五）创新业态经营模式，拓展全域多层消费空间

新型消费打破传统的业态边界与品类组合逻辑，消费者追求满足沉浸式、体验式消费需求，也对消费便捷等方面提出多元化、个性化的需求。持续推进健全完善区域级商业中心、地区级商业中心、社区级商业中心等多级消费场景。一方面，根据顾客消费层次、购买能力和需求特征等，找准定位，因地制宜，分类推进，推动全市商业综合体持续健康发展，构建商圈消

费新地标。优化升级正佳广场等存量综合体，加快广州北站免税综合体等建成开业。另一方面，鼓励商业与物业、消费与生活、居家与社区等场景融合，实现业态多元化、集聚化、智慧化发展。通过互联网新零售、打通"最后一公里"、丰富和细化配套业态的种类等措施，因地制宜发展品质提升类业态，提升社区商业的综合生活服务功能。通过合理规划布局，推动社区商业建成以满足和促进居民综合消费为目标的属地型商业，拓展零售业态创新的新空间。

（六）力挺住宿和餐饮市场，重燃食在广州消费引擎

聚焦"企有所呼政有所应"，推进落实好《广州市促进住宿餐饮业发展的若干措施》等政策措施，从激发市场活力、优化政务服务、加大扶持力度等方面实施13条措施，促进住宿餐饮业发展。千年羊城饮食文化源远流长，"食在广州"扬名海内外，持续擦亮"中华美食之都""国际美食之都"双称号的城市名片，引导本地住宿和餐饮企业开发特色住宿和餐饮产品。鼓励企业加速向数字化、零售化方向变革转型，扩展品牌规模布局，通过多元业态创新产品组合、跨界合作新模式助推广州住宿和餐饮市场复苏。大力推广宣传本土早茶文化、夜宵文化等，增强"文化+饮食+消费"融合，打造区域美食圈以及美食标杆，在原有国际美食节的基础上，适时多次举办专项、专题及综合性美食活动，讲好广州美食故事，点燃本土城市烟火，让消费引擎提速转动。

B.19
2021年广州会展业发展特点及2022年展望

李建党[*]

摘　要： 会展业是现代服务业的重要组成部分，是产业链、供应链中的枢纽节点，链接生产与消费、供给与需求、国际与国内，是构建新发展格局的重要平台和重要环节，在国民经济中具有重要的基础性、战略性作用。作为国际重要会展中心城市，2021年，广州面对复杂严峻的疫情形势，统筹抓好疫情防控和会展业发展工作，着力优化会展营商环境，推进会展业品牌化、数字化发展，服务全市经济社会发展大局，展现了较强的发展韧性和活力。本文总结回顾了2021年广州会展业的发展现状、特点，归纳了新形势下会展业发展的新特点，并对2022年发展趋势进行了展望，提出加快实现会展业高质量发展的对策建议。

关键词： 会展业　国际会展之都　疫情防控　广州

一　2021年广州市会展业发展现状与特点

2021年是我国实施"十四五"规划和2035年远景目标的开局之年，也是新冠肺炎疫情发生后经济发展的关键之年。面对疫情带来的严峻挑战，广州立足新发展阶段，贯彻新发展理念，构建新发展格局，创新工作机制，统

---

[*] 李建党，广州市商务局会展促进处四级调研员。

筹疫情防控和会展业发展，加快推进会展服务创新、管理创新、业态模式创新，加快推进会展场馆建设，完善会展业促进体系，优化会展业公共服务，引导会展业加快创新步伐和联通双循环转型，不断提升专业化、品牌化和数字化水平，推动会展业高质量发展。

（一）展览活动疫情防控精准高效

第一，首创联席会议评估展览活动机制。通过广州市会展业改革发展工作联席会议机制，对每个展览活动的举办必要性、疫情防控措施、举办条件进展评估。明确举办展览活动的标准和条件，稳定办展预期。第二，坚持动态调整疫情防控措施。2021年7月和11月，针对新冠肺炎疫情防控需要和国内外复杂多变的疫情形势，广州先后出台《广州市展览活动新冠肺炎疫情常态化防控操作指引》（第二版）（第三版），进一步明确人员管理、防疫物资配备、展会主体责任、疫苗接种、核酸检测、应急处理流程等关键信息，增强展会防疫流程的针对性和可操作性。2021年12月，出台《关于进一步强化近期展览活动疫情防控的紧急通知》，要求强化展前排查、严格检验防疫行程卡、凭48小时核酸检测阴性证明参展等，提档升级防控措施。第三，完善联防联控机制。建立"主办方/承办方+场馆方+参展商+搭建商"的疫情联防联控机制，压实各方疫情防控责任和具体要求。建立现场督导检查机制，市商务局、公安局、卫生健康委、市场监管局和属地区政府组成联合督导检查组，进驻各展馆全程现场值守，检查督促落实疫情防控措施。全年投入展会督导1500多人次，覆盖布展、展中、撤展全过程，全力服务保障各展会顺利举办，成为国内各个城市复展的"广州样板"。

（二）会展发展服务保障体系更加完善

2021年5月，出台《广州市关于促进会展业高质量发展的若干措施（暂行）》，提出优化会展场馆功能和布局、集聚优质会展企业和项目、支持会展品牌化数字化国际化发展、引进和培育会展专业人才、优化会展公共服务5个方面20条扶持措施。将会展业纳入《关于积极应对新冠肺炎疫情影响着力为企业纾困减负担若干措施》（穗府规〔2021〕3号）补助范围，给予受本地疫情影响的23家企业24个展会活动经费补助。制定《广州市现代会展产业链高质量发展三年行动计划（2021~2023年）》及产业链图谱，从会展产业的优化升级、基础再造、创新发展和经济拉动等方面提出工作任务及主要措施，推动会展业作为实体产业链、供应链的枢纽节点，与各产业、各行业深度融合，深度链接供给与需求、生产与消费、国际与国内。指导成立广州国际会议展览业协会和广州市华商会展研究院，发挥行业协会和科研机构在会展企业服务和会展业发展促进方面的作用。协调推进广交会展馆四期项目建设，全力打造全球最大会展场馆。推进空港国际会展中心项目一期建设，优化会展场馆空间布局。推动灵感创新展馆、富力环球时尚博览中心投入运营，新增室内展览面积超4万平方米。组织主流媒体宣传报道美博会、定制家居展、华南口腔展、建博会、茶博会、烘焙展、设计周等知名展会，发布新闻报道超50篇，扩大广州市品牌展会影响力。协调推进琶洲物流轮换区项目、琶洲西区地下空间项目建设，优化琶洲地区综合交通网络规划建设，完善琶洲会展核心区配套设施。

（三）展览业规模居全国第2位

2021年，尽管受年初北京疫情、5月广州疫情、7月和8月南京和郑州疫情、10月波及全国20个省的疫情等影响，广州市会展业经历了4次暂停，部分展会被迫延期或取消，在各方的共同努力和守护下，广州展览业迅速恢复，显示了强大韧性。2021年，全市重点场馆举办展览388场次，同比下降29.7%，展览面积683.81万平方米，同比增长57.2%。其中，各专业展馆举办的经贸类展览209场次，同比增长43.2%，展览面积666.92万平方米，同比增长60.3%。接待参展观展人数648.43万人次，同比增长32.9%。场次和面积均居全国第2位（上海同期542场次、面积1086.02万平方米；深圳105场次、面积513万平方米）。展览活动的恢复推动人流、物流、资金流、信息流快速集聚。据估算，全年展览带动服人员就业约70万人次，参展参会人员在穗花费超200亿元，拉动全市酒店入住率达80%以上，为疫情下广州市经济稳步发展提供了强劲的内生动力。

（四）会议呈高端化趋势

2021年，全市重点场馆接待会议合计6492场，同比增长7.0%；参会人员合计75.47万人次，与上年持平。其中，接待100人以上跨市会议场次1537场，同比增长1.7%；参会人员达48.71万人次，同比下降6.2%。全年举办多场层次高、影响力大的会议，第130届广交会暨珠江国际贸易论坛开幕式于10月14日举行。习近平主席向广交会致贺信，国务院总理李克强出席开幕式并发表主旨演讲，秘鲁总统，俄罗斯、匈牙利、马来西亚、科特迪瓦四国总理，以及联合国贸易和发展会议秘书长格林斯潘以视频方式致辞，国务院副总理胡春华，广东省委书记李希，国务委员兼国务院秘书长肖捷，香港特首林郑月娥，澳门特首贺一诚，国家有关部委、省区市领导同志，驻华使节，驻穗总领馆代表，境外工商机构代表等约600人线下出席，100多位有关国家和地区部长级官员、国际组织和跨国公司负责人等线上出席。12月1~4日，2021年"读懂中国"国际会议（广州）举行，这是该会议第三次在广州举办。12月2日，国家主席习近平在北京向2021年"读懂中国"国际会议（广州）开幕式发表视频致辞。2021年12月5日，"2021从都国际论坛"在广州从都国际会议中心开幕，国家主席习近平在北京向"2021从都国际论坛"开幕式发表视频致辞，国家副主席王岐山出席开幕式并致辞。12月11日，2021年大湾区科学论坛在广州举行，广东省委书记李希出席开幕式，宣读习近平主席贺信，来自全球各地超过100位院士专家齐聚线上线下，共同探讨生命科学、纳米科学、网络通信等科学前沿热点。2021年，广州还先后举办粤港澳生物医药和生物医学工程产业大会、2021CNBC全球科技大会、世界经济论坛中国未来汽车与交通出行大会等专业会议，助力生物医药、科技创新、未来出行等前沿产业打造发展高地。

（五）品牌展会能级提升

2021年，广州市大型品牌展会发展势头良好，品牌展会能级得到进一步提升。全年面积10万平方米以上展览达13场，比上年增长62.5%。家博会（52.6万平方米）、建博会（40.3万平方米）、第130届广交会（40万平方米）成为全球最大规模展会。春秋两届美博会、照明展、灯光音响展、酒店用品展、茶博会规模居全球同行业展会首位。其中，广州国际设计周规模连续两年逆势增长20%，展览面积从7万平方米扩大至13万平方米。全市33个展览项目被认定为省会展项目百强（全省65个）。

（六）新落户展览数量创新高

广州市通过精准防疫，全力为企业创造稳定、可预期的办展环境，赢得业界一致好评，吸引了来自北京、上海、福建、湖北、江苏等地的35家外地企业到广州市办展。全年新办展达33场，比上年增加83%，创近年新高。中国会展经济研究会发布的《2021年中国城市会展业竞争力指数报告》，评定广州在中国城市（副省级）的会展业竞争力排名第一。

（七）展览题材结构逐步优化

各专业展馆举办的经贸类展览209场次中，装备展、技术展、工业设备展等各种工业题材展21场，比上年增加7场，占比10%，比上年提高1.36个百分点；新一代信息技术、人工智能、生物医药、新能源、新材料等战略性新兴产业题材展26场，比上年增加5场，占比12.4%，占比与上年持平；包括各类动漫展、设计周、城市公共艺术展在内的文化创意类展会发展迅速，合计24场，比上年增加9场，占比11.5%，比上年提高2.36个百分点；消费品类展览106场，占比50.7%，聚焦汽车消费、文化创意、动漫游戏、未来生活方式、国货潮、健康医疗、养老服务等新消费产品；其他类型展会合计32场，占比15.3%。

（八）展览业数字化发展趋势明显

第127~129届广交会连续三届线上举办。第130届广交会首次线上线下融合举办，开启了双线办展的新模式、新常态、大场景，线上约2.6万家中外企业参展，累计上传展品287.39万件，比上届增加11.36万件，线上平台累计访问量3273万次，为推动贸易高质量发展、促进全球经济贸易复苏、服务构建新发展格局做出了积极贡献。中国（广州）国际家具博览会从2020年开始，采用双线会展模式，推动传统会展业更数字化、智慧化地创新发展。第47届中国（广州）国际家具博览会期间，"云看家博会"通过"设交圈"直播间、主见"企业直播"、现场直击"直播逛展"等栏目，全网播放量近760万，小程序访问量236万以上，展会期间超60家展商直播，与60多万人次经销商线上链接。锦汉家居礼品展在网站、App同步搭建了线上展平台，2020~2021年线上已成功举办4届，为参展商、全球采购商提供全天候网上推介、供采对接、在线洽谈、信息交流等功能，帮助企业全面打开线上获客渠道，获取全球订单。第58届中国（广州）国际美博会暨阿里巴巴1688源头新厂货节开创"双场景融合、全渠道并联"链接线上与线下，参展买家可通过专区直播对话千家源头企业，实时看厂、洽谈商贸、线上下单。广东鸿威国际会展集团自主研发了数字化精准获客平台"云展动力"系统，通过实景三维、数字创意、精准大数据库与实体经济的深入融合，实现获客、留存、转化、客户管理的数字营销闭环，更好地帮助企业解决营销及获客难题。2021年，云展动力平台共举办线上展会438场，展会覆盖超过932个垂直细分行业，吸引220多个国家和地区的采购商在线观展洽谈。2021广东21世纪海上丝绸之路国际博览会"外贸基地"展区开启"双线会展"新模式，36家外贸基地、419家企业、2526件展品参展，线上询盘量298173份邮件，线上意向订单12764单，线上观展累计61.42万人次，线下精准采购对接海外采购商1800多人，意向成交达25.667亿元。

二 2022年广州会展业面临的挑战和发展机遇

2022年，新冠肺炎疫情进入第三个年头，疫情发展对会展业的影响日益深入，给会展业发展带来极大的困难和挑战。一是企业经营风险增多，疫情造成的不确定性依然是会展业面对的最大挑战。因疫情防控需要，2022年3月11日正在举办的美博会、门窗展等4个展览活动被迫中止，多个会展活动被迫延期。受疫情形势影响，第131届广交会再次仅在线上举办。二是整体规模萎缩。疫情常态化防控阶段，全市会展业虽然表现较强的韧性和活力，但展商和观众的参展意愿都受到明显影响，企业招展招商难度加大，超八成展会规模缩减，整体规模尚未恢复到疫情前水平。第130届广交会虽然恢复线下举办，但规模仅为正常时期的1/3。2021年全市重点场馆展览面积683.81万平方米，比上年增长57.2%，规模不足2019年的七成；接待参展观展人数648.43万人次，比上年增长32.9%，规模不足2019年的四成。据组展企业反映，受疫情影响，企业参展信心不足，参展意愿下降，2022年招展招商难度较去年增大。三是国际化步伐受阻。疫情以来，会展企业已全部中止境外办展计划。建博会、家博会、美博会、车展、照明展、名酒展等众多已经在国际化方面迈出坚实步伐的知名展会，全面转为国内展。预计2022年，疫情依然是会展业国际化发展的桎梏。四是距高质量发展尚有较大差距。虽然广州市会展业综合实力和软硬件在国内数一数二，但离建成国际会展之都还有一定距离，国际化优质展会较少、龙头企业作用发挥不够突出、消费类展会占比过半、品牌展会辨识度不够高等问题依然存在。尽管会展业为应对疫情挑战积极探索数字化发展道路，但线上展会平台开发成本较大，平台宣传推广费用较高，宣传推广技术手段单一，成果转化率较低。

2022年，党的二十大即将召开，中央经济工作会议要求，2022年经济工作要稳字当头，稳中求进，广州会展业也面临良好的形势和发展机遇。一是畅通国内大循环增加了新需求。中央经济工作会议要求，要深化供给侧结构性改革，重在畅通国内大循环，重在突破供给约束堵点，重在打通生产、分配、流通、消费各环节。这必然为会展业发展带来新的需求和机遇。二是建设全国统一大市场迎来了新契机。《中共中央国务院关于加快建设全国统一大市场的意见》4月10日发布。构建新发展格局，必然要以全国统一大市场为基础。会展业对于促进国内市场高效联通，形成供需互促、产销并进的良性互动，扩大市场规模容量，发挥市场促进竞争、深化分工的优势，进而形成强大的国内市场，具有天然的不可替代的作用。三是疫情催生的各种新业态、新商业模式、新消费方式为会展业发展注入新内容。跨境电商、直播电商、社交电商等，仍将会在今后一段时间内与会展更紧密地融合。智能化、"无接触"的消费方式和新商业模式将为智能汽车、消费电子、时尚潮流、定制家居等题材展会带来更好的发展机会。四是数字经济为会展业发展注入新动力。数字经济在生产生活各个领域全面渗透，大数据、云计算、物联网等新的配套技术和生产方式开始得到大规模应用。数字经济的发展为加快会展业服务创新、管理创新、题材业态模式创新，注入了新动能，拓展了新空间，提供了新支撑。会展业要把握新的历史契机，以信息化培育新动能，用新动能推动新发展，做大做强数字会展。

三 2022年广州会展业高质量发展的对策建议

（一）优化提升品牌会展

一是提升广交会影响力辐射面。落实《关于进一步支持中国进出口商品交易会提升影响力辐射面的通知》，从规划扩建、合作共建、要素供给、功能配套、宣传推广、环境优化等方面加大对广交会的支持力度。支持广交会举办高端国际经贸论坛，打造国际经贸高层次对话交流平台。支持广交会创新发展，联通国内国际双循环，实现线上线下融合。二是优化提升大型品牌展会。研究制定广州市品牌展会认定办法，对品牌展会予以重点扶持和服务。支持中国建博会（广州）、中国家博会（广州）、美博会、国际汽车展、照明展、金融博览会、广州博览会等覆盖行业全产业链的大型、超大型或品牌展会发挥行业"风向标"作用，吸引国际行业头部企业参展，提高展商和观众国际化水平，培育高端行业发展论坛，强化新品首发功能，丰富产品设计元素，提升金融服务实体经济能力，引领消费和产业升级，形成买全球、卖全球的开放平台，不断提升品牌知名度、美誉度。三是培育行业领先展会。梳理各行业门类展会，在更多行业门类、细分行业领域培育在全球、全国范围内的"单打冠军"或走在前列的行业领先展会。鼓励行业组织特别是龙头企业带动的行业组织，与专业展览机构合作办展办会，实现行业资源与专业会展运作资源的优势互补，共同培育、打造行业领先展会。探索设立会展产业扶持基金，支持优质中小会展项目做大做强做优。

（二）培育壮大市场主体

支持中国对外贸易中心、广州国际会议展览业协会等"链主"积极发挥产业链带动作用，整合行业资源，协力强化现代会展产业链。引导广州市有实力的会展企业在国内重点城市和境外布局会展项目，收购、兼并、联合、参股、控股境内外会展机构和项目。支持岭南集团、城投集团等市属国有企业做大做强会展业务板块，融合会议、旅游和展览等资源，在会展场馆投资建设和运营管理、承办重大会展活动等方面发挥重要作用。支持民营会展企业做强做优会展项目，培育民营领军企业。

（三）强化优质项目集聚

强化优质会展项目集聚，鼓励跨国会展企业、国家商协会、中央企业、国内大型会展企业在广州拓展更多会展项目，鼓励更多国内大型巡回展固定在广州举办。深化与国际知名会展行业组织、跨国会展企业的合作，鼓励其在广州设立地区总部、分支机构和法人企业。鼓励新兴会展场馆承接更多论坛、会议、展览、时尚、设计、创新展示活动，逐步拓展自办会展项目。根据全市产业发展需求、会展题材结构特点，有针对性地发动工业、科技等领域优质会展项目到广州举办，充实完善、优化提升广州会展项目结构。规范装搭服务行业发展，提升装搭服务质量，支持标准化建设和绿色展装项目，鼓励装搭服务等会展配套服务企业做大做强，提高专业化服务能力。

（四）推进会展创新发展

一是打造"绿色会展"。围绕国家双碳目标，推广应用国家推荐性绿色会展标准。通过"减少用量、重复利用、循环再生、合理替代"等方式，采用国际新技术、可循环使用的新材料，构建绿色环保会展工程系统，打造绿色低碳生态示范会展。二是打造"智慧会展"。鼓励会展场馆和会展企业充分应用人工智能、5G、区块链、大数据、云计算等技术，开发数字展览应用场景，提高展览业数字化水平。三是鼓励"创意会展"发展。鼓励会展业与文化创意产业融合，利用视觉艺术、表演艺术、环境艺术、工艺与设计、广告装潢设计、广播影视、音像、传媒、软件和计算机服务等方面的创意，提升展会创造力和展览展示效果。

（五）促进会展业与实体产业联动

推动会展招商长期化常态化。结合广州市人工智能与数字经济、生物医药、轨道交通、新能源与智能汽车、智能装备与机器人、新能源与节能环保、新材料与精细化工等重点产业招商需求，在工业自动化技术及装备展、环保产业博览会、物流装备展览会、医药设备交易会、超高清视频产业发展大会、国际车展等相关专业展会举办期间，有针对性地开展招商工作，捕捉产业项目投资信息和线索。积极组织重点会展项目的重点企业参观考察各区产业基地、园区，开展商务交流与洽谈。

促进展会与文商旅融合。结合国际消费中心城市建设，以展促贸，展贸联动，做大做强汽车、家具、建材、家电、餐饮等传统消费型展会，培育动漫、手游、潮玩、艺术、智能产品、定制服务等文化、服务、科技领域新型消费类展会。充分发挥会展平台为产业、为消费引流作用，汇聚国际、国内高端商务人士，推动展会与产业园区、专业市场、重点商圈、餐饮集聚区、文化场所、旅游景点等对接，带动产业投资和高端消费。以行业协会、会展产业联盟为主体，深化展会与金融、税务、保险、法律、交通、电信、产品设计、营销服务等商业服务业的联动，形成良性互促。

（六）规范会展业市场秩序

建立覆盖展览场馆、办展机构和参展企业的展览业信用体系，建立和完善信用档案和违法违规单位信息披露制度，推动部门间监管信息的共享和公开，完善会展市场的监督管理体系。强化会展主办单位知识产权保护的主体责任，推动符合条件的会展纳入知名商标保护名录，支持和鼓励展览企业开发利用展览会名称、标志、商誉等无形资产，提升对会展知识产权的创造、运用和保护水平。强化会展举办期间举报投诉和维权援助工作，完善展品知识产权侵权追溯和举报投诉受理处置机制。加大对虚假广告、消费欺诈、不正当竞争等违法行为查处力度。进一步规范广州市党政机关境内举办展会活动行为。

（七）优化提升会展公共服务

动态研判国内外疫情形势，及时调整会展活动防疫要求和工作指引，进一步筑牢会展常态化防控防线，全力保障展会安全举办，争取对因疫情防控需要中止举办、延期举办的展览项目给予纾困补助。建立完善现代会展产业链"链主"企业、重点企业对口联系机制，开展"一对一"暖企惠企扶企服务。全力推进广交会展馆四期项目建设，打造全球最大会展场馆。推进广州空港会展中心一期建设，尽快启动二期建设。推动会展业行业组织与政府部门形成合力，规范会展行业发展，优化会展营商环境。鼓励高等院校办好会展相关专业，推动建立高等院校、会展行业组织、会展企业协同合作的会展人才培养机制。完善"中国广州会展"公共服务平台对接商贸、文旅、信用、统计、公安消防、海关、知识产权等领域的服务职能，依托平台开展广州营商环境宣传，强化会展信息发布、政策宣讲、品牌推广、场馆推介、商旅服务、行业统计等功能。进一步发挥市会展业改革发展工作领导小组的统筹作用，推动建立大型会展服务保障机制。发挥市、区会展政策的引导和激励作用，对高质量会展项目予以重点扶持和服务。

B.20
2021年广州餐饮业发展特点及2022年展望

李国文 陈广嘉[*]

摘　要： 广州市住宿餐饮消费持续恢复，2021年住宿和餐饮业零售额为798亿元，同比增长18.5%，住宿和餐饮业市场主体创历史新高。受2020年下半年以来基数抬升影响，及"5.21"本土疫情冲击，广州市住宿和餐饮业零售额呈现"前高后稳"态势。限上住宿餐饮企业通过公共网络实现的餐费收入同比增长32.8%，两年平均增长31.2%，行业规模化、数字化、场景化特点进一步凸显。2022年，随着疫情常态化防控更加精准有效，居民收入水平和就业状况不断改善，促消费政策逐步落地显效，住宿和餐饮业高质量发展态势有望延续。

关键词： 餐饮业　餐饮消费　广州

2021年，广州餐饮消费市场持续恢复。一季度，随着疫情防控形势不断好转，居民消费需求稳步释放，广州市住宿和餐饮业零售额同比增长78.8%，增速居一线城市第1位。5月发生本土疫情后，堂食受到限制，广州市及时出台为企业纾困减负若干措施，从金融支持、减税降费、减轻租金、灵活用工、包容监管等方面发力，助力餐饮企业降低经营成本、缓解资金周转压力、稳员稳岗，为企业疫后发展注入"强心剂"。四季度住宿和餐

---

[*] 李国文，广州市商务局特种商业处处长；陈广嘉，广州市商务局特种商业处。

饮业保持复苏态势,环比三季度增长9.5%,全年住宿餐饮零售额基本恢复至疫情前水平。结合广州加快培育建设国际消费中心城市,推出多项政策措施,餐饮业高质量发展基础进一步夯实。

一 2021年广州餐饮市场特点和问题

(一)广州餐饮市场特点

1.行业发展规模化

2021年广州市实有住宿和餐饮业市场主体21.8万户,同比增长8.23%,其中新登记3.82万户,实有市场主体数创历史新高。作为米其林指南进入中国大陆的第二座城市,目前广州拥有17家米其林星级餐厅;黑珍珠钻级餐厅16家,仅次于北京、上海和成都,排全国第4名。2021年广州市住宿和餐饮业零售额同比增长18.5%,达到798亿元,占广东省餐饮业零售额超1/6。从税收系统来看,餐饮业销售收入两年平均增长9.9%。广州市范围内形成27个餐饮集聚区、90个商业综合体美食广场。麦当劳、肯德基、喜茶等重点连锁企业稳步布局。餐饮品牌跨界合作成为新尝试,陶陶居、广州酒家、点都德等一批广州传统粤菜品牌餐饮走出广州开设门店。

2.数字化程度不断提升

疫情加速餐饮企业建设外卖渠道,以广东餐饮协会为依托,联合美团等各大外卖平台、多家外卖城配服务商和私域外卖、新零售软件服务商成立的外卖赋能工作专委会,调动各界资源为餐饮企业提供优惠扶持方案和技术支持,助力餐饮企业拓展线上经营,共同构建全域外卖生态,助力餐饮企业用好公域流量,拓展线上经营。抖音、美团、阿里本地生活等平台企业,持续打造天德广场、琶醍等餐饮网红打卡点,培育街区、企业私域流量经济,推动公私域联动,增强餐饮的社交属性,不断积聚行业人气。2021年,全市外卖门店、品类、订单数均显著增加,限上住宿餐饮企业通过公共网络实现

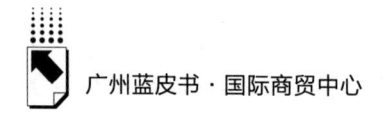

的餐费收入同比增长32.8%，两年平均增长31.2%，有效帮助餐饮企业线上转型发展。

3. 餐饮资本化加速

2021年广州市餐饮业投融资事件达8件，较2020年增加5件。8件融资事件中，快餐5件、茶饮2件，达到亿级投融资规模的5件，较2020年增加4件，千万级投融资规模3件。从交易轮次看，2021年广州餐饮行业战略融资交易数量为3件，天使轮、A轮（pre-A轮、A轮、A+轮）和并购的交易数量各1件。胡润研究院在广州举办首届中国餐饮连锁投资价值峰会，首次发布餐饮连锁行业榜单，吸引行业投融资聚焦广州，本地餐饮品牌如遇见小面、茶里、大师兄等也积极通过资本化运作模式，加快企业发展步伐。

4. 融合促销活动成效明显

支付平台、金融机构、综合商业体、餐饮行业联动开展行业促销成为新模式。2021年7~8月，广州市商务局牵头组织"赏味盛夏，食惠广州"——2021暑期餐饮消费促进月活动，发动银联和银行联合参与，开展"金融+平台+餐饮"融合促消费活动，持续近2个月的餐饮促销活动，共有10家商业银行、近1万家餐饮门店线上线下参与，带动广州市餐饮消费超10亿元。在全国、广东省增速转负、环比失速之际，对广州市餐饮保持正增长发挥了重要作用。以"Young城Yeah市"为主题，不同业态市场主体在政府组织下，培育孵化金秋消费促进月、最美傍晚市集、"咖势"精品咖啡文化艺术节、金秋消费促进月、夜间消费节等系列活动，推动全市商圈、综合体和商贸企业整合优质资源，丰富夜间消费主题，点燃夜间消费市场。

（二）当前广州餐饮业发展存在的问题

1. 经营成本持续上升

餐饮企业利润空间被房租、人工、原材料成本、能源、防疫物资等高度挤压，许多企业门店多次暂停堂食经营甚至歇业，每月固定支出的租金、人力等成本给企业带来沉重负担。电力价格由固定费率变成浮动费率,电价大幅上涨18%,天然气减免政策于2021年取消,天然气价格更大幅上升27%。此外,疫情加速了餐饮线上发展,网络消费客群及消费频次均大幅上升,但以价格导向引流的线上消费,叠加平台佣金和配送服务费及包装费等附加费用,进一步压减企业利润。2021年广州住宿和餐饮业利润比2019年大幅下降155.4%。

2. 文旅消费需求不振

疫情反复影响文旅回暖,拉低餐饮行业消费恢复。如常态化疫情防控两年来,各种聚会围餐、体育赛事、演唱会以及各类节庆活动、会议展览等聚集型活动有所减少,游客出行频次、省外游频次及出游支出有所下降。同时,居民消费预期、消费意愿发生一定程度改变,文旅消费受到明显影响。如2021年,广州城市接待境内过夜旅游者人数4307.73万人次,比2019年下降36.4%。同时,中高风险地区广东省执行旅游"熔断"机制,来穗游客进一步减少,仅靠本地市民难以刺激餐饮业消费。

3. 行业投资趋于保守

面对消费市场萎缩、融资难融资贵、国际形势复杂多变等形势,经过2020年、2021年持续扩张后,餐饮企业投资决策更趋于保守,对新项目或增资扩产的决策存在更大不确定性,九毛九、物只卤鹅等部分餐饮企业"走出去"项目进展受阻。特别是2021年底以来,海底捞、呷哺呷哺等国内头部餐饮企业大规模关闭门店带来示范效应,本地餐饮企业门店拓展步伐明显放缓,陈记顺和、喜茶、奈雪等前期扩张较快的品牌企业,均面临单店营收下降困境,2022年开店计划同比大幅下调。

二 2021年广州餐饮业发展成效

(一)有效开展行业疫情防控

统筹开展广州市"餐饮服务场所和商场超市疫情防控责任链长制"及

"非星级酒店疫情防控"工作，推动建立疫情防控机制。目前，已推动各区建立与市对应的区级责任链长制，基本形成市场监管部门抓餐饮、商务部门抓商超、商务或公安抓非星级酒店的分工格局。坚持每周一反馈、每日一提醒的方式，压实各区属地责任，广州市平均每周累计出动人员超2000人次，对超10000个场所进行防控督导。对全市超2600个酒店涉及户籍地为中高风险区入住人员排查。推动局处室出动123批次人员开展督导，协调开展6次部门联合督导。完成41778家餐饮商户、3026家酒店从业人员共计364958人疫苗接种情况摸查造册，推动全流程接种。统筹广州市本土疫情期间隔离酒店底商补助工作，制定补助政策，有序推动落实。

（二）组织城市主题促销活动

一是创新促销模式。整合银联、各大银行、外卖平台，发动行业协会、餐饮企业联合参与，打造"金融+平台+餐饮"融合促销，得到企业和消费者广泛好评。其中7月9日开启的"赏味盛夏，食惠广州"——2021暑期餐饮消费促进月活动，共有10家商业银行、近万家餐饮门店线上线下参与，是广州史上金融规模最大的餐饮主题促销活动，被中国银联作为创新典型案例在全国支付系统予以宣传推广。二是提升消费活动品牌。举办春节不打烊、"食在广州 缤fun假期"五一美食主题活动、亚洲美食节、广州国际美食节等餐饮促销活动。全市先后49家大型综合商业体参与夜间消费主题活动，并通过金融、餐饮平台企业辐射至佛山、惠州、东莞、韶关等城市，统一以"Young城Yeah市"联动开展夜间促销。三是打造行业品牌活动。推动胡润研究院在广州举办首届中国餐饮连锁投资价值峰会，首次发布餐饮连锁行业榜单，吸引行业投融资聚焦广州。支持举办（CRE）中国酒店餐饮博览会、2021年广州米其林指南发布会、第二届中国餐饮品牌节等具有全国影响力的行业活动，持续擦亮"食在广州"名片。

（三）大力推动行业转型升级

一是加强行业政策扶持。"5.21"本土疫情暴发后，在广州市率先梳理形成《广州市商务局关于本轮疫情对全市餐饮行业影响情况的报告》，并提出9条对策建议，部分对策建议纳入市政府"纾困9条"，为企业疫后发展注入"强心剂"。联合广州市城市管理、市场监管部门印发《广州市疫情常态化防控期间允许部分区域商家（个体户）临时借道经营工作方案》，为餐饮企业适度松绑。制定《广州市关于促进住宿餐饮业消费若干措施》，加快刺激餐饮消费。二是促进行业投资发展。支持老字号餐饮门店升级改造，百年老店陶陶居、岭南园林特色泮溪酒家等实现"老店焕新"。用好城市更新高端商贸业政企对接会，先后导入凯悦酒店（增城）、希尔顿酒店等住宿餐饮企业新设项目，加大投资力度。引入CASA Corona（卡萨科罗娜）、Tim Hortons（蒂姆·霍顿斯）、泰安门等一批知名餐饮企业在广州设立中国或华南首店。三是打造多元消费场景。整合外卖平台、外卖配送、新零售服务商等，推动成立"广州外卖赋能工作专委会"，调动资源为餐饮企业提供扶持方案和技术支持，构建"全域外卖生态"。鼓励百胜、品道、耀华集团等有条件的餐饮企业发展食品、预制品、零售百货，探索"堂食+外卖+新零售"全渠道销售方式，拓展餐饮成品、半成品等零售化消费。

（四）成功举办2021年广州国际美食节

首次启用"美食节"小程序，打造集商家"展示+活动+内容+直播+营销"等功能于一体的"美食+社交"垂直领域平台。创新拓展广州餐饮文化内涵，联手国乐艺术家、民族音乐教育家方锦龙先生及中国大酒店、白天鹅宾馆、广州酒家等知名餐饮企业，以《赛龙夺锦》等10首广东名曲为灵感，联手研发10道同名创新菜式，打造美食文化爆款产品——"乐韵粤宴"。番禺区主会场线上线下共惠及群众600万人次，带动餐饮消费总额约6亿元。央视媒体以及各大直播平台对美食节启动仪式进行直播，总在线收看超过300万人次。《人民日报》、《广州日报》、今日头条、网易新闻等30余家门户网站（客户端）以及平台，共推出300多篇推文，阅读量超700万，发布视频40余条，浏览量超过100万。

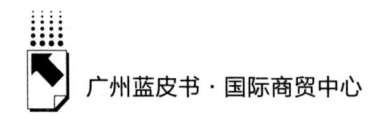

三 2022年广州餐饮业发展对策建议

(一)强化行业顶层设计

加快印发《广州市促进住宿餐饮业发展的若干措施》,结合夜间消费需求,推动优化商事登记、临街管理、移动餐车等政策措施,激发消费活力。研究制定《关于加快推进居民生活服务业品质化发展的若干措施》《广州市关于高质量发展"食在广州"的若干措施》等政策文件。通过大数据分析,编制广州市"美食之都"发展规划。

(二)培育品牌餐饮企业

一是打造金融赋能联盟。引入金融平台、融资机构、银行企业,推动金融与餐饮产业对接,指导有条件的品牌餐饮企业通过兼并、收购、参股、控股等多种方式,组建大型餐饮企业集团。二是引导加速产业链布局。通过政策、资金等资源倾斜,鼓励餐饮企业在广州建设全国供应链中心基地,提升地区产业链群整体能级。三是推动"老字号"餐饮"老店焕新"。加快老字号企业数字化升级,培育一批拥有自主知识产权、具有核心竞争力的知名品牌餐饮企业。

(三)扩大"食在广州"宣传

一是打造品牌活动。组织好2022年中华美食荟活动和国际美食节,展示广州餐饮文化魅力。支持博古斯世界烹饪大赛中国赛区选拔赛、米其林餐厅发布会、红餐网全国餐饮品牌大会等在广州举办,提升广州餐饮行业美誉度。二是深入打造"餐饮+"概念。挖掘广州餐饮文化,在规划管理上鼓励共同发展美食与文化、旅游、商业等业态,扩大餐饮行业带动效应。三是拍摄主题宣传片。邀请《舌尖上的中国》顾问团队拍摄广州餐饮主题宣传片,大力宣传广州的美食文化和宜商宜居的城市形象,提升"食在广州"知名度和美誉度。

附 录

Addendum

B.21 2012~2021年广州商贸业发展指标

表1 2012~2021年广州市国民经济发展主要指标

类 别 年份	2012	2013	2014	2015	2016	2017	2018	2019	2020	2021
地区生产总值（亿元）	13551	15420	16707	18100	19611	21503	22859	23629	25019	28231.97
第一产业增加值（亿元）	214	229	238	228	240	233	223	251	288	306.41
第二产业增加值（亿元）	4721	5227	5606	5786	5926	6015	6234	6454	6590	7722.67

续表

年份 类别	2012	2013	2014	2015	2016	2017	2018	2019	2020	2021
第三产业增加值（亿元）	8617	9964	10863	12086	13445	15254	16402	16923	18140	20202.89
第三产业对地区生产总值增长的贡献率（%）	64.3	70.6	68.8	70.6	77	79	73	73.7	57.5	71.1
固定资产投资总额（亿元）	3758	4455	4890	5406	5704	5919	5938	—	—	8502.75
社会消费品零售总额（亿元）	5977	6883	7698	7933	8706	9402	9256	9976	9219	10122.56
城市居民家庭人均可支配收入（元）	38054	42049	42955	46734	50941	55400	59982	65052	68304	74416
城市常住居民家庭人均消费支出（元）	30490	33157	33385	35752	38398	40637	42181	45049	44283	47162

资料来源：《广州市国民经济和社会发展统计公报》（2012~2021年）。

表 2　2012~2021 年广州市商业发展主要指标

年份 类别	2012	2013	2014	2015	2016	2017	2018	2019	2020	2021
批发和零售业零售额（亿元）	5169	5986	6753	6929	7626	8259	8081	8705	—	9324.52
住宿和餐饮业零售额（亿元）	809	897	945	1003	1081	1143	1175	1270	—	798.04
金融机构本外币各项存款余额（亿元）	30187	33838	35469	42843	47530	51369	54788	59131	67799	74988.86
金融机构本外币各项贷款余额（亿元）	19937	22016	24232	27296	29670	34137	40749	47103	54388	61399.61

资料来源：《广州市国民经济和社会发展统计公报》（2012~2021年）。

2012~2021年广州商贸业发展指标

表3 2012~2021年广州市会展业发展主要指标

类别 \ 年份	2012	2013	2014	2015	2016	2017	2018	2019	2020	2021
重点场馆累计展览面积（万平方米）	828.97	831.75	858.57	861.7	896.5	989.6	1019.96	1024.02	471	683.81
10万平方米以上大型展会（个）	13	16	16	16	16	15	15	17	8	13
广交会展馆举办展览面积（万平方米）	639	—	—	632	642	600.23	—	752.4	—	462

注：1. 广州市主要展览馆可展览面积（万平方米）为广州市统计局统计的全市期末拥有主要会展馆面积。2. 重点场馆展览面积包括中国进出口商品交易会展馆、保利世贸博览馆、广州白云国际会议中心、东方宾馆等约20个场馆及宾馆酒店的展览面积使用市统计局统计的口径。3. 广交会展馆举办展览面积。

表4 2012~2021年广州市物流业发展主要指标

类别 \ 年份	2012	2013	2014	2015	2016	2017	2018	2019	2020	2021
全社会货运量（亿吨）	7.60	8.93	9.65	10.04	11.27	12.07	13.62	13.62	13.04	9.82
港口货运存吐量（亿吨）	4.51	4.73	5.00	5.20	5.44	5.9	6.13	6.27	6.36	6.51
集装箱存吐量（万标箱）	474.36	550.45	1661	1759	1884.97	2037.2	2192.21	2323.62	2350.53	2446.65

资料来源：《广州市国民经济和社会发展统计公报》（2012~2021年）。

表5 2012~2021年广州市对外经济贸易发展主要指标

类别 \ 年份	2012	2013	2014	2015	2016	2017	2018	2019	2020	2021
商品进出口总值	1171.31亿美元	1188.88亿美元	1306.00亿美元	306.41亿元	8566.92亿元	9714.36亿元	9810.15亿元	10006.6亿元	9530.0亿元	10825.88亿元
商品进口总值	582.19亿美元	560.82亿美元	578.85亿美元	3271.74亿元	3379.87亿元	3922.21亿元	4202.57亿元	4740.8亿元	4102.39亿元	4513.71亿元

313

续表

类别\年份	2012	2013	2014	2015	2016	2017	2018	2019	2020	2021
商品出口总值	589.12亿美元	628.06亿美元	727.15亿美元	5034.66亿元	5187.05亿元	5792.15亿元	5607.58亿元	5265.8亿元	5427.67亿元	6312.17亿元
合同外资金额	68.02亿美元	71.14亿美元	80.40亿美元	83.63亿美元	99.01亿美元	133.91亿美元	399.59亿美元	395.29亿美元	222.34亿美元	224.78亿美元
实际使用外资金额	45.75亿美元	48.04亿美元	51.07亿美元	54.16亿美元	57.01亿美元	62.89亿美元	66.11亿美元	71.43亿美元	70.85亿美元	82.68亿美元

资料来源：《广州市国民经济和社会发展统计公报》（2012~2021年）。

注：2012~2014年外贸数据以美元计价；根据海关总署的统一安排，2015年起以人民币计价。

表6　2012~2021年广州市旅游业发展主要指标

类别\年份	2012	2013	2014	2015	2016	2017	2018	2019	2020	2021
旅游业总收入（亿元）	1911.09	2202.39	2521.82	2872.18	3217.05	3614.21	4008.19	4454.59	2679.07	2885.89
旅游外汇收入（亿美元）	51.45	51.69	54.75	56.96	62.72	63.14	64.82	65.30	14.59	10.77
接待过夜旅游者（万人次）	4809.57	5041.92	5330	5657.95	5940.56	6275.62	6532.55	6773.15	4182.59	4307.73
入境游旅游者（万人次）	792.21	768.20	783.30	803.58	861.87	900.48	900.63	899.43	209.73	164.77
境内旅游者（万人次）	4017.36	4273.72	4546.75	4854.37	5078.69	5375.14	5631.93	5873.72	3972.86	4142.96

资料来源：《广州市国民经济和社会发展统计公报》（2012~2021年）。

社会科学文献出版社

皮 书
智库成果出版与传播平台

❖ 皮书定义 ❖

皮书是对中国与世界发展状况和热点问题进行年度监测,以专业的角度、专家的视野和实证研究方法,针对某一领域或区域现状与发展态势展开分析和预测,具备前沿性、原创性、实证性、连续性、时效性等特点的公开出版物,由一系列权威研究报告组成。

❖ 皮书作者 ❖

皮书系列报告作者以国内外一流研究机构、知名高校等重点智库的研究人员为主,多为相关领域一流专家学者,他们的观点代表了当下学界对中国与世界的现实和未来最高水平的解读与分析。截至2021年底,皮书研创机构逾千家,报告作者累计超过10万人。

❖ 皮书荣誉 ❖

皮书作为中国社会科学院基础理论研究与应用对策研究融合发展的代表性成果,不仅是哲学社会科学工作者服务中国特色社会主义现代化建设的重要成果,更是助力中国特色新型智库建设、构建中国特色哲学社会科学"三大体系"的重要平台。皮书系列先后被列入"十二五""十三五""十四五"时期国家重点出版物出版专项规划项目;2013~2022年,重点皮书列入中国社会科学院国家哲学社会科学创新工程项目。

皮书网

（网址：www.pishu.cn）

发布皮书研创资讯，传播皮书精彩内容
引领皮书出版潮流，打造皮书服务平台

栏目设置

◆ 关于皮书
何谓皮书、皮书分类、皮书大事记、
皮书荣誉、皮书出版第一人、皮书编辑部

◆ 最新资讯
通知公告、新闻动态、媒体聚焦、
网站专题、视频直播、下载专区

◆ 皮书研创
皮书规范、皮书选题、皮书出版、
皮书研究、研创团队

◆ 皮书评奖评价
指标体系、皮书评价、皮书评奖

◆ 皮书研究院理事会
理事会章程、理事单位、个人理事、高级
研究员、理事会秘书处、入会指南

所获荣誉

◆ 2008年、2011年、2014年，皮书网均
在全国新闻出版业网站荣誉评选中获得
"最具商业价值网站"称号；

◆ 2012年，获得"出版业网站百强"称号。

网库合一

2014年，皮书网与皮书数据库端口合
一，实现资源共享，搭建智库成果融合创
新平台。

皮书网　　"皮书说"　　皮书微博
　　　　　微信公众号

权威报告・连续出版・独家资源

皮书数据库
ANNUAL REPORT(YEARBOOK) DATABASE

分析解读当下中国发展变迁的高端智库平台

所获荣誉
- 2020年,入选全国新闻出版深度融合发展创新案例
- 2019年,入选国家新闻出版署数字出版精品遴选推荐计划
- 2016年,入选"十三五"国家重点电子出版物出版规划骨干工程
- 2013年,荣获"中国出版政府奖・网络出版物奖"提名奖
- 连续多年荣获中国数字出版博览会"数字出版・优秀品牌"奖

皮书数据库　"社科数托邦"微信公众号

成为会员

登录网址www.pishu.com.cn访问皮书数据库网站或下载皮书数据库APP,通过手机号码验证或邮箱验证即可成为皮书数据库会员。

会员福利
- 已注册用户购书后可免费获赠100元皮书数据库充值卡。刮开充值卡涂层获取充值密码,登录并进入"会员中心"—"在线充值"—"充值卡充值",充值成功即可购买和查看数据库内容。
- 会员福利最终解释权归社会科学文献出版社所有。

数据库服务热线: 400-008-6695
数据库服务QQ: 2475522410
数据库服务邮箱: database@ssap.cn
图书销售热线: 010-59367070/7028
图书服务QQ: 1265056568
图书服务邮箱: duzhe@ssap.cn

社会科学文献出版社 皮书系列
卡号: 318621832591
密码:

S 基本子库
SUB DATABASE

中国社会发展数据库（下设 12 个专题子库）

紧扣人口、政治、外交、法律、教育、医疗卫生、资源环境等 12 个社会发展领域的前沿和热点，全面整合专业著作、智库报告、学术资讯、调研数据等类型资源，帮助用户追踪中国社会发展动态、研究社会发展战略与政策、了解社会热点问题、分析社会发展趋势。

中国经济发展数据库（下设 12 专题子库）

内容涵盖宏观经济、产业经济、工业经济、农业经济、财政金融、房地产经济、城市经济、商业贸易等 12 个重点经济领域，为把握经济运行态势、洞察经济发展规律、研判经济发展趋势、进行经济调控决策提供参考和依据。

中国行业发展数据库（下设 17 个专题子库）

以中国国民经济行业分类为依据，覆盖金融业、旅游业、交通运输业、能源矿产业、制造业等 100 多个行业，跟踪分析国民经济相关行业市场运行状况和政策导向，汇集行业发展前沿资讯，为投资、从业及各种经济决策提供理论支撑和实践指导。

中国区域发展数据库（下设 4 个专题子库）

对中国特定区域内的经济、社会、文化等领域现状与发展情况进行深度分析和预测，涉及省级行政区、城市群、城市、农村等不同维度，研究层级至县及县以下行政区，为学者研究地方经济社会宏观态势、经验模式、发展案例提供支撑，为地方政府决策提供参考。

中国文化传媒数据库（下设 18 个专题子库）

内容覆盖文化产业、新闻传播、电影娱乐、文学艺术、群众文化、图书情报等 18 个重点研究领域，聚焦文化传媒领域发展前沿、热点话题、行业实践，服务用户的教学科研、文化投资、企业规划等需要。

世界经济与国际关系数据库（下设 6 个专题子库）

整合世界经济、国际政治、世界文化与科技、全球性问题、国际组织与国际法、区域研究 6 大领域研究成果，对世界经济形势、国际形势进行连续性深度分析，对年度热点问题进行专题解读，为研判全球发展趋势提供事实和数据支持。

法律声明

"皮书系列"(含蓝皮书、绿皮书、黄皮书)之品牌由社会科学文献出版社最早使用并持续至今,现已被中国图书行业所熟知。"皮书系列"的相关商标已在国家商标管理部门商标局注册,包括但不限于LOGO( )、皮书、Pishu、经济蓝皮书、社会蓝皮书等。"皮书系列"图书的注册商标专用权及封面设计、版式设计的著作权均为社会科学文献出版社所有。未经社会科学文献出版社书面授权许可,任何使用与"皮书系列"图书注册商标、封面设计、版式设计相同或者近似的文字、图形或其组合的行为均系侵权行为。

经作者授权,本书的专有出版权及信息网络传播权等为社会科学文献出版社享有。未经社会科学文献出版社书面授权许可,任何就本书内容的复制、发行或以数字形式进行网络传播的行为均系侵权行为。

社会科学文献出版社将通过法律途径追究上述侵权行为的法律责任,维护自身合法权益。

欢迎社会各界人士对侵犯社会科学文献出版社上述权利的侵权行为进行举报。电话:010-59367121,电子邮箱:fawubu@ssap.cn。

社会科学文献出版社